古典文獻研究輯刊

三六編

潘美月・杜潔祥 主編

第 14 冊

群書校補（三編）
——三餘讀書雜記（續）·書評（第十二冊）

蕭 旭 著

國家圖書館出版品預行編目資料

群書校補（三編）——三餘讀書雜記（續）・書評（第十二
冊）／蕭旭 著 -- 初版 -- 新北市：花木蘭文化事業有限公司，
2023〔民 112〕
目 4+220 面；19×26 公分
（古典文獻研究輯刊 三六編；第 14 冊）
ISBN 978-626-344-272-6（精裝）
1.CST：古籍 2.CST：研究考訂 3.CST：書評
011.08　　　　　　　　　　　　　　　　111022052

ISBN-978-626-344-272-6

古典文獻研究輯刊
三六編　第十四冊　　　　　　　ISBN：978-626-344-272-6

群書校補（三編）
——三餘讀書雜記（續）・書評（第十二冊）

作　　　者　蕭旭
主　　　編　潘美月、杜潔祥
總 編 輯　杜潔祥
副總編輯　楊嘉樂
編輯主任　許郁翎
編　　　輯　張雅淋、潘玟靜　美術編輯　陳逸婷
出　　　版　花木蘭文化事業有限公司
發 行 人　高小娟
聯絡地址　235 新北市中和區中安街七二號十三樓
　　　　　　電話：02-2923-1455／傳真：02-2923-1452
網　　　址　http://www.huamulan.tw 信箱 service@huamulans.com
印　　　刷　普羅文化出版廣告事業
初　　　版　2023 年 3 月
定　　　價　三六編 52 冊（精裝）新台幣 140,000 元

群書校補(三編)
——三餘讀書雜記(續)・書評(第十二冊)

蕭旭 著

目
次

第十一冊

變音複合詞舉證

    1. 本文所謂「變音複合詞」，是指 A 字音轉作 B，其音既殊，因又組成複合詞「AB」的形式。語有倒順，亦可作「BA」的形式。有的複合詞「AB」，相當於重言詞「AA」或「BB」。還有一種情況，A 字音轉作 B，又音轉作 C，因又組成複合詞「BC」的形式。其音轉關係，無外乎雙聲音轉，疊韻音轉，雙聲疊韻音轉。

    這種現象，王念孫、段玉裁、王筠、朱駿聲、黃侃都指出過。①《廣雅》：「玲瓏，聲也。」王念孫曰：「玲與瓏一聲之轉。《說文》：『籠，笭也。』笭之轉為籠，猶玲之轉為瓏。合言之則曰『玲瓏』，倒言之則曰『瓏玲』……《釋訓》云：『鈴鈴，聲也。』《齊風》『盧令令』，毛傳云：『令令，縲環聲也。』《漢書·天文志》云：『地大動，鈴鈴然。』《廣韻》：『𪔠，大聲也。』義與『玲瓏』並相近。」〔註1〕玲、瓏來母雙聲，韻則耕、東旁轉，「籠東」音轉作「伶仃」、「零丁」〔註2〕，亦其比。複言則曰「令令」、「鈴鈴」。汪榮寶曰：「王念孫云云。按『瓏玲』雙聲連語，非玲轉為瓏。」〔註3〕汪氏未達此例，故不從王說。《廣雅》：「嘈、哫，聲也。」王念孫曰：「哫者，嘈之轉也。《荀子·勸學篇》云：『問一而告二謂之囋。』『囋』與『哫』同，合言之則曰『嘈哫』。《長笛賦》注引《埤倉》云：『嘈嘩，聲貌。』張衡《東京賦》云：『奏嚴鼓之嘈囐。』《周天大象賦》云：『河鼓進軍以嘈嚵。』《長笛賦》云：『啾

〔註1〕王念孫《廣雅疏證》，收入徐復主編《廣雅詁林》，江蘇古籍出版社 1992 年版，第 322 頁。

〔註2〕參見黃生《字詁》，收入《字詁義府合按》，中華書局 1954 年版，第 71 頁。

〔註3〕汪榮寶《法言義疏》，中華書局 1987 年版，第 267 頁。

咋嘈哜。』並字異而義同。」〔註 4〕②《說文》：「蝸，蝸蠃也。」王筠曰：
「此又以『蝸蠃』為名者，二字疊韻，可單可雙。《士冠禮》『蠃醢』注：『今
文蠃為蝸。』案今人俗語猶合兩字一義者為一語，如『能耐』、『做作』是也。」
〔註 5〕「蝸」、「蠃」是疊韻音轉字〔註 6〕，複言則作「蝸蠃」。「蠃」俗字作
「螺」〔註 7〕，《集韻》：「蠃，或作螺、蠡、蝸。」故複言亦作「蝸螺」。「蝸」、
「蜾（蠕）」亦音轉，故複言又作「蜾蠃」、「蠕蠃」。顏師古《匡謬正俗》卷
3：「《內則》又云『蝸醢而菰食』，蝸者蠃之類耳，而徐仙等音蝸為蠃，亦未
為達。」顏師古斥徐仙等蝸音蠃為未達，實是自己未達音轉，劉曉東已引書
證及章太炎「一字重音」說駁之〔註 8〕。「能耐」是雙聲疊韻音轉字，「耐」
是「能」的音轉俗字。《復古編》卷 9：「能、耐，並奴代切。能，忍也。」段
玉裁曰：「凡敢於行曰能，今俗所謂能榦也。敢於止亦曰能，今俗所謂能耐也。
能、耐本一字，俗殊其音。」〔註 9〕朱駿聲曰：「今北人偁能幹才曰有能耐，
疊韻連語。『能耐』即『能』。」〔註 10〕黃侃曰：「耏，忍耐、能耐，皆借為
能。」〔註 11〕「能耐」二字雙聲，又「能」有之部音，故亦為疊韻。「做作」
是雙聲音轉字，「做」是「作」的音轉俗字〔註 12〕。《六書故》：「作，俗作做。」
《復古編》卷 4：「作，別作做。」《字鑑》卷 4：「作，又即各切，俗別為做。」
《正字通》：「做，俗『作』字。」

　　這種現象章太炎先生稱作「一字重音」，他說：「《說文·虫部》有『悉蟋』，
『蟋』本字也，『悉』則借音字，何以不兼造『蟋』？則知『蟋』字兼有悉、
蟋二音也。《說文·人部》有『焦僬』，『僬』本字也，『焦』則借音字，何以不
兼造『焦』？則知『僬』字兼有焦、僬二音也。《說文·廌部》有『解廌』，
『廌』本字也，『解』則借音字，何以不兼造『獬』？則知『廌』字兼有獬、

〔註 4〕王念孫《廣雅疏證》，收入徐復主編《廣雅詁林》，江蘇古籍出版社 1992 年版，
　　　　第 322 頁。
〔註 5〕王筠《說文解字句讀》，中華書局 1988 年版，第 535 頁。
〔註 6〕《儀禮·士冠禮》「葵菹蠃醢」，《儀禮·既夕》同，鄭玄注亦云「今文蠃為蝸」。
　　　　《儀禮·特牲饋食禮》作「葵菹蝸醢」，《公食大夫禮》鄭玄注「蠃」亦作「蝸」。
　　　　《禮記·內則》「蝸醢而菰食雉羹」，亦作「蝸」字。
〔註 7〕「蠃」或作「騾」，「贏」或作「穭」，「羸」或作「鏍」，亦其比。
〔註 8〕劉曉東《匡謬正俗平議》，山東大學出版社 1999 年版，第 84～85 頁。
〔註 9〕段玉裁《說文解字注》「忍」字條，上海古籍出版社 1981 年版，第 515 頁。
〔註 10〕朱駿聲《說文通訓定聲》「耏」字條，武漢市古籍書店 1983 年版，第 184 頁。
〔註 11〕黃侃《說文段注小箋》，收入《說文箋識》，中華書局 2006 年版，第 208 頁。
〔註 12〕「做作」最早見於宋人文獻，如《熾盛光道場念誦儀》卷 1：「切不得行來做作。」

腐二音也。《艸部》有『䖟䕫』，『䕫』本字也，『䖟』則借音字，何以不兼造『蕍』？則知『䕫』字兼有䖟、䕫二音也。其他以二字成一音者，此例尚眾。如『䣝勉』之『勉』本字也，『䣝』則借音字，則知『勉』字兼有䣝、勉二音也。『詰詘』之『詘』本字也，『詰』則借音字，則知『詘』字兼有詰、詘二音也。『籯箸』之『籯』本字也，『箸』則借音字，則知『籯』字兼有籯、箸二音也。『唐逮』之『逮』本字也，『唐』則借音字，則知『逮』字兼有唐、逮二音也。此類實多不可彈盡。大抵古文以一字兼二音，既非常例，故後人旁駙本字，增注借音，久則遂以二字並書。亦猶『越』稱『於（引者按：當作『于』，下同）越』，『邾』稱『邾婁』，在彼以一字讀二音，自魯史書之，則自增注『於（于）』字、『婁』字於其上下也。」〔註13〕王力先生稱作「駢詞」，他說：「『駢詞』是一個詞的舊形式和新形式同時並存。舊形式往往只殘存在書面語言裏，而新形式則存在口語裏……駢詞是每一時代都可能產生的。例如『作』字在唐代有兩種讀音，後人為求分別，索性造一個『做』字。『作』、『做』顯然是駢詞。駢詞雖同出一詞，但是由於各自發展，意義可以分歧（域國、荼茶）。駢詞又可以合成雙音詞，如『呼喚』、『觀看』等。」〔註14〕

黃侃曰：「凡疊字及雙聲疊韻連語，其根柢無非一字……如『膢旒』一語，則『膢』可有喉音膢讀若綌，即今之脂油字。『果臝』一語，杜子春即讀『果』為『臝』（《周禮·春官·龜人》注）。」黃焯補充說：「『傀儡』連言，即讀『儡』為『傀』（《莊子·外物》釋文）。『睢皆』連言，『睢』亦可讀『皆』（《類篇·目部》）。」〔註15〕

這種現象，唐人早已言及之。《禮記·檀弓》《釋文》「婁」字下曰：「邾人呼『邾』聲曰『婁』，故曰『邾婁』。」

2. 其例雖多，要非常例，本文試廣其例，並作疏證焉。

（1）等待

按：「等」本義是齊等、整齊，其「等待」、「等候」義是「待」字俗音雙聲之轉。郝懿行曰：「今語謂『待』為『等』，『等』即『待』之聲轉也。」〔註16〕

〔註13〕章太炎《小學略說·一字重音說》，收入《國故論衡》卷上，上海中西書局1924年版，第50～51頁。
〔註14〕王力《漢語史稿》，中華書局2004年版，第58～59頁。
〔註15〕黃侃述、黃焯編《文字聲韻訓詁筆記》，武漢大學出版社2013年，第228頁。
〔註16〕郝懿行《爾雅義疏》，上海古籍出版社1983年版，第185頁。

錢大昕曰：「世俗謂待為等。《廣韻》『等』多改切，蓋古音也。路德延《孩兒詩》：
『等鵲潛籬畔，聽蛩伏砌邊。』」〔註17〕段玉裁曰：「待，今人易其語曰等。」
〔註18〕章太炎曰：「《說文》：『待，竢也。』今謂竢為待，音如等。等、待皆從
寺聲，故音轉呼待如等。」又曰：「等古音如待。」〔註19〕

（2）會合、合會

按：《說文》：「會，合也。㣛，古文『會』如此。」《汗簡》卷上：「㣛：
會。並《石經》。」金文《仲妣臣盤》：「肇㣛以金。」字亦作迨，見於甲骨文。
《合集》36518：「其令東迨〔于〕高。」《合集》36836：「王迨于麆。」「迨」
即「會」古字〔註20〕。金文《史牆盤》：「匍有上下，迨受萬邦。」金文《保
卣》：「遘于四方，迨王大祀。」字又作匋，《癲鐘》：「匍有四方，匋受萬邦。」
古「會」字從合得聲，故音轉字通〔註21〕。《老子》第55章：「未知牝牡之合
而朘作，精之至。」馬王堆帛書乙本「合」作「會」。《漢書·王莽傳》：「會
合十餘萬言。」《文選·王褒·洞簫賦》：「帶以象牙，挹其會合。」《白虎通·
嫁娶》引《周官》：「仲春之月，合會男女。」《漢書·敘傳》：「且運朝夕之策，
定合會之計。」

（3）改革、改更、革更、革改、更改、更代

按：《方言》卷3：「更，代也。」《說文》：「諽，一曰更也。」《玄應音
義》卷14引「諽」作「革」。《說文》：「改，更也。」又「更，改也。」《玉
篇》：「革，改也。」皆以雙聲互訓，「革」是借字。段玉裁曰：「革，更也，
二字雙聲。」〔註22〕朱駿聲曰：「革，叚借為改，為更。改、更、革、代一聲
之轉。」〔註23〕黃侃曰：「『代』同『改』。」又「『革』本義當為皮革，改革

〔註17〕錢大昕《恒言錄》卷2，收入《續修四庫全書》第194冊，上海古籍出版社
　　　　2002年版，第209頁。
〔註18〕段玉裁《說文解字注》，上海古籍出版社1981年版，第77頁。
〔註19〕章太炎《新方言》卷2，收入《章太炎全集（7）》，上海人民出版社1999年版，
　　　　第33、60頁。
〔註20〕參見于省吾主編《甲骨文字詁林》引諸說，中華書局1999年版，第2293～
　　　　2294頁。
〔註21〕另參見李家浩《楚簡中的裌衣》，收入《著名中年語言學家自選集·李家浩卷》，
　　　　安徽教育出版社2002年版，第295～305頁。
〔註22〕段玉裁《說文解字注》，上海古籍出版社1981年版，第107頁。
〔註23〕朱駿聲《說文通訓定聲》，武漢市古籍書店1983年版，第209頁。

即借為改。」〔註 24〕石光瑛曰：「更，革也，改也，皆雙聲字。」又曰：「更、革一聲之轉。」又曰：「革，更也，二字聲轉，與『易』同義。」又曰：「革，更也，改也，三字一音之轉。」〔註 25〕朱季海曰：「『更』謂之『革』，齊語也。」〔註 26〕西漢人名「革產」、「革生」，施謝捷指出與常見人名「更生」取意相同〔註 27〕，其說是也，而未悟「革」、「更」一音之轉，尚隔一間。《韓詩外傳》卷 6：「於是改操易行。」《賈子‧先醒》作「革心易行」。《韓詩外傳》卷 10：「叟其革之矣。」《新序‧雜事四》「革」作「更」。《晏子‧內篇雜上》晏子曰：「徹樽，更之。」《御覽》卷 761 引「更」作「革」。皆其音轉之證。《白虎通‧諫諍》：「是非相間，革更其行也。」《素問‧寶命全形論》：「其病不可更代。」《新序‧雜事二》：「而惠王廢樂毅，更代以騎劫。」《史記‧項羽本紀》：「使人更代將軍以脫其禍。」「改革」、「改更」是漢代成語，唐人猶用之。敦煌寫卷 P.4064《將軍論》：「凡有條流，令出為行，輒無改更，所以人服。」P.3723《記室備要序》：「其間空闕者，臨時改更。」「改革」唐宋人又倒作「革改」，《大唐新語》卷 13：「今主上尊天敬神，革改斯禮。」

（4）代替、替代、迭代、遞代、遞代

按：《匡謬正俗》卷 8：「新故交代謂之為替。」《廣韻》：「替，代也。」《說文》：「代，更也。」《小爾雅》：「迭，更也。」《廣雅》：「更、迭，代也。」章太炎曰：「《說文》：『迭，更迭也。』今謂新故更代為替，實即『迭』字入轉為去耳。《匡謬正俗》引《爾雅》『替，廢也』，謂『前人既廢，後人代之』。說雖可通，然非其本。《方言》：『更、佚，代也。』郭璞曰：『佚音蹉跌〔之跌〕。』佚即迭字也。」〔註 28〕黃侃亦曰：「迭，『替代』本作迭。」又「督，替代，借為迭。」〔註 29〕丁惟汾曰：「替代，佚代也。替字當作佚（古音讀

〔註 24〕黃侃《說文同文》、《說文段注小箋》，並收入《說文箋識》，中華書局 2006 年版，第 52、180 頁。

〔註 25〕石光瑛《新序校釋》，中華書局 2001 年版，第 113、577、818、844 頁。

〔註 26〕朱季海《新序校理》，中華書局 2011 年版，第 210 頁。

〔註 27〕施謝捷《漢印文字校讀札記（十五則）》，《中國文字學會第四屆學術年會論文集》，陝西師範大學 2007 年 8 月 8 日～11 日；又載於《中國文字學報》第 2 輯，商務印書館 2008 年版，第 82～83 頁。

〔註 28〕章太炎《新方言》卷 2，收入《章太炎全集（7）》，上海人民出版社 1999 年版，第 33 頁。「之跌」二字據戴震說補。戴震《方言疏證》卷 3，收入《戴震全集（5）》，清華大學出版社 1997 年版，第 2341 頁。

〔註 29〕黃侃《說文段注小箋》，收入《說文箋識》，中華書局 2006 年版，第 175、212 頁。

替）。《方言》卷 3：『佚，代也，齊曰佚。』佚字亦作迭，《列子·湯問篇》：『迭為三番。』《釋文》：『迭，更代也。』」〔註30〕所引《方言》，《文選·西都賦》李善注、《慧琳音義》卷 77 引「佚」作「迭」。「替」是「迭」音轉，迭（佚）、代亦一聲之轉。《荀子·禮論》「情文代勝」，《史記·禮書》同，《索隱》引《大戴禮》作「迭興」，今本《大戴禮·禮三本》作「佚興」，李笠即指出「代、迭一聲之轉也」〔註31〕。《史記·樂書》「代相為經」，《說苑·修文》同，《禮記·樂記》「代」作「迭」。《史記·曆書》「雌雄代興」，《大戴禮記·誥志》「代」作「迭」。《御覽》卷 4 引《汲冢周書》：「本有十日，迭次而〔出〕，運照無窮。」〔註32〕宋玉《招魂》：「十日代出。」《儀禮·少牢饋食禮》鄭玄注：「古文替為袂，袂或為载，载、替聲相近。」錢大昕曰：「『袂』當作『秩』，字形相涉而訛也。《說文》『载』為『载』，《詩》『秩秩大猷』，《說文》引作『载载』，是『秩』與『载』通。《書》『平秩東作』，《說文》作『平载』。『载』從弟聲，則秩亦有弟音，故與替聲亦相近也。陸德明讀袂為決，則陸所見本已訛矣。」〔註33〕阮元《校勘記》從錢說〔註34〕。段玉裁引徑改「袂」作「秩」〔註35〕。《漢書·地理志》：「及《車轔》、《四载》、《小戎》之篇，皆言車馬田狩之事。」顏師古曰：「四载，美襄公田狩也，其詩曰：『四载孔阜，六轡在手。』」今《詩·駟驖》作「駟驖」，是「载」同「载」。又考《說文》：「趀，讀若《詩》『威儀秩秩』。」P.2011 王仁昫《刊謬補缺切韻》、《集韻》「芺」或作「萩」，皆為錢大昕說之證。「失」聲字與「至」聲字相通。《詩·柏舟》：「胡迭而微？」《釋文》：「迭，《韓詩》作『载』，音同。」「姪」或作「妷」（《廣韻》），「眣」或作「睅」，「麩」或作「ᵜ」，「躰」或作「跮」（以上皆《集韻》），「蛈蝪」轉作「蝗蟷」，均其比也。是「替」、「迭」、「载」古音並通也。揚雄《蜀都賦》：「萬物更湊，四時迭代。」仲長統《昌言·理亂篇》：「存亡以之迭代，政亂從此周復。」「迭」亦作「遞（遞）」，P.2011 王仁昫《刊謬補缺切韻》、蔣斧印本《唐韻殘卷》並云：「迭，遞。」《集韻》：「遞，《說文》：『更易也。』或作迭、遞。」《拾遺記》卷 4「張儀

〔註30〕丁惟汾《俚語證古》卷 14，齊魯書社 1983 年版，第 300～301 頁。
〔註31〕李笠《廣史記訂補》，復旦大學出版社 2001 年版，第 63 頁。
〔註32〕據《御覽》卷 3 引補「出」字。
〔註33〕錢大昕《答問五》，收入《潛研堂集》卷 8，上海古籍出版社 1989 年版，第 116 頁。
〔註34〕《十三經注疏》（附校勘記），中華書局 1980 年版，第 1205 頁。
〔註35〕段玉裁《說文解字注》「趀」字條，上海古籍出版社 1981 年版，第 64 頁。

蘇秦二人，同志好學，迭剪髮而鬻之以相養」，《初學記》卷 21、《御覽》卷
373、464 引「迭」作「遞」，《御覽》卷 619 引作「遞（遞）」。《拾遺記》卷
5「五運相承，迭生迭死」，《太平廣記》卷 81 引作「遞生遞死」。據《慧琳
音義》卷 5，「秼」或作「秩」；據《集韻》，「胅（骹）」或作「睇」，「𪗨」或
作「齚」，「𥄎」或作「𥄲」，亦其比也。故「迭代」亦作「遞代」，《楚辭·招
魂》：「二八侍宿，射（夜）遞代些。」《漢書·禮樂志》：「四興遞代八風生。」
P.3591：「努力無人替代，亦無諸佛相比。」蔣禮鴻曰：「遞，此『替代』本字。
《楚辭·招魂》：『二八侍宿，射遞代些。』『遞代』即『替代』矣。」〔註 36〕
其說亦得。

（5）少小

按：少、小之通，書傳甚多，不煩枚舉。《靈樞經·衛氣失常》：「有老壯
少小，別之奈何？」《說苑·談叢》：「仁慈少小，恭敬耆老。」

（6）高傲

按：《說文》：「嫯，從力敖聲，讀若豪。」《書·旅獒》《釋文》：「獒，馬
云：『作豪，酋豪也。』」孔疏引鄭玄曰：「獒，讀曰豪。」《玄應音義》卷 6、
9 並云：「豪，古文嫯，同。」《生經》卷 1：「諸梵志法其嫯姓者。」宋、元、
明本「嫯」作「豪」。《妙法蓮華經玄贊》卷 6：「豪，亦為嫯字。」「高」是
「傲」疊韻音轉。

（7）開啟

按：「啟」也作「启」、「启」、「闓」，「開」也作「闙」，二字雙聲音轉。《說
文》：「闓，開也，從門豈聲。」《說文》：「启，開也。」《釋名》：「企，啟〔也〕，
開也。」〔註 37〕都是聲訓。《儀禮·既夕禮》鄭玄注：「今文啟為開。」黃侃曰：
「『启』同『開』、『闓』。」又「『開』同『启』、『闓』。」〔註 38〕《易林·噬嗑
之小畜》：「關柝開啟，衿帶解墮。」〔註 39〕

〔註 36〕蔣禮鴻《讀〈說文〉記》，收入《蔣禮鴻集》卷 3，浙江教育出版社 2001 年版，
　　　　第 103 頁。
〔註 37〕「也」字據《玄應音義》卷 14 引補。
〔註 38〕黃侃《說文同文》，收入《說文箋識》，中華書局 2006 年版，第 6、82 頁。
〔註 39〕此據道藏本、津逮秘書本，《四部叢刊》本、士禮居叢書本、學津討原本、龍
　　　　谿精舍叢書本、叢書集成初編本「開啟」誤作「門啟」。

（8）堅彊、剛彊、彊良、彊梁、彊勁

按：「彊」或作「強」。「堅」、「剛」雙聲音轉，「剛」、「彊」、「良」疊韻音轉。《老子》第 76 章：「其死也堅強。」范應元本「堅強」作「剛彊」，《說苑・敬慎》引同。《文選・崔子玉・座右銘》「柔弱生之徒，老氏誡剛強」，所見《老子》亦作「剛強」。《易・解》象曰：「剛柔之際，義無咎也。」《玉篇》殘卷「誼」字條引作「堅柔」。《易・繫辭下》韓康伯注：「確，剛貌也。」《玉篇殘卷》「確」字條引作「堅皃」。《左傳・宣公十二年》：「剛愎不仁。」《玄應音義》卷 9「剛愎」條引作「強愎」〔註40〕。清華簡（七）《越公其事》：「吳王聞越使之柔以強也。」「柔以強」即「柔以剛」。《史記・伍子胥傳》「子胥為人剛暴」，《說苑・正諫》同，《吳越春秋・夫差內傳》作「彊暴」。《老子》第 42 章：「強梁者不得其死。」馬王堆帛書甲本作「強良」。睡虎地秦簡《為吏之道》：「強良不得。」《墨子・公孟》：「身體彊良。」《釋名・釋宮室》：「梁，彊梁也。」王引之曰：「良亦彊也。良與梁古字通。」〔註41〕梁、良、踉、跟，並讀為倞、勍，《說文》：「倞，彊也。」又「勍，彊也。」《老子指歸・道生一章》：「故強者離道，梁者去神。」此「強」、「梁」分言之例。

（9）堅鞕、剛鞕、彊鞕

按：古字「更」作「叓」，從丙得聲，「鞕」與「剛」都是見母陽部字，雙聲疊韻音轉。「堅」、「剛」雙聲音轉，「剛」、「彊」疊韻音轉。「鞕」俗字作「硬」。P.2058《碎金》「弓䪀硬」、「心䪀硬」，已見「硬」字，《慧琳音義》卷 13、15、16、55、62、64、69、81 諸卷均指出「硬」是「鞕」俗字。《說文》：「鋻，剛也。」此是聲訓。《釋名》：「庚，猶更也。庚，堅強貌也。」此庚、更、堅轉相聲訓。《廣雅》：「鞕，鋻也。」《玉篇》：「鞕，堅也。」《慧琳音義》卷 17 引《桂苑珠叢》：「鞕，固也。」王念孫曰：「梗之言剛也。」〔註42〕《玄應音義》卷 1、12、24 引《通俗文》：「物堅鞕謂之磽确。」〔註43〕又卷 14 引《通俗文》：「堅鞕不消曰磽硈。」《出曜經》卷 19：「何得入是剛鞕石裏涌沒自由？」《大寶積經》卷 110：「識亦如是，至妙至柔，能穿剛鞕大身之色，

〔註40〕這三例，承蘇芃檢示，他說是避「蕭綱」諱改字。
〔註41〕王引之《春秋名字解詁》，收入《經義述聞》卷 22，江蘇古籍出版社 1985 年版，第 528 頁。
〔註42〕王念孫《廣雅疏證》，收入徐復主編《廣雅詁林》，江蘇古籍出版社 1992 年版，第 316、319 頁。
〔註43〕《玄應音義》卷 1 引脫「磽」字。

遷入受報。」又卷 117：「心無剛鞭，教化眾生悉調和業。」

（10）依倚、依奇、挨倚

按：《說文》：「依，倚也。」又「倚，依也。」《釋名》：「扆，倚也，在後所依倚也。」「扆」即「依」分別字，與「倚」雙聲音轉。《詩·淇奧》：「猗重較兮。」《釋文》：「猗，於綺反，依也。」阜陽漢簡「猗」作「依」。P.3906《碎金》：「倚俙：音希。」「倚俙」即「依稀」。《書·君陳》：「毋依勢作威，毋倚法以削。」「依」、「倚」變字對文。黃侃曰：「依，同『倚』。」〔註44〕字亦作「依奇」，《管子·幼官》：「定死生勝，定成敗勝，定依奇勝。」王念孫曰：「依奇即依倚也。」〔註45〕音轉又作「挨倚」〔註46〕，P.3906《碎金》：「相挨倚：烏皆反。又挨。」白居易《歲除對酒》：「醉依香枕臥，慵傍煖爐眠。」又《馬墜一強出贈同座》：「坐依桃葉妓，行呷地黃杯。」舊注皆云：「依，烏皆反。」《野客叢書》卷16：「今俗謂相抵曰挨，正書此字，而樂天詩『坐依桃葉妓』，曰『醉依香枕坐』，『依』音烏皆反，正『挨』字。」

（11）泥濘、濘泥

按：《文選》左思《吳都賦》：「流汗霡霂，而中逵泥濘。」宋·佚名《宣和遺事後集》：「又有大林，涉水而過，舉足而行濘泥中。」濘、泥一聲之轉。《易·乾》「夕惕若厲」，帛書「惕」作「泥」。《易·訟》「窒惕」，帛書「惕」作「寧」。《春秋·僖公七年》：「盟於寧母。」杜預注：「高平方與縣東有泥母亭，〔泥〕音如寧。」《穀梁傳》作「寧母」，《釋文》：「泥母：乃麗反，又音寧，王奴兮反。」《水經注·濟水》：「菏水又東逕泥母亭北，《春秋左傳·僖公七年》：『秋，盟於寧母，謀伐鄭也。』」《後漢書·郡國志》：「〔方與〕有泥母亭，或曰古寧母。」《集韻》：「泥，泥母，地名，或作寧。」《左傳·僖公

〔註44〕黃侃《說文同文》，收入《說文箋識》，中華書局 2006 年版，第 51 頁。
〔註45〕王念孫《管子雜志》，收入《讀書雜志》卷 7，中國書店 1985 年版，本卷第 57 頁。
〔註46〕「依」音轉作「愛」、「哀」，故「依」有「挨（捱）」音。《詩·載芟》鄭玄箋：「依之言愛也。」《淮南子·說林篇》：「各哀其所生。」《文子·上德》「哀」作「依」。《老子》第 31 章：「多以悲哀泣之。」馬王堆帛書甲本「哀」作「依」，郭店本作「依」。又第 69 章：「故抗兵相加，哀者勝矣。」馬王堆帛書甲本同，乙本作「依」。《文子·上德》：「聖人依陽，天下和同；依陰，天下溺沈。」徐靈府注：「依，音依。」《龍龕手鑑》：「依，哀也。」《漢書·天文志》：「聚十五星曰哀烏郎位。」《晉書》、《隋書》「哀」作「依」。

十五年》：「晉戎馬還濘而止。」杜預注：「濘，泥也。還，便旋也。」《廣雅》：「濘、涅，泥也。」黃侃曰：「𣲄，同『泥』、『濘』。」又「涅，同『𣲄』、『濘』。」〔註47〕P.2011 王仁昫《刊謬補缺切韻》「泥」、「濘」同音奴細反，云：「濘，陷濘，又尼證反。」《集韻》「泥」、「濘」同音乃計切。《慧琳音義》卷 10：「儜，亦作抳。」S.382：「暫到池邊立，洗卻意中泥。」又「巡還（循環）三藏教，弗（拂）卻意中泥。」S.3096、P.3645、S.5569、S.6109 同，S.447「泥」作「寧」。「能」字古音泥〔註48〕，與「寧」一聲之轉〔註49〕，王冰《黃帝內經素問補註釋文》卷 14：「儜，音能，困弱也。」《元氏長慶集》卷 23 舊注：「儜，音能，困屈也。」《元始大洞玉經·壇儀》舊注：「𤞤，音能。」亦其旁證。韓愈《答柳柳州食蝦蟆》：「跳踉雖云高，意不離濘淖。」「濘淖」即「泥淖」轉語。

（12）皯皵、粗糙、麄糙、粗繰

按：《廣雅》：「皸、皵，皯也。」王念孫曰：「皯之言麤也，《玉篇》、《廣韻》並音麤。皯、皵一聲之轉。《釋名》云：『齊人謂草履曰搏腊，搏腊猶把鮓，麤貌也。荊州人曰麤。』腊與皵，麤與皯，並同義。」〔註50〕王說是矣，「皵」是「皯」音轉，古音且聲、昔聲相通〔註51〕，其語源是「粗」，亦借「麤」為之，俗字作「麄」。《玉篇》：「皯，皸皯也，今作麄。」明·蘭廷秀《韻略易通》卷下：「皯，皮皯皵也。」蔣斧印本《唐韻殘卷》：「皵，米穀雜，出《埤蒼》，亦作糙。」《廣韻》：「皵，米穀雜。糙，上同。」《集韻》：「糙，米未舂，或作皵。」《肯綮錄·俚俗字義》：「米不佳曰皵，與『糙』同。」「皯皵」俗作「粗糙」。范寅《越諺》卷中：「麤皵：『粗糙』，不精光。《元典章》作『粗繰』，東坡《大慧真贊》作『麄糙』。」〔註52〕古音且聲、差聲亦相通，《說文》：「䵢，從鹵，𡍩（差）省聲。河內謂之䵢，沛人言若

〔註47〕黃侃《說文同文》，收入《說文箋識》，中華書局 2006 年版，第 54、77 頁。
〔註48〕參見陳第《毛詩古音攷》卷 3、《屈宋古音義》卷 1，中華書局 2008 年版，第 111、163 頁。楊慎《古音叢目》卷 1，收入景印文淵閣《四庫全書》第 239 冊，臺灣商務印書館 1986 年版，第 244 頁。
〔註49〕《詩·正月》：「燎之方揚，寧或滅之。」《漢書·谷永傳》引「寧」作「能」。
〔註50〕王念孫《廣雅疏證》，收入徐復主編《廣雅詁林》，江蘇古籍出版社 1992 年版，第 358 頁。
〔註51〕相通之例參見張儒、劉毓慶《漢字通用聲素研究》，山西古籍出版社 2002 年版，第 370 頁。
〔註52〕范寅《越諺》（侯友蘭等點注），人民出版社 2006 年版，第 195 頁。

盧。」金文及書傳「敍」、「徂」、「且」用作嘆詞「嗟」〔註53〕。新蔡楚簡甲
一24、甲二25、甲二34「瘕」、「虘」用作「瘥」〔註54〕，上博楚簡（四）
《柬大王泊旱》簡20「瘕」用作「瘥」〔註55〕，清華簡（十）《病方》簡2
「瘦」用作「瘥」〔註56〕。「鉏鋙」、「鉏牙」、「齟齬」、「槆牙」音轉作「槎
牙」、「嗟呀」、「齹齘」〔註57〕。《廣韻》「查」、「楂」或作「槎」。《慧琳音義》
卷72「槎」或作「楂」（「查」字從且，俗字形誤從旦作「查」）。《正法華經》
卷2「皆共齹掣」，宋、元、明、宮本「齹」作「攎」，《玄應音義》卷7改作
「攎」，指出「經文作齹，齹非此用」。是其例也。

（13）存在

按：《爾雅》：「在，存也。」又「在、存，察也。」郭璞注：「存即在。」
《說文》：「在，存也。」存、在並從才得聲，一聲之轉。《大戴禮記·曾子立
事》：「存往者，在來者。」盧辯注：「在，猶存也。」此同字變文例。

（14）偷盜

按：「偷」是「愉」俗字，偷薄、苟且義。《爾雅》：「佻，偷也。」《說文》
作「佻，愉也」。郭璞注：「謂苟且。」王念孫曰：「佻、偷一聲之轉。」〔註58〕
至於「偷盜」之偷，段玉裁曰：「『偷盜』字古只作『愉』也。」〔註59〕段說不
可信，偷薄、苟且義無由引申訓偷盜。黃侃曰：「攲，同『盜、佻、夋、偷』。」
〔註60〕又「婾，同『攲、盜、佻、夋』（即今偷字）。」〔註61〕黃說「攲」與諸
字同，亦不足信，但謂「偷」與「盜、佻、夋、婾」同，則是也。《說文》：「夋，

〔註53〕 參見楊樹達《全盂鼎跋》、《小臣謎毀跋》，收入《積微居金文說》卷2、4，中
　　　　華書局1997年版，第42、103頁。
〔註54〕 參見《新蔡葛陵楚墓》整理者說，大象出版社2003年版，第187、188頁。
〔註55〕 參見《上海博物館藏戰國楚竹書（四）》整理者說，上海古籍出版社2004年
　　　　版，第213頁。
〔註56〕 參見《清華大學藏戰國竹簡（十）》整理者說，中西書局2020年版，第155頁。
〔註57〕 參見蕭旭《「齟齬」考》，收入《群書校補（續）》，花木蘭文化出版社2014年
　　　　版，第2383～2389頁。
〔註58〕 王念孫《廣雅疏證》，收入徐復主編《廣雅詁林》，江蘇古籍出版社1992年版，
　　　　第282頁。
〔註59〕 段玉裁《說文解字注》，上海古籍出版社1981年版，第379頁。
〔註60〕 黃侃《說文同文》，收入《說文箋識》，中華書局2006年版，第69頁。「攲」
　　　　字原文誤作「夾」，徑正。
〔註61〕 黃侃《說文同文》，收入《說文箋識》，中華書局2006年版，第89頁。

一曰取也。」即偷取、盜竊義。「盜」之語源是「逃、跳」，《詩・巧言》毛傳：「盜，逃也。」孔疏引《風俗通》：「盜，逃也，言其晝伏夜奔，逃避人也。」故「盜」亦借兆聲字為之，上博楚簡（二）《容成氏》簡 42「惻逃」，上博楚簡（七）《凡物流形》簡 26「惻悠之作」，皆即「賊盜」。睡虎地秦簡《日書》乙種：「朝兆不得，晝夕得。」九店楚簡《日書》作「朝逃得，晝不得，夕不得」，楚簡整理者讀逃為盜。九店楚簡例以逃為盜，如「利於寇逃」，「必無堣（遇）寇逃」〔註62〕。郭店楚簡《老子》甲本簡 1「眺賊無有」，今本第 19 章「眺」作「盜」。《史記・秦本紀》：「得驥、溫驪、驊駵、騄耳之駟。」《集解》引徐廣曰：「溫，一作盜。」《索隱》：「溫音盜。徐廣亦作盜。鄒誕生本作眺，音陶。劉氏《音義》云：『盜驪，騊驪也。騊，淺黃色。』」「溫音盜」是以讀音改正錯字例〔註63〕。《廣雅》作「眺駼」，《玉篇》：「驪，盜驪，千里馬也。」又「駼，桃駼馬。」王念孫曰：「《史記》『盜驪』即此『眺駼』也。《玉篇》作『桃駼』，《御覽》引《廣雅》亦作『桃』。《集韻》云：『眺駼，獸名，似馬。』」〔註64〕淺黃色馬曰「桃華馬」，又稱作「眺華」、「桃文」，桃、眺亦讀作盜，謂盜色，即竊色，言顏色相雜淺色者也〔註65〕。偷之言踰，「踰」亦與「跳（逃）」音轉〔註66〕。「偷」用作偷盜，始見於西漢。《淮南子・道應篇》：「楚將子發好求技道之士，楚有善為偷者往見……偷者，天下之盜也……於是市偷進請……偷則夜解齊將軍之幬帳而獻之。」「善為偷」即《列子・天瑞》之「善為盜」。《慧琳音義》卷 45 引《蒼頡》「婾盜」，即「偷盜」。《左傳・僖公二十四年》：「竊人之財猶謂之盜，況貪天之功以為己力乎？」俞樾曰：「貪當讀為探。《爾雅》：『探，取也。《國語・周語》曰：『而郤至佻天以為己力，不亦難乎？』韋昭曰：『佻，偷也。』偷亦取也。」〔註67〕俞說是也，佻讀作偷，韋昭佻訓偷，與《爾雅》形同義不同，「偷」乃盜竊義。

〔註62〕《睡虎地秦墓竹簡》，文物出版社 1990 年版，第 245 頁。《九店楚簡》，中華書局 2000 年版，第 88、93、120 頁。

〔註63〕《史記・天官書》《集解》：「澡，音澤。」亦其例。

〔註64〕王念孫《廣雅疏證》，收入徐復主編《廣雅詁林》，江蘇古籍出版社 1992 年版，第 1017～1018 頁。

〔註65〕參見蕭旭《「桃華馬」名義考》，《中國文字研究》第 22 輯，2015 年出版，第 187～191 頁。

〔註66〕參見蕭旭《〈爾雅〉「鵱鷜」名義考》，收入《群書校補（續）》，花木蘭文化出版社 2014 年版，第 1822～1823 頁。

〔註67〕俞樾《群經平議》卷 25，收入《續修四庫全書》第 178 冊，第 407 頁。

（15）鞏固、堅固

按：《爾雅》：「鞏，固也。」《詩・瞻卬》：「無不克鞏。」毛傳：「鞏，固也。」《廣雅》：「拱，固也。」錢大昕曰：「毛公《詁訓傳》每寓聲於義，雖不破字，而未嘗不轉音。《小旻》之『是用不集』，訓集為就，即轉從就音。《鴛鴦》之『秣之摧之』，訓摧為莝，即轉從莝音。《瞻仰》之『無不克鞏』，訓鞏為固，即轉從固音。《載芟》之『匪且有且』，訓且為此，即轉從此音。明乎聲隨義轉，無不可讀之《詩》矣。」〔註68〕馬瑞辰曰：「鞏與固雙聲，而《瞻卬》詩『無不克鞏』，與『後』為韻，即讀鞏如固也。」又「《釋詁》：『鞏，固也。』鞏、固以雙聲為義，古音轉讀鞏如固，故與『祖』、『後』為韻。戴震、孔廣森均以此為東、侯交通之證。」〔註69〕《廣雅》：「攻、賢、鞏，堅也。」王念孫曰：「攻之言鞏固也。《小雅・車攻篇》：『我車既攻。』毛傳云：『攻，堅也。』《齊語》：『辨其功苦。』韋昭注云：『功，牢也。苦，脃也。』《月令》：『必功致為上。』《淮南子・時則訓》作『堅致』，堅、功一聲之轉，『功』與『攻』通。」

（16）悶瞞、悶滿、閔瞞、憤瞞、憤悶

按：《說文》：「悶，瞞也。」又「憤，瞞也。」《玄應音義》卷22、24引作「憤，滿也」。「滿」是「瞞」省借。《玄應音義》卷8、13引《蒼頡篇》：「瞞，悶也。」黃侃謂「瞞」、「悶」、「憤」三字同〔註70〕。《漢書・佞幸傳》：「憂滿不食。」顏師古曰：「滿，讀曰瞞，音悶。」《文選・運命論》李善注、《御覽》卷465引「滿」作「瞞」，《漢紀》卷23、《通鑑》卷30同。《漢書・王莽傳》：「莽憂瞞不能食。」顏師古曰：「瞞，音滿，又音悶。」「煩悶」即「煩瞞」，亦其證。《廣雅》：「憫，瞞也。」「憫」是「悶」俗字。《集韻》：「瞞、懣，煩也，或省，亦作憫、鞔。」《古文苑》卷3賈誼《旱雲賦》：「湯風至而含熱兮，群生悶滿而愁憤。」《文選補遺》卷31作「悶瞞」，《類聚》卷100引東方朔《旱頌》作「閔瞞」。閔、悶一音之轉。

（17）奢侈、奢奓

按：《說文》：「奢，張也。奓，籀文。」又「侈，一曰奢也。」「奓」同

〔註68〕錢大昕《答問十二》，收入《潛研堂集》卷15，上海古籍出版社1989年版，第239頁。
〔註69〕馬瑞辰《毛詩傳箋通釋》卷18、27，中華書局1989年版，第555、1034頁。
〔註70〕黃侃《說文同文》，收入《說文箋識》，中華書局2006年版，第74頁。

「奢」，亦作「侈」。《說文》：「奓，奢奓也。」桂馥曰：「奓，或借宣字，《秦詛楚文》：『宣奓競縱。』」〔註71〕所引《詛楚文》，宋九卷本作「宣侈」，宋廿一卷本作「亶奓」。章樵注：「奓，古文侈字。」楊樹達曰：「宣當讀為奓。《說文》云：『奓，奢奓也。』『奓』與『侈』同。宣奓即奢侈也。《說文》侈下云：『一曰奢泰也（引者按：「泰」字段玉裁依《韻會》補。）。』『奓』字《說文》未見（引者按：楊氏失考。），然與『奢』字同從大，乃『奢侈』之侈本字。《文選・西京賦》注引《聲類》云：『奓，侈字也。』《集韻》云：『侈或作奓。』是也。」〔註72〕郭沫若亦謂「奓」即「侈」〔註73〕。「宣侈」、「亶奓」乃《說文》「奢奓」之倒文，是「奢」即「奓（侈）」也。《晏子春秋・外篇》：「景公奢，晏子事之以恭儉。」《孔叢子・詰墨》「奢」作「侈」。《管子・八觀》：「故曰審度量，節衣服，儉財用，禁侈泰，為國之急也。」《韓子・六反》：「貨財足用則輕用，輕用則侈泰。」《文選・西京賦》：「心奓體忕。」五臣本作「侈」。《晉書・劉胤傳》：「侈忕之性。」「侈泰」、「奓（侈）忕」即「奢泰」。也倒言作「汏侈」、「泰侈」、「泰奢」，《左傳・襄公三十年》：「伯有汏侈，故不免。」又「泰侈者因而斃之。」《漢書・楚元王傳》、《兩龔傳》並有「制度泰奢」語。漢・衛宏《漢官舊儀》卷上：「今俗奢奓過制度。」《後漢書・百官志》劉昭注引作「奢侈」。

（18）對答

按：「答」或作「荅」，本當作「畣」，是「對」字音轉。黃侃曰：「荅，酬荅借為『對』。《爾雅》作『畣』，乃後起字，本作『畣』，從曰合聲，形誤為『畣』。」〔註74〕《爾雅》：「畣，然也。」「畣」是「畣」形譌，黃侃說是。黃丕烈曰：「『畣』誤作『畣』。按字蓋從曰合聲。」〔註75〕聞一多曰：「屈原答靈氛曰，殘卷（引者按：指敦煌寫卷 P.2494）作『畣』。案：畣，古『答』字。《爾雅》有之，然已譌作『畣』，從田，于義無施。他書用古字者莫不皆然，蓋習非勝是，沿誤久矣。作『畣』者平生惟此一見。六書命脈，不絕如

〔註71〕桂馥《說文解字義證》，齊魯書社 1987 年版，第 875 頁。

〔註72〕楊樹達《詛楚文跋》，收入《積微居小學述林》卷 7，中華書局 1983 年版，第 285 頁。

〔註73〕郭沫若《詛楚文考釋》，《中國建設》第 4 卷第 6 期，1947 年版，第 34 頁。

〔註74〕黃侃《說文段注小箋》，收入《說文箋識》，中華書局 2006 年版，第 168 頁。

〔註75〕黃丕烈《隸釋刊誤》，收入《中華漢語工具書書庫》第 40 冊，安徽教育出版社 2002 年版，第 88 頁。

縷，真堪一字千金矣。」〔註 76〕楊樹達曰：「按輡字從峇聲，峇字從曰合聲，乃對荅之荅本字。《爾雅》云：『俞、畣，然也。』畣當作此字，而誤為從田，義不可說矣。」〔註 77〕王大隆曰：「『答』字卷（引者按：指敦煌寫卷 P.2494）作『峇』。余前謂相承以『畣』為古『答』字，『畣』實『峇』之譌。今按秦《詛楚文》『輡輸棧輿』，『輡』字從峇，是古有『峇』字也。至《詛楚文》之『輡』，以此卷證之，明即『輅』字，舊釋為鞹，非是。」〔註 78〕「峇」字形最早見於金文《九里墩鼓座》銘文：「余以峇同生九禮。」〔註 79〕《晉公盆》：「以峇皇卿。」〔註 80〕正用作「答」。另外，「峇」字亦見於包山楚簡、望山楚簡、信陽楚簡、郭店楚簡、上博楚簡（二、四）〔註 81〕。蔣斧印本《唐韻殘卷》：「峇，《說文》云：『對。』」字正作「峇」，唐人仍作此形不誤。

（19）背負、偝負。

按：《儀禮·喪服》鄭玄注：「負，在背上者也。」《禮記·曲禮上》鄭玄注：「負，謂置之於背。」《禮記·明堂位》鄭玄注：「負之言背也。」《釋名》：「負，背也，置項背也。」又「負，在背上之言也。」黃侃曰：「負，背負，即借為背。」〔註 82〕「背」本訓脊背，讀去聲，名詞作動詞用，因有負荷義，音亦轉作平聲。「負」本訓恃，訓負荷者乃「背」字音轉。《淮南子·覽冥篇》：「背方州，抱圓天。」《文子·精誠》作「負」。《史記·廉頗藺相如傳》：「決負約不償城。」又《酈生傳》：「項王負約不與而王之漢中。」《漢書·酈食其傳》作「背約」，《史記·秦本紀》「背約不與河西城」亦同。《儀禮·覲禮》：

〔註 76〕聞一多《敦煌舊鈔〈楚辭音〉殘卷跋附校勘記》，收入《聞一多全集》卷 2《古典新義》，三聯書店 1982 年版，第 504 頁。

〔註 77〕楊樹達《詛楚文跋》，收入《積微居小學述林》卷 7，中華書局 1983 年版，第 286 頁。

〔註 78〕王大隆《庚辰叢編本〈楚辭音〉跋》，轉引自王重民《敦煌古籍敘錄》，中華書局 1979 年版，第 282 頁。

〔註 79〕《殷周金文集成》（修訂增補本）第 1 冊，中華書局 2007 年版，第 539 頁。整理者括注「峇」作「會」，非是。陳秉新讀峇作答，是也。陳秉新《舒城鼓座銘文初探》，《江漢考古》1984 年第 2 期，第 73 頁。

〔註 80〕《殷周金文集成》（修訂增補本）第 7 冊，第 5577 頁。整理者括注「峇」作「答」。其說當本於楊樹達《晉公盦跋》，收入《積微居金文說》卷 3，中華書局 1997 年版，第 56 頁。

〔註 81〕字形參見滕壬生《楚系簡帛文字編》（增訂本），湖北教育出版社 2008 年版，第 509 頁。但滕氏釋作「合」，則稍疏。

〔註 82〕黃侃《說文段注小箋》，收入《說文箋識》，中華書局 2006 年版，第 193 頁。

「天子袞冕，負斧依（扆）。」《禮記·明堂位》：「天子負斧依（扆），南鄉而立。」《漢書·王莽傳》：「背斧依（扆）于戶牖之間，南面朝群臣。」又「今攝皇帝，背依（扆）踐阼。」又《徐樂傳》：「南面背依（扆）。」《史記·平津侯主父傳》作「南面負扆」。「負斧依」即「背斧依」，「背依」即「負扆」。此皆其音轉之證。梁·慧皎《高僧傳》卷 11：「侍疾十餘人，咸見空中紺馬背負金棺升空而逝。」隋·闍那崛多譯《大威德陀羅尼經》卷 16：「令彼負重鞭杖捶打，背負世間種種財具，造立寺舍。」此複合詞「背負」較早用例。

（20）契刻、鍥刻

　　按：《說文》：「栔，刻也。」《釋名》：「契，刻也，刻識其數也。」《爾雅》：「契，絕也。」郭璞注：「今江東呼刻斷物為契斷。」《淮南子·齊俗篇》：「越人契臂。」許慎注：「刻臂出血。」《御覽》卷 430 引作「齧」，《類聚》卷 33、《御覽》卷 480 引作「剌」。于大成指出契、齧並讀為栔，剌俗字〔註83〕。《列子·湯問》：「剠臂以誓。」《酉陽雜俎續集》卷 4 作「刻臂」〔註84〕。《史記·吳起列傳》：「與其母訣，齧臂而盟曰。」《淮南子·說林篇》「鎝金玉」，高誘注：「鎝，刻金玉以為器也。」「契（栔、鎝）」、「刻」雙聲音轉，都是聲訓也〔註85〕。《貞觀政要》卷 3「鍥船求劍」注：「鍥，音刻。」引《呂氏春秋》作「刻」，《類聚》卷 60、《御覽》卷 499、《事類賦注》卷 16 引同，今本《呂氏·察今》作「契」。《文苑英華》卷 741 李百藥《封建論》：「刻船求劍，未見其可。」《舊唐書·李百藥傳》作「鍥」。《後漢書·劉陶傳》：「陛下寬鍥薄之禁。」李賢注：「鍥，刻也，音口結反。」方以智曰：「鍥薄，即『刻薄』。『鍥』即『刻』字，且與『契』通。」〔註86〕王念孫曰：「刻謂之鍥，故『刻薄』謂之『鍥薄』。」〔註87〕

（21）間介、扞格、格姦、間隔、隔間、介隔、隔閡、隔界、隔硋、垓
　　　鬲、介閡

〔註83〕于大成《淮南子校釋》，臺灣大學 1970 年博士論文；收入《淮南鴻烈論文集》，里仁書局 2005 年版，第 775 頁。

〔註84〕《太平廣記》卷 227 引誤作「刻背」。

〔註85〕王力《同源字典》即列為同源字，商務印書館 1982 年版，第 483～484 頁。

〔註86〕方以智《通雅》卷 7，收入《方以智全書》第 1 冊，上海古籍出版社 1988 年版，第 274 頁。

〔註87〕王念孫《廣雅疏證》，收入徐復主編《廣雅詁林》，江蘇古籍出版社 1992 年版，第 419 頁。

　　按：「間」也作「閒」。①《孟子‧盡心下》：「孟子謂高子曰：『山徑之蹊閒介，然用之而成路；為閒不用，則茅塞之矣。』」趙岐注：「山之領有微蹊介然，人遂用之不止，則蹊成為路。為閒，有閒也。」當「閒介然」屬文。焦循曰：「《荀子‧修身篇》云：『善在身，介然必以自好也。』楊倞注云：『介然、堅固貌。《易》曰：介如石焉。』《漢書‧律曆志上》云：『介然有常。』注云：『介然，特異之意。』……此『介然』定屬下用之，即《荀子》、《律曆志》之『介然』。」〔註88〕焦說非是，趙佑誤同〔註89〕。桂馥曰：「『山徑之蹊間介然』絕句，《文選‧長笛賦》：『是以間介無蹊，人迹罕到。』五臣注云：『竹間介然，幽深無蹊徑，人迹稀至也。』《襄九年左傳》：『介居二大國之間。』杜注：『介，猶間也。』『間介』連文，不得以『介』下屬。」〔註90〕孔廣森曰：「趙注以『介然』屬上句，朱注以『介然』屬下句。愚讀《長笛賦》『間介無蹊』，似古讀有以『間介』絕句者。間介，蓋隔絕之意。徑，路也。蹊，足跡也。」〔註91〕程先甲曰：「趙歧曰：『介然人用之不止，則蹊成于路。』杜預註《左氏傳》曰：『介，猶間也。』間、介一也。蹊，徑也。言山間隔絕無有蹊徑也（引者按：此上《長笛賦》李善注語）。《長笛賦》『是以間介無蹊』，案據此則馬氏『介字』屬上讀矣。」〔註92〕胡紹煐曰：「按《法言‧吾子篇》『山徑之蹊，不可勝由矣』，是亦讀『山徑之蹊』為句，而『間介』連讀，『間介』常語，今俗猶云『間介』矣。」〔註93〕諸說皆是。錢大昕曰：「『閒』、『介』雙聲字，出《孟子》『山徑之蹊閒介』。馬融《長笛賦》『閒介無蹊』，李善注引《孟子》證之，朱文公《章句》始以『山徑之蹊閒』為句，『介』字屬下句。王伯厚謂『間介』出《長笛賦》，是數典而忘祖也。」〔註94〕宋翔鳳曰：「『閒』、『介』雙聲，形容山徑隔絕之象。『閒』當讀去聲。《莊子‧田子方篇》：『經乎大山而無介。』介亦閒介之意。」〔註95〕

〔註88〕焦循《孟子正義》卷28，中華書局1987年版，第982～983頁。
〔註89〕趙佑《四書溫故錄‧孟子四》，收入《續修四庫全書》第166冊，第628頁。
〔註90〕桂馥《札樸》卷2，中華書局1992年版，第94頁。
〔註91〕孔廣森《經學卮言》卷5，收入《續修四庫全書》第173冊，第303頁。
〔註92〕程先甲《選學筦闚》卷1《李注引經異文》，《制言》第55期，1939年版，本文第19頁。
〔註93〕胡紹煐《文選箋證》卷19，黃山書社2007年版，第479頁。
〔註94〕錢大昕《十駕齋養新錄》卷19，上海書店1983年版，第442頁。
〔註95〕宋翔鳳《孟子趙注補正》卷6，收入《叢書集成續編》第37冊，新文豐出版公司1988年印行，第438頁。

陳鱣曰：「似馬讀《孟子》以『介』字絕句。『閒』、『介』雙聲。《困學紀聞》謂『閒介』出《長笛賦》（引者按：見卷 19），而不知原本於《孟子》也。」〔註 96〕裴學海曰：「孔氏斷『間介』為句，是也。『間介』為見母雙聲字，且為寒泰對轉字（間在寒部，介在泰部），故其義同（《文選·長笛賦》：『是以間介無蹊。』李注：『間、介一也。』《史記·南越列傳》《索隱》云：『介者，間也。』）皆謂隔礙不通也。陘為陘之借字，嶺也。『蹊』即《月令》之蹊徑。然，猶如也。用，行也。即如行之則成路也。『間』即上句之『間介』。此文單言『間』，與『間介』同義，猶《書·康誥篇》單言『裕』，與『由裕』同義（『乃由裕民』，『乃裕民』。案：由、裕皆道也。乃由裕民，即乃道民也。乃裕民，亦乃道民。『道』與《論語》『道之以德』之道同，此本《經義述聞》說）。」〔註 97〕錢、宋、陳、裴四氏指出「間」、「介」雙聲音轉，裴氏又指出單用「間」與複用「間介」同，尤為精闢。但「然」是轉折詞，不必如裴氏解作假設連詞。「間」、「介」聲轉，方以智、惠士奇亦有說。方氏云：「《漢書》文帝詔曰：『朕既不能遠德，故憪然念外之有非。』注：『憪然，猶介然，不安貌。』蓋古『介』與『閒』近，《孟子》『閒於齊、楚』，即介於齊、楚。《解嘲》『范睢界涇陽』，謂離閒秦王兄弟也。左个即左閒。古『閒』與『个』、與『介』與『千』皆互通，今人猶有『閒介』之言。」〔註 98〕惠氏曰：「个，古介字。故《說文》無『个』，蓋今文『个』即古文『介』。馬融曰：『間介無蹊。』古者士相見，必有介，謂之中間。然則个猶間也。《明堂》『左右介』者，左右間也。」〔註 99〕《董子·楚莊王》：「然而介以一言曰：『王者必改制。』」俞樾曰：「《襄三十一年左傳》：『介于大國。』杜注曰：『介，猶間也。』故古語以『間介』連文，《孟子·盡心篇》『山徑之蹊間介』，《文選·長笛賦》『間介無蹊』，即用《孟子》文是也。介以一言，猶間以一言。此『介』字即『吾無間然』之間。」蘇輿取俞說，又云：「《潛夫論·明闇篇》：『是以當塗之人，恒嫉正直之士，得一介言於君，以矯其邪也。』亦以介為間。」〔註 100〕

〔註 96〕陳鱣《簡莊疏記》卷 15，收入《續修四庫全書》第 1157 冊，第 283 頁。
〔註 97〕裴學海《孟子正義補正》，《國學論叢》第 2 卷第 2 號，1930 年版，第 201～202 頁。
〔註 98〕方以智《通雅》卷 8，收入《方以智全書》第 1 冊，上海古籍出版社 1988 年版，第 325 頁。
〔註 99〕惠士奇《禮說》卷 14，收入《叢書集成三編》第 24 冊，新文豐出版公司 1997 年版，第 462 頁。
〔註 100〕蘇輿《春秋繁露義證》卷 1，中華書局 1992 年版，第 16 頁。俞樾《諸子平

蘇氏所引《潛夫論》，汪繼培曰：「《春秋繁露・楚莊王篇》云云。按：介之言間也。《漢書・杜欽傳》云：『毋使范雎之徒得間其說。』」《漢書・杜欽傳》：「有旦莫偪伏之愛，心不介然有間。」〔註101〕「介然」即「間然」，隔閡貌，故以狀「有間」。②何秋濤曰：「『格姦』雙聲字，今轉為『扞格』，聲近而變，又顛倒其文，實一義也。『扞格』本亦雙聲字也……聲轉又為『閒介』……『閒介』亦即『扞格』之轉，『閒介』雙聲字也。」〔註102〕劉師培曰：「『閒介』亦雙聲字，『然』字當屬下讀。『閒介』者，即『扞格』之轉音，亦即『格姦』之倒文。」〔註103〕劉說全同於何秋濤。「閒介」也雙聲音轉作「間隔」、「隔間」，陶潛《桃花源記》：「遂與外人間隔。」《唐會要》卷97：「隔間諸羌，未通中國。」《易・兌》王弼注、《左傳・昭公二十年》杜預注並云：「介，隔也。」此是聲訓，閒、介、閡、隔並一聲之轉。合言則作「介隔」、「隔界」、「隔閡」、「隔硋」、「垓鬲」、「介閡」，《楚辭・九歎・惜賢》：「進雄鳩之耿耿兮，讒介介而蔽之。」王逸注：「讒人尚復介隔蔽而障之。」《越絕書・篇敘外傳記》：「屈原隔界，放於南楚。」《文選・求通親親表》：「隔閡之異，殊於胡越。」江統《徙戎論》：「則絕遠中國，隔閡山河。」《世說新語・言語》：「劉琨雖隔閡寇戎，志存本朝。」《南齊書・張敬兒傳》：「隔硋數千，無因自對。」S.4642《發願文範本等》：「歿後以河山介閡，萬里須應於靈苻（府）。」《隸釋》卷22漢《司隸楊君碑》：「凡此四道，垓鬲允艱。」錢大昕曰：「垓鬲，義與『閡隔』同。」〔註104〕吳玉搢曰：「垓鬲，礙隔也。《隸釋》云：『鬲即隔字。』《廣韻》礙亦作硋。此云『垓鬲』，當是借垓為硋也。」〔註105〕

（22）奇詭、奇傀、詭奇、傀奇

按：《說文》：「傀，變也。」《玉篇》：「傀，異也。」「詭」即「傀」借字，與「奇」一聲之轉。《漢書・鄒陽傳》《上書梁王》：「輪囷離奇。」《新

議》卷25，中華書局1954年版，第507頁。
〔註101〕汪繼培、彭鐸《潛夫論箋校正》卷2，中華書局1985年版，第58頁。
〔註102〕何秋濤《「象教克諧以孝烝烝乂不格姦」解》，收入《一鐙精舍甲部藳》卷4，《續修四庫全書》第1554冊，第175～176頁。
〔註103〕劉師培《古書疑義舉例補》，收入《古書疑義舉例五種》，中華書局1956年版，第167頁。
〔註104〕錢大昕《潛研堂金石文跋尾又續》卷1，收入《續修四庫全書》第891冊，第510頁。
〔註105〕吳玉搢《別雅》卷5，收入景印文淵閣《四庫全書》第222冊，第766頁。

序・雜事三》、《漢紀》卷 9、《文選》、《類聚》卷 58 同，《史記》作「離詭」。「奇辭」、「琦辭」音轉作「詭辭」、「佹辭」，「崎嶇」音轉作「餀嶇」，「欹器」音轉作「餀器」，「奇譎」音轉作「詭譎」，「觭」音轉作「觤」，皆其例〔註106〕。「奇詭」是唐宋人俗語。《朝野僉載》卷 2：「姜師度好奇詭。」《舊唐書・輿服志》：「後魏、北齊，輿服奇詭。」也作「奇佹」，宋・劉爚《皇朝編年舉要備要序》：「然前陳者，皆奇佹淫靡之具。」倒言亦作「詭奇」、「佹奇」，元・李祁《黃河賦》：「詭奇蒟醬，甘好孰若？」明・宋濂《志釋寄胡徵君仲申》：「心存沖寥，跡入佹奇。」

（23）辨別、辯別、別辨、別辯

按：《說文》：「釆，辨別也，象獸指爪分別也。讀若辨。」「釆」是「辨」古字。辨、別雙聲相轉。《周禮・小宰》鄭玄注引鄭司農曰：「故書『傅別』作『傅辨』。」《周禮・朝士》鄭玄注引鄭司農曰：「辨，讀為別。」餘例尚多，無庸繁舉〔註107〕。《初學記》卷 17 引謝承《會稽先賢傳》：「骨肉消爛而不可辨別。」也作「辯別」，倒言則作「別辨」、「別辯」。《呂氏春秋・決勝》：「勇則能決斷，能決斷則能若雷電飄風暴雨，能若崩山破潰，別辨實墜。」唐・楊筠松《撼龍經》：「三星尖圓方整處，向此辯別無狐疑。」《永樂大典》卷 14218 引作「別辯」。元・關漢卿《鄧夫人苦痛哭存孝》第 2 折：「著俺這李父親，怎消磨了腹內嗔？別辯個假共真，全憑著這福神，並除了那禍根。」

（24）懈惰、懈墮

按：隋從陸省聲，早期「陸」字從圭得聲，郭店簡《唐虞之道》簡 26「陸」作「陸」，解、圭古音相轉，懈、惰亦是聲轉〔註108〕。

（25）貪婪、貪惏、貪惏、貪憛、貪嚂、貪監、憛貪、婪婪

按：《方言》卷 1：「晉魏河內之北謂惏（惏）曰殘，楚謂之貪。」《說文》：「惏，河內之北謂貪曰惏。」又「婪，貪也。」此是聲訓。「惏」是正字，

〔註106〕 參見蕭旭《荀子校補》，花木蘭文化出版社 2016 年版，第 577～578 頁。

〔註107〕 參見張儒、劉毓慶《漢字通用聲素研究》，山西古籍出版社 2002 年版，第 601～602 頁。

〔註108〕 參見孟蓬生《「象」字形音義再探》，香港浸會大學《饒宗頤國學院院刊》第 4 期，香港中華書局 2017 年版，第 108～109 頁。

「貪」是楚音之轉。P.2717《碎金》：「貪婪：音藍，又惏。」《玄應音義》卷
1：「貪惏，字書或作啉，今亦作婪，同。惏亦貪也。」又卷22：「貪婪：又
作啉、惏二形，同。惏亦貪也。」《玉篇》：「憸，貪憸也。」《廣韻》：「憸，
憸貪貌。」《集韻》：「憸、嚂，貪憸，嗜也，或從口。」《龍龕手鑑》：「嚂，
貪嚂也。嚂，俗，同上。」《呂氏春秋・權勳》：「虞公濫於寶與馬，而欲許
之。」高誘注：「濫，貪。」《韓子・十過》「濫」作「貪」。《左傳・昭公二十
八年》：「貪惏無饜。」《長短經・察相》作「貪婪」，孔疏引《方言》：「晉魏
河內之北謂惏曰殘，楚謂之貪。」《左傳・僖公二十四年》：「狄固貪惏。」
《周書・竇熾傳》作「貪婪」。《文選・馬汧督誄》：「婪婪群狄，豺虎競逐。」
呂向注：「婪婪，貪盛貌。」「婪婪」即「貪惏（婪）」。P.2305：「有錢財，不
佈施，更擬貪監於自己。」「貪監」即「貪憸」。

（26）沙啞

按：「沙」、「啞」皆「嗄」音轉，聲音嘶破也。《老子》第55章：「終日號
而不嗄，和之至也。」《莊子・庚桑楚》引同，P.2420、宋刊河上公本、葛玄本、
道藏顧歡本「嗄」作「啞」，《莊子》《釋文》謂崔譔本作「喝」。蔣斧印本《唐
韻殘卷》「嗄」音於介反，故崔譔本《莊子》又作同音字「喝」，指聲嘶盡，與
呵聲之「喝」同形，而音義全殊。蔣斧印本《唐韻殘卷》：「沙，《周禮》曰：
『鳥皫色而沙鳴貍。』注云：『沙，嘶也。』」「沙」、「嗄」亦同音。

（27）匍匐、匍伏、扶服、扶伏、蒲服、蒲伏

按：《說文》：「匍，手行也。」又「匐，伏地也。」《廣雅》：「匍，伏也。」
P.2011王仁昫《刊謬補缺切韻》：「伏，房六反，匐。」匍、匐、伏古音雙聲
相轉，《漢書・地理志》：「傅陽，故偪陽國，莽曰輔陽。」《左傳・襄公十年》：
「遂滅偪陽。」《公羊傳》同，《穀梁傳》作「傅陽」。黃侃曰：「伏，同『匍』、
『匐』。」又「匐，同『伏』。」〔註109〕《釋名》：「匍匐，小兒時也。匍猶捕
也，藉索可執取之言也。匐，伏也，伏地行也。人雖長大，及其求事盡力之
勤，猶亦稱之。《詩》曰『凡民有喪，匍匐救之』是也。」劉成國說「匍猶
捕」非是，匍亦伏也。《集韻》：「匐，《說文》：『伏地也。』或作匐、伏、服、
跀。」「匍匐」音轉亦作「匍伏」、「扶服」、「扶伏」、「蒲服」、「蒲伏」。

〔註109〕黃侃《說文同文》，收入《說文箋識》，中華書局2006年版，第53、61頁。

（28）勤狠、勤懇（懇）

按：《老子》第 16 章：「夫物芸芸，各復歸其根。」郭店簡本「根」作「堇」。又第 59 章：「是謂深根固柢。」帛書乙本、北大簡同，帛書甲本「根」作「槿」。上博簡（七）《凡物流形》甲本：「既本既槿，奚後之奚先？」整理者讀槿為根〔註 110〕。《易·艮》：「艮其限。」上博簡（三）「限」作「瞳」。《易·大畜》：「利艱貞。」上博簡本「艱」作「堇」，帛書本作「根」。馬王堆帛書《衷》：「堇者，得之代阹也。」廖名春讀堇為艮，帛書整理者從之〔註 111〕。「狠」是「勤」雙聲疊韻音轉字，「懇（懇）」是「狠」增旁俗字。黃侃曰：「懇，本作堇。《廣韻》康很切，作『懇』。」黃焯曰：「《說文》：『堇，慎也。』懇與堇義通，其聲唯有發聲送氣之異。」〔註 112〕《漢書·司馬遷傳》《答任安書》：「勤勤懇懇。」《文選·劇秦美新》：「夫不勤勤，則前人不當；不懇懇，則覺德不愖。」

（29）俚賴、理賴、聊賴、憀賴、寥賴

按：「賴」是本字，餘皆雙聲音轉字。《方言》卷 3：「俚，聊也。」《說文》：「俚，聊也。」《廣雅》：「俚，賴也。」《六書故》卷 8：「俚，借為無俚之俚，猶言無聊也。聊、俚、賴聲相通。」又卷 10：「無聊之為言猶曰無賴、無俚也。聊、俚、賴同聲。」方以智曰：「俚、聊、賴相通。」〔註 113〕段玉裁曰：「《方言》：『俚，聊也。』語之轉，字之假借耳。《漢書》曰：『其畫無俚之至。』『無俚』即今所謂『無賴』，亦語之轉。古叚『理』為之。《孟子》：『稽大不理於口。』趙注：『理，賴也。大不賴人之口。』」〔註 114〕王念孫曰：「《漢書·季布欒布田叔傳贊》：『夫婢妾賤人，感慨而自殺，非能勇也，其畫無俚之至耳。』晉灼注云：『揚雄《方言》曰：「俚，聊也。」許慎曰：「賴也。」』此謂其計畫無所聊賴，至於自殺耳。』《孟子·盡心篇》：『稽大不理於口。』趙岐注云：『理，賴也。』『理』與『俚』通。」〔註 115〕錢繹曰：「俚、賴、

〔註 110〕《上海博物館藏戰國楚竹書（七）》，上海古籍出版社 2008 年版，第 225 頁。
〔註 111〕《長沙馬王堆漢墓簡帛集成》第 3 冊，中華書局 2014 年版，第 92 頁。
〔註 112〕黃侃《說文新附考原》，收入《說文箋識》，中華書局 2006 年版，第 289 頁。
〔註 113〕方以智《通雅》卷 1，收入《方以智全書》第 1 冊，上海古籍出版社 1988 年版，第 100 頁。
〔註 114〕段玉裁《說文解字注》，上海古籍出版社 1981 年版，第 369 頁。
〔註 115〕王念孫《廣雅疏證》，收入徐復主編《廣雅詁林》，江蘇古籍出版社 1992 年版，第 373 頁。

聊皆一聲之轉耳。」〔註116〕《漢書》蘇林注：「俚，賴也。」同許慎說，今本《說文》作「俚，聊也」。「賴」古有「俚」音〔註117〕，字亦省作「里」，《潛夫論·勸將》：「此亦陪克闞茸，無里之爾。」汪繼培曰：「『里』當作『俚』，『之』下脫一字。」〔註118〕字亦作憀，《淮南子·兵略篇》許慎注：「憀，賴。」P.2011《刊謬補缺切韻·尤韻》：「憀，賴。」朱駿聲曰：「聊、俚、賴一聲之轉。」又「憀，叚借為賴。《淮南·兵略》：『吏民不相憀。』按：與《國策》『民無所聊』、《漢書》『其畫無俚之至』同。賴、俚、聊、憀一聲之轉。」又「聊，叚借為賴。聊、賴一聲之轉，或以憀以俚為之。」〔註119〕單言曰「俚（理）」，複言則曰「聊賴」、「理賴」、「憀賴」、「寥賴」，P.2011《刊謬補缺切韻·蕭韻》：「憀，無憀賴。」道藏本《易林·損之大壯》：「行觸天剛，馬死車傷。身無寥賴，困窮乏糧。」一本作「憀賴」，《渙之比》作「聊賴」。《後漢書·列女傳》：「為復強視息，雖生何聊賴！」隋·智顗《妙法蓮華經文句》卷4：「無一憀賴時使之然。」S.329《書儀鏡》：「殊無理賴。」

（30）跳踃、跳躍、掉捎、招搖、逍遙、消搖、捎搖、搖消、搖捎、搖銷、搖稍、搖逍

按：P.2011王仁昫《刊謬補缺切韻》：「踃，跳。」《玉篇》：「踃，跳踃。」《集韻》：「踃，跳踃，動也。」《文選·舞賦》：「簡惰跳踃般紛挐兮。」李善注引《埤蒼》：『踃，跳也。』」踃亦作趙，《穆天子傳》卷2：「天子北征，趙行□舍。」郭璞注：「趙，猶超騰。舍，三十里。」趙、超、跳（越）一聲之轉，《方言》卷5郭璞注：「趙當作桃，聲之轉也。」亦轉作踔、趠、逴、掉〔註120〕。躍、跳、踃、搖、踔亦音轉〔註121〕。《廣雅》：「振訊、掉捎，動也。」王念孫曰：「《釋訓篇》云：『掉撨，振訊也。』『掉撨』與『掉捎』同。《釋訓》云：

〔註116〕錢繹《方言箋疏》卷3，上海古籍出版社1984年版，第225頁。

〔註117〕「費」或作「理」、「氂」，「氂」或作「莱」，「賴」音轉作「屬」，「登來」音轉作「得利」，皆其比。

〔註118〕汪繼培、彭鐸《潛夫論箋校正》，中華書局1985年版，第255頁。

〔註119〕朱駿聲《說文通訓定聲》，武漢市古籍書店1983年版，第187、259、277頁。

〔註120〕參見蕭旭《〈孟子〉「挾太山以超北海」義疏》，收入《群書校補（續）》，花木蘭文化出版社2014年版，第1971～1974頁。

〔註121〕相轉之例參見張儒、劉毓慶《漢字通用聲素研究》，山西古籍出版社2002年版，第227、250～251頁。

『揣扰，搖捎也。』搖捎猶掉捎也。一作『搖消』，《淮南子·俶真訓》云：『搖消掉捎仁義禮樂。』《文選·舞賦》：『簡惰跳踃般紛挐兮。』李善注引《埤倉》云：『踃，跳也。』呂向注云：『跳踃，動足貌。』『掉捎』、『跳踃』、『搖捎』並聲近而義同。」〔註122〕朱起鳳謂「掉捎」又作「跳踃」、「掉撨」、「撟捎」、「糾譑」，動貌〔註123〕。「跳踃」音轉又作「招搖」，《漢書·司馬相如傳》《大人賦》：「又猗抳以招搖。」顏師古注引張揖曰：「招搖，跳踃也。」又音轉作「逍遙」、「消搖」、「捎摇」等，《文選·洞簫賦》：「攪搜澩捎，逍遙踴躍若壞積兮。」胡紹煐曰：「逍遙，猶踃跳。（下說同上引王念孫說，茲略）。」〔註124〕倒言則作「搖捎」、「搖消」、「搖銷」、「搖稍」、「摇逍」等形。

（31）襐奪
　　　　按：「奪」是「襐」音轉〔註125〕。

（32）側塞、堲塞、惻塞、嬰塞、仄塞、閟塞
　　　　按：「塞」是本字，餘皆借音字〔註126〕。

（33）坴梁、陸梁、陸量、陸掠
　　　　按：《說文》：「坴，一曰坴梁。」章太炎曰：「今蘄州謂跳為梁，梁、陸雙聲，故梁音轉為陸。」〔註127〕當以「坴」為本字，後出本字作「踛」，「陸」、「梁」、「量」為音轉借字〔註128〕。亦音轉作「陸掠」，《後漢書·應劭傳》：「制御小緩，則陸掠殘害。」沈欽韓曰：「《玉篇》『掠』有力尚、力酌二音。《釋名》：『掠，狼也。』『陸掠』義同『陸梁』。」〔註129〕《巢氏諸病源候

〔註122〕王念孫《廣雅疏證》，收入徐復主編《廣雅詁林》，江蘇古籍出版社 1992 年版，第 97 頁。
〔註123〕朱起鳳《辭通》，上海古籍出版社 1982 年版，第 706、714 頁。
〔註124〕胡紹煐《文選箋證》卷 19，黃山書社 2007 年版，第 469 頁。
〔註125〕參見蕭旭《〈說文〉「襐」字音義辨正》，收入《群書校補（續）》，花木蘭文化出版社 2014 年版，第 1839～1850 頁。
〔註126〕參見蕭旭《敦煌變文校補（二）》，收入《群書校補（續）》，花木蘭文化出版社 2014 年版，第 1385～1387 頁。
〔註127〕章太炎《新方言》卷 2，收入《章太炎全集（7）》，上海人民出版社 1999 年版，第 77 頁。
〔註128〕參見蕭旭《古地「陸梁」名義考》，收入《群書校補（續）》，花木蘭文化出版社 2014 年版，第 2169～2179 頁。
〔註129〕沈欽韓《後漢書疏證》卷 5，上海古籍出版社 2006 年版，第 100 頁。

總論》卷 2：「發則仆地，吐沫，無知，若彊倞起如狂及遺糞者，難治。」《肘後備急方》卷 3、《外臺祕要方》卷 15、《備急千金要方》卷 44 作「彊掠」。「彊倞」亦作「強梁」、「彊梁」、「強踉」、「強踉」，「掠」亦「梁」字借音。

（34）般桓、盤桓、槃桓、磐桓、洀桓、盤亘、畔桓、半遠

按：《廣雅》：「般桓，不進也。」《文選·西京賦》、《洛神賦》、《西征賦》、《登樓賦》、《奏彈曹景宗》李善註引並作「盤桓」。王念孫曰：「曹大家注《幽通賦》云：『盤桓，不進也。』《屯》初九：『磐桓。』《釋文》：『磐，本亦作盤，又作槃。馬云：槃桓，旋也。』《爾雅》：『般，還也。』《釋文》引《易》作『般桓』。《管子·小問篇》：『君乘駮馬而洀桓。』尹知章注云：『洀，古盤字。』漢《張納碑》作『般桓』，《張表碑》作『畔桓』，《侯成碑》作『磐桓』，《郭究碑》作『槃桓』，《劉寬碑》作『盤桓』，並字異而義同。」〔註 130〕王氏所引《易》「磐桓」，馬王堆帛書本作「半遠」。章太炎曰：「『般桓』本一語，般與桓古音相近。如譯佛書者『涅槃』或作『泥洹』，是其例也。」〔註 131〕「般」正字，餘均音轉字。音轉又作「盤完」、「盤骫」、「般還」、「槃還」、「半漢」、「盤旋」、「跘旋」、「般旋」、「槃旋」、「班旋」、「便旋」等形〔註 132〕。

（35）僇泡

按：《方言》卷 2：「僇、泡，盛也，自關而西、秦晉之閒語也。陳宋之閒曰僇，江淮之閒曰泡。」郭璞注：「僇，僇佯，麤大貌。泡，泡肥，洪張貌。」《集韻》：「泡，僇泡，盛也。」「泡」亦「僇」也，同音包。重言則作「泡泡」，《廣雅》：「泡泡，流也。」《集韻》：「泡，泡泡，流也，一曰盛也。」狀水流之盛。《山海經·西山經》：「其源渾渾泡泡。」郭璞注：「渾渾泡泡，水濆湧之聲也。」重言又作「颮颮」，音轉又作「撲撲」、「璞璞」、「穙穙」、「噗噗」，眾多貌〔註 133〕。

〔註 130〕王念孫《廣雅疏證》，收入徐復主編《廣雅詁林》，江蘇古籍出版社 1992 年版，第 489 頁。

〔註 131〕章太炎《新方言》卷 2，收入《章太炎全集（7）》，上海人民出版社 1999 年版，第 52 頁。

〔註 132〕參見蕭旭《〈說文〉「䰉姗」疏證》，收入《群書校補（續）》，花木蘭文化出版社 2014 年版，第 1854～1863 頁。

〔註 133〕參見蕭旭《敦煌變文校補（二）》，收入《群書校補（續）》，花木蘭文化出版社 2014 年版，第 1575～1577 頁。

（36）齧掣

按：《釋名》：「齧掣：掣，卷掣也。齧，噬齧也。語說卷掣，與人相持齧也。」古音丰（刔）、制相轉〔註134〕，「掣」是本字，「齧」是疊韻借音字。劉成國說「齧」是「噬齧」，非是。

（37）荒芒

按：荒、芒疊韻聲轉〔註135〕。《淮南子‧詮言篇》：「自身以上至於荒芒，亦遠矣。」北魏《太常少卿元悰墓誌》：「墳路荒芒，泉門窈窕。」北魏《賈思伯夫人劉氏墓誌銘》：「玄宮杳眇，原野荒芒。」

（38）䬵㿸

按：《古文苑》卷6王延壽《王孫賦》：「鼻魿駒以䬵㿸。」「䬵」字字書未收，當是「䶆」改易聲符的異體字，亦即「㿸」字。

（39）邪夕、西夕

按：《呂氏春秋‧明理》：「是正坐於夕室也，其所謂正，乃不正矣。」高誘注：「言其室邪夕不正，徒正其坐也。」方以智曰：「『夕』與『邪』同。」〔註136〕王念孫曰：「西、衺、夕一聲之轉。故曰衺曰西，總謂之夕。」〔註137〕章太炎曰：「《廣雅》：『夕，衺也。』《呂氏春秋》高誘云云。《地官‧保氏》注有『夕杙』。夕者，邪也。杙者，《字林》訓杙，《毛詩‧國風》傳訓特立，是直物也。一邪一直為磬折形，小別於句股也。今淮南、吳、越謂兩物相覆參差不正曰夕，音如鵲（夕、昔聲通）。亦謂邪轉曰夕轉。」〔註138〕《文選‧勵志詩》：「星火既夕，忽焉素秋。」胡紹煐曰：「按：夕，斜也，猶

〔註134〕 參見張儒、劉毓慶《漢字通用聲素研究》，山西古籍出版社2002年版，第631～632頁。

〔註135〕 例證參見高亨《古字通假會典》，齊魯書社1989年版，第318頁。白于藍《戰國秦漢簡帛古書通假字彙纂》，福建人民出版社2012年版，第665～666頁。

〔註136〕 方以智《通雅》卷2，收入《方以智全書》第1冊，上海古籍出版社1988年版，第130頁。

〔註137〕 王念孫《廣雅疏證》，收入徐復主編《廣雅詁林》，江蘇古籍出版社1992年版，第182頁。

〔註138〕 章太炎《新方言》卷2，收入《章太炎全集（7）》，上海人民出版社1999年版，第27頁。

西也。西、斜、夕一聲之轉。」〔註139〕從「夕」之字，亦多有衰義〔註140〕。《古文苑》卷 3 司馬相如《美人賦》：「時日西夕，玄陰晦冥。」西夕猶言傾斜。

（40）青令、清泠、青零、靖領、蒼領、滄浪

按：《說文》：「泠，水，出丹陽宛陵，西北入江。」《繫傳》：「《漢書》丹陽宛陵有清水，至蕪湖入江也。又應泠水出丹陽宛陵。然則『清』、『泠』同也。」《文選·魯靈光殿賦》：「鴻爌炾以爣閬，颸蕭條而清泠。」又《風賦》：「清清泠泠，愈病析酲。」《呂氏春秋·離俗》：「而自投於蒼領之淵。」高誘注：「『蒼領』或作『青令』。」畢沅曰：「《莊子》作『清泠』，《淮南·齊俗訓》同。」〔註141〕朱駿聲曰：「蒼領，猶清泠也。」〔註142〕許維遹曰：「『蒼領』與『清泠』同。《中山經》亦作『清泠』。」〔註143〕馮振曰：「滄、清一聲之轉，領、浪亦一聲之轉。或作『滄浪』，或作『清泠』，或作『青令』，或作『蒼領』，其實一也。」〔註144〕于省吾曰：「『蒼領』即『滄浪』。『蒼』通『滄』。領、浪雙聲字。《審時篇》『青零』，孫詒讓謂即『蒼狼』，亦其證也。」〔註145〕楊雄《蜀都賦》：「是以其聲呼吟靖領，激呦喝啾。」

（41）啁調、嘲調、調嘲、嘲啁

按：《廣雅》：「調，啁也。」又「詋、啁，調也。」《玉篇殘卷》、《文選·東方朔畫贊》李善注引《字書》：「詋，啁也。」《說文》：「悝，啁也。」「悝」同「詋」。《玄應音義》卷 1：「嘲戲：又作啁，同。《蒼頡篇》云：『啁，調也。』調相調戲也。」又卷 12：「嘲說：古文嘲，今作嘲，又作啁。」又卷 22：「嘲調：又作啁，同。」《集韻》：「嘲，或作嘲，通作啁。」王念孫曰：「《文選·

〔註139〕胡紹煐《文選箋證》卷 22，黃山書社 2007 年版，第 528 頁。
〔註140〕參見汪東《法言疏證別錄》，《華國月刊》第 1 卷第 6 期，1924 年版，第 3～4 頁。
〔註141〕畢沅《呂氏春秋新校正》卷 19，收入《叢書集成新編》第 20 冊，新文豐出版公司 1985 年版，第 576 頁。
〔註142〕朱駿聲《說文通訓定聲》，武漢市古籍書店 1983 年版，第 902 頁。
〔註143〕許維遹《呂氏春秋集釋》卷 19，中華書局 2009 年版，第 510 頁。
〔註144〕馮振《呂氏春秋高注訂補（續）》，《學術世界》第 1 卷第 10 期，1935 年版，第 90 頁。
〔註145〕于省吾《呂氏春秋新證》卷 2，收入《雙劍誃諸子新證》，中華書局 2009 年版，第 777 頁。

任昉・出郡傳舍哭范僕射詩》注引《倉頡篇》云：『啁，調也。』《漢書・東方朔傳》云：『詼啁而已。』《揚雄傳》『解嘲』，《文選》作『嘲』。啁、嘲、謿並通。啁與調聲亦相近也。」〔註146〕王氏所引例，《漢書・東方朔傳》顏師古注：「啁與謿同。」《文選》李善注又引《字書》：「嘲，亦啁也。」《玄應音義》卷15、《慧琳音義》卷58引作「談調」，「談」是「詼」形譌。王筠指出「以嘲釋啁，乃以今字釋古字之法，漢人多有之」〔註147〕黃侃曰：「啁亦作謿、嘲。亦借『調』字為之。」〔註148〕《玉篇殘卷》：「譺，野王案：相啁調也。」又「《廣雅》：『話，調也。』謂啁調也。」唐・呂嵒《十戒功過格・四戒惡口・罵尊長》：「嬉笑調嘲者曰戲罵。」《三國志・費禕傳》：「孫權性既滑稽，嘲啁無方。」鄭珍曰：「不應正、俗並用。『啁』當是『調』之誤。」〔註149〕鄭氏不知變音字可以複合成詞，故有此說。

（42）啁啾、啁噍、啾啾、噍噍、鷦鶹

按：《說文》：「啾，小兒聲也。」啾之言撉，斂縮也，故為小兒聲，亦為小聲。段玉裁曰：「《倉頡篇》：『啾，眾聲也。』《三年問》：『啁噍之頃。』此假噍為啾也。」〔註150〕《文選・羽獵賦》：「噍噍昆鳴。」李善注：「『噍』與『啾』同，子由切。」《集韻》：「噍，燕雀聲。《禮》：『啁噍之頃。』通作啾。」《說文》：「蠿，收束也。撉，蠿或從秋手。」《漢書・律曆志》：「秋，蠿也，物蠿斂乃成孰。」《廣雅》：「瘲，縮也。」王念孫曰：「瘲亦瘝也。」〔註151〕鄭珍曰：「噍、瘝、蹴一聲之轉。」〔註152〕《廣韻》：「瘲，縮也，小也，亦作瘝。」〔註153〕《淮南子・天文篇》：「月死而蠃蟯䐹。」《御覽》卷941引「䐹」作「瘝」，有注：「瘝，減蹴也。」《史記・天官書》：「因以饑饉疾疫焦苦。」《漢書・天文志》「焦」作「愁」。此皆啾、噍音轉之證。

〔註146〕王念孫《廣雅疏證》，收入徐復主編《廣雅詁林》，江蘇古籍出版社1992年版，第290頁。

〔註147〕王筠《說文解字句讀》，中華書局1988年版，第52頁。

〔註148〕黃侃《說文段注小箋》，收入《說文箋識》，中華書局2006年版，第173頁。

〔註149〕鄭珍《說文新附考》卷1，收入《續修四庫全書》第223冊，第275頁。

〔註150〕段玉裁《說文解字注》，上海古籍出版社1981年版，第54頁。

〔註151〕王念孫《廣雅疏證》，收入徐復主編《廣雅詁林》，江蘇古籍出版社1992年版，第249頁。

〔註152〕鄭珍《說文新附考》，收入《叢書集成新編》第37冊，新文豐出版公司1985年版，第241頁。

〔註153〕蔣斧印本《唐韻殘卷》「瘝」形誤作「瘌」。

啁、噍亦一聲之轉，「焦僥」音轉作「周僥」〔註154〕，是其例也。「啁噍」、
「啁啾」即「啾啾」、「噍噍」轉語，指小聲，亦指聲小之小鳥，又轉作「鷦
鷯」。《呂氏春秋・求人》：「啁噍巢於林，不過一枝。」高誘注：「啁噍，小
鳥。」《莊子・逍遙遊》作「鷦鷯」。朱起鳳曰：「『啁噍』即『鷦鷯』之轉音。」
〔註155〕

（43）嫽釥、嫽妙、嫽俏

按：《方言》卷2：「釥、嫽，好也。青徐海岱之閒曰釥，或謂之嫽。好，
凡通語也。」郭璞注：「今通呼小姣潔喜好者為嫽釥。」嫽、釥、小、好疊韻
相轉。《古文苑》卷2宋玉《舞賦》：「貌嫽妙以妖冶，紅顏曄其陽（揚）華。」
《初學記》卷15傅毅《舞賦》同。「嫽妙」即「嫽釥」。又作「嫽俏」，唐・白
行簡《三夢記》：「鬢梳嫽俏學宮妝，獨立閑庭納夜涼。」

（44）嵼崼

按：《文選・南都賦》：「其山則崆峣嵼崼。」李善注：「崆峣嵼崼，山石高
峻之貌。」《集韻》：「嵼，山貌，或作崼。」《玉篇》：「崼，山名。嵼，同上。」
「嵼」、「崼」皆「碣」分別字，《說文》：「碣，特立之石，東海有碣石山。」
碣之言揭，高舉也，故碣為特立之石。

（45）楬桀

按：《說文》：「楬，楬桀也。」朱駿聲曰：「『楬桀』疊韻連語。」朱說
是矣，楬、桀亦是雙聲，許氏以複合詞作釋文。《說文》「蝸，蝸蠃也」，其
例正同。古音曷、桀相通。上博楚簡（三）《中弓》簡19：「山又（有）堋
（崩），川又（有）㵒。」整理者讀㵒為竭〔註156〕，按當讀為渴，水盡也。
《詩・碩人》《釋文》：「揭，《韓詩》作『桀』。」《莊子・天道篇》：「又何偈
偈乎揭仁義？」又《天運篇》「偈」作「傑」。《文選・擬鄴中詠》李善注：
「桀與揭音義同。」P.2011王仁昫《刊謬補缺切韻》、《玄應音義》卷7、《玉
篇》、《集韻》並謂「楬」同「橜」。《集韻》「揭」同「揷」，「偈」同「傑」。

〔註154〕 參見王念孫《廣雅疏證》，收入徐復主編《廣雅詁林》，江蘇古籍出版社1992
年版，第494頁。郝懿行《山海經箋疏》，收入《續修四庫全書》第1264冊，
第200頁。袁珂《山海經校注》，巴蜀書社1993年版，第243、395頁。
〔註155〕 朱起鳳《辭通》，上海古籍出版社1982年版，第698頁。
〔註156〕 《上海博物館藏戰國楚竹書（三）》，上海古籍出版社2003年版，第277頁。

蔣斧印本《唐韻殘卷》：「崿，崿崕，山皃。」《廣韻》：「崿，崿崕，山皃。」又「嵥，嵥峇，高皃。」「嵥峇」即「崿崕」、「崿崕」。皆其音轉之證。段玉裁改「楬桀」作「楬蘖」，云：「趙鈔本及近刻《五音韻諩（譜）》作『楬蘖』，宋本、葉本、《類篇》、《集韻》、宋刊《五音韻諩（譜）》皆作『楬桀』。今按作『桀』不可通。『楬蘖』見《周禮》注……『楬蘖』漢人語，許以漢人常語為訓。」清人治《說文》者，多同段玉裁說，茲從省不復徵引。段氏知「能、耐本一字，俗殊其音」，於此則不知「楬、桀亦一字，俗殊其音」，誤改不足信也。鈕樹玉曰：「《廣韻》止訓『桀也』，則『桀』字不誤，作『蘖』者蓋後人因《周禮》注改。」鈕說是也。張文虎曰：「『楬』與『桀』義通，疑說者以『桀』訓『楬』，衍一『楬』字耳。段據《韻會》引趙凡夫鈔本、近刻《五音韻譜》改為『楬蘖』，不如兩存之。」王筠曰：「依《廣韻》刪『楬』字自可通矣。桀者，弋也。」〔註157〕二氏刪「楬」亦誤。馬敘倫曰：「張文虎說是也。『楬』乃隸書複舉字也。楬、桀音同群紐，又聲同脂類，實轉注字。『桀』為磔人張其屍，所以示眾，故『楬』之義為楬示。」〔註158〕馬氏知「楬」、「桀」聲轉，而不知複言之例。又楬之言揭也，取高舉為義，碣者石之揭舉者，稭者禾之揭舉者，其義一也。馬氏謂取「桀」之磔張義，尤其大誤。《唐寫本說文解字木部》作「楬，楬蘖也」。海山仙館叢書本《玄應音義》卷14引作「楬，楬蘖，杙也」，高麗本作『揭猪，杙也』。唐人引《說文》不可盡信，《慧琳音義》卷59轉錄引又誤作「揭乍也」。張舜徽謂唐寫本《說文》「六朝舊帙，本未誤也」〔註159〕，亦過信唐本矣。

（46）齘（骱）契、揩扴、揩擖、輵螛、輵磍、碣磍、輵嶰、鶷鸛

按：《說文》：「契，齘契，刮也。」又「扴，刮也。」《玉篇》：「契，骱契，刷刮也。」P.2011王仁昫《刊謬補缺切韻》、《廣韻》並云：「扴，揩扴物也。」契、揩皆扴（齘）字音轉〔註160〕。扴音轉亦作擖，《玄應音義》卷14：「爪扴：又作擖，同，工八反。《說文》：『擖，刮也。』《說文》：「揩，擖也。」又「擖，刮也。」《廣雅》：「擖、揩，搔也。」王念孫曰：「《說文》：『擖，刮也。』《玉

〔註157〕 上引諸說皆參見丁福保《說文解字詁林》，中華書局1988年版，第6258～6262頁。
〔註158〕 馬敘倫《說文解字六書疏證》卷11，上海書店1985年版，本卷第139頁。
〔註159〕 張舜徽《說文解字約注》，華中師範大學出版社2009年版，第1504頁。
〔註160〕 參見蕭旭《〈慧琳音義〉「讖譴」正詁》，《中國語學研究·開篇》第35卷，2017年5月日本好文出版，第289～296頁。

篇》音公八、口八二切，《廣韻》同。刮與搔同義，故《說文》云：『搔，括也。』
刮、括古通用。挶與摲聲相近。」〔註161〕摲、挶訓搔括，亦可指搔括之聲。
P.2011 王仁昫《刊謬補缺切韻》、蔣斧印本《唐韻殘卷》並云：「摲，刮聲。」
《廣韻》：「摲，刮聲也。」《集韻》：「摲，挶摲，挈木聲。」扴、挶、摲、挈，
並一聲之轉，摩擦、摩刮之義。挈訓刮者，《玄應音義》卷13引《埤蒼》：「撽
挈，拭滅也。」《廣韻》：「挽，挈刮，摩也。」挈木聲，指摩刮木的聲音。「挶
摲」連文，指摩刮木的聲音，亦是「齞契」轉語。字亦作「輵蠚」、「輵礚」、
「礚礚」，蓋指搖動而摩刮之聲，又引申形容其盛怒之貌。《史記・司馬相如列
傳》《大人賦》：「跮踱輵轄容以委麗兮。」《漢書》作「輵蠚」。《索隱》引張揖
曰：「輵礚，搖目吐舌也。」《玉篇殘卷》「礚」字條引作「輵礚」，又引《漢書
音義》說同張揖。《集韻》：「蠚，輵蠚，龍搖目吐舌貌。」《漢書・揚雄傳》《長
楊賦》：「鳴韶濩之和，建碣礚之虛。」顏師古注引孟康曰：「碣礚，刻猛獸為
之，故其形碣礚而盛怒也。」《玉篇殘卷》「輵」字條引作「輵礚」，又引《漢
書音義》：「列（刻）猛戰為虛，故其形輵礚而盛怒也。」《集韻》：「輵，輵轄，
轉搖皃。」又「礚，碣礚，勁怒皃。」《廣韻》：「礚，輵礚，搖目吐舌，又感
怨（盛怒）皃。」〔註162〕《古文苑》卷4楊雄《蜀都賦》：「方彼碑池，岏岫
輵崒。」「輵崒」疑「輵轄」音轉，狀山勢盛貌。字亦作「鶷鸐」、「鶷鶡」，蓋
狀鳥的鳴聲，因用作鳥名。《初學記》卷30引《通俗文》：「白頭鳥謂之鶷鸐。」
P.2011 王仁昫《刊謬補缺切韻》「鶷，鶷鸐，鳥名。」又「鸐，鶷鸐。」蔣斧
印本《唐韻殘卷》：「鶷，鶷鸐，鳥名，伯勞也，一名賜（鴂）。」〔註163〕《禽
經》：「鶷鸐鳴而草衰。」張華注：「《爾雅》謂之『鴂』。鴂，伯勞也。狀似鶷
鸐而大。《左傳》謂之『伯趙』。」《爾雅・釋鳥》《釋文》引《字林》：「鶷鸐，
似伯勞而小。」《爾雅疏》引作「鶷鸐」。《本草綱目》卷49：「鶷鸐，音轄軋。
按《易通》云『能反覆如百鳥之音』，故名鶷鳥，亦象聲。」

（47）坲埒、坲坲、拂拂、佛佛、垟垟、勃勃

按：古音弗、孛雙聲相轉，其例甚多〔註164〕。《集韻》：「坲，坲埒，塵

〔註161〕王念孫《廣雅疏證》，收入徐復主編《廣雅詁林》，江蘇古籍出版社1992年
　　　　版，第163頁。
〔註162〕「感怨」當是「盛怒」形誤。
〔註163〕「賜」當是「鴂」形誤，正字當作「鴂」。
〔註164〕參見張儒、劉毓慶《漢字通用聲素研究》，山西古籍出版社2002年版，第909頁。

兒。」又「坲，坲埒，塵起也。」重言則曰「坲坲」、「拂拂」、「佛佛」、「埒埒」、「勃勃」〔註165〕。

（48）謥詷、詷詷、杳杳、嚍嚍、嗒嗒、譶譶、龘龘

按：古音众、杳雙聲相轉，《古文苑》卷2宋玉《舞賦》：「駱驛飛散，颯杳合并。」《類聚》卷43引作「颯遝」。《古文苑》卷3《梁王菟園賦》：「相予雜遝而往欸焉。」《類聚》卷65引作「雜杳」。「颯杳（遝）」音轉亦作「拉杳」、「拉搭」、「狋猰」、「狋猰」、「獵翔」。皆是其證。《說文》：「舚，歠也。」段玉裁曰：「歠，歃也。《曲禮》曰：『毋嚌羹。』《廣韻》：『嚌，歠也。』然則嚌即舚也。」翟灝說同段氏〔註166〕。黃侃曰：「舚，後出作嚌。」〔註167〕《說文》：「詷，謥詷也。」《玉篇殘卷》：「謥，《說文》：『謥詷也。』《字書》：『謥詷，〔語〕相及也。』」又「詷，《說文》：『謥詷也。』《聲類》：『謥詷，皆妄語也。』」《集韻》：「詷、嗒、謥、課：《說文》：『謥詷也。』或從口，亦作謥、課。」又「謥、詷：《說文》：『語相反（及），謥〔詷〕也。』或從遝。」重言則曰「詷詷」、「杳杳」、「嚍嚍」、「嗒嗒」、「譶譶」、「龘龘」，《荀子·正名》：「詷詷然而沸。」楊倞注：「詷詷，多言也。」《孟子·離婁上》：「泄泄，猶杳杳也。」《說文》：「杳，語多杳杳也。」《顏氏家訓·書證》：「俗間又有『嚍嚍』語，蓋無所不施、無所不容之意也。」《說文》：「譶，疾言也。從三言，讀若沓。」「譶」是會意字。《玉篇殘卷》：「杳，猶重疊也。《說文》：『語交杳杳也。』野王案：亦與『嗒』同。」又「譶，徒荅反。《方言》：『譶，各謗也。』郭璞曰：『謗言噂譶也。』《聲類》或為『嗒』字。野王案：嗒嗒，相對談也，在《口部》。」今本《方言》無此文，不知所出。郭璞語「噂譶」即《詩·十月之交》「噂杳背憎」之「噂杳」，毛傳：「噂，猶噂噂。杳，猶杳杳。」亦作「噂嗒」、「噂嗒」，P.2011王仁昫《刊謬補缺切韻》：「噂，噂嗒。」蔣斧印本《唐韻殘卷》：「詷，譠詷。或作『噂嗒』。」《御覽》卷219引北齊·邢子才《為彭城王韶讓侍中表》：「素飧之責，豈須噂嗒之口？」《太平廣記》卷253晉程季明《嘲熱客》詩：「所說無一急，嗒嗒吟何多。」《玉篇》：「龘，

〔註165〕參見蕭旭《〈寒山詩注〉補正》，《澳門文獻信息學刊》2017年第2期，第55頁。
〔註166〕段玉裁《說文解字注》，上海古籍出版社1981年版，第87頁；又第248頁「榙」字條說同。翟灝《通俗編》卷36，收入《續修四庫全書》第194冊，第638頁。
〔註167〕黃侃《字通》，收入《說文箋識》，中華書局2006年版，第113頁。

音沓，龍行龘龘也。」「龘」亦是會意字。方以智曰：「嚃嚃，重沓也。諧諧，若水流沓沓也。一作『嚞嚞』、『唵唵』、『龘龘』。」〔註168〕劉念親曰：「諧諧，字亦作『嚃嚃』。」〔註169〕

（49）㯏椻、㯏㯞、荅遝、搨揗、迨遝、合遝、合沓

按：《說文》：「㯏，㯏椻，果似李，讀若嚃。」又「椻，㯏椻，木也。」段玉裁曰：「《史記·上林賦》『㯏椻』，字同許。《漢書》、《文選》皆作『荅遝』，假借字也。郭云：『荅椻，似李。』《廣韻》引《埤蒼》同。」〔註170〕蔣斧印本《唐韻殘卷》：「揗，搨揗。」《史記》及郭璞注作「㯏㯞」，《索隱》本作「荅遝」，字不同許，段氏失檢。㯏讀若嚃，即是雙聲疊韻轉語。《集韻》「䡔（輪）」或作「鞿」，是其比。《說文》：「迨，遝也。」又「遝，迨也。」亦是疊韻轉語，黃侃謂「迨」、「遝」同文〔註171〕。複言則曰「迨遝」，與「㯏椻」同源。《慧琳音義》卷88引《考聲》：「迨遝，眾行皃也。」《廣韻》：「迨，迨遝，行相及也。」又「遝，迨遝。」亦作「合遝」、「合沓」，蔣斧印本《唐韻殘卷》：「迨，合遝，行相及皃。」又「遝，合遝。」王念孫曰：「王褒《洞簫賦》云：『薄索合沓。』又云『鶩合遝以詭譎。』『遝』與『沓』通。《說文》：『遝，迨也。』《玉篇》云：『迨遝，行相及也。』『迨遝』與『合沓』聲義亦同。」〔註172〕《文選》五臣本作「薄索合遝」。賈誼《旱雲賦》：「遂積聚而合沓兮，相紛薄而慷慨。」

（50）沂垠

按：《古文苑》卷12班固《車騎將軍竇北征頌》：「劉殘寇於沂垠。」章樵注：「沂垠，邊際也。」沂讀作圻，《漢書·敘傳》《答賓戲》：「漢良受書於邳沂。」《文選》作「邳垠」。漢《帝堯碑》：「億不殄兮祉無沂。」漢《孔彪碑》：「永永無沂，與日月并。」「沂」亦借為「圻」。《說文》：「垠，地垠也，一曰

〔註168〕方以智《通雅》卷10，收入《方以智全書》第1冊，上海古籍出版社1988年版，第387頁。

〔註169〕劉念親《〈荀子·正名篇〉詁釋（續）》，《華國月刊》第2卷第5期，1925年版，第3頁。

〔註170〕段玉裁《說文解字注》，上海古籍出版社1981年版，第248頁。

〔註171〕黃侃《說文同文》，收入《說文箋識》，中華書局2006年版，第9頁。

〔註172〕王念孫《廣雅疏證》，收入徐復主編《廣雅詁林》，江蘇古籍出版社1992年版，第165～166頁。

岸也。圻，垠或從斤。」《淮南子·俶真篇》：「四達無境，通于無圻。」高誘注：「圻，垠字也。」《淮南子·原道篇》：「上游於霄霓之野，下出於無垠〔鄂〕之門。」〔註173〕《集韻》：「垠，地垳也，岸也。或作圻、埑，通作泿、沂。」「垠鄂」、「垠鍔」、「垠咢」或作「圻鄂」、「圻堮」、「圻咢」。是「圻」同「垠」，班氏又複合成詞作「沂垠」。

（51）佁儗、儓儗、怠疑、騃癡、儓癡、誺詒、癡騃、貸騃、哀駘、褦襶、埃曀、呆癡、癡呆

按：《說文》：「佁，癡貌，讀若駭。」又「癡，不慧也。」又「誒，駭也。」又「懝，騃也。」黃侃謂「懝」、「誒」、「癡」、「佁」、「駭」五字同文〔註174〕，是也，然猶未盡。《說文》：「嬯，遲鈍也。」「嬯」亦同「佁」，字或作「儓」。《集韻》：「嬯、儓，鈍劣貌，或從人。」又「儓、佁，儓儗，癡也，或從台。」俗作獃、呆〔註175〕。「佁」、「駭」並從吕得聲，「嬯（儓）」從臺得聲，臺從之得聲，與吕聲字古通。《呂氏春秋·任數》：「煤室入甑中。」《文選·君子行》李善注引「煤室」作「炱煤」，引高注作：「炱煤，煙塵也。炱讀作臺。」「室」是「臺」形訛〔註176〕，《御覽》卷838引作「烢」，《類聚》卷79引作「埃」；《家語·在厄》作「埃墨」，《白氏六帖事類集》卷4、28引作「炲煤」。《玄應音義》卷15：「炱煤，煙塵也。《通俗文》：『積烟以為炱煤。』律文作『爐烸』，非體也。」此為《十誦律》卷26《音義》，檢高麗本作「炱煤」，聖本作「炱烸」。此台聲、矣聲、臺聲相通之證。矣（疑）聲、吕聲古音亦通，皆之部字。《史記·五帝本紀》：「其德嶷嶷。」《索隱》：「嶷嶷，今按《大戴禮》『嶷』作『俟』。」今《大戴·五帝德》作「嶷嶷」，蓋後人據《史記》所改。《楚辭·遠遊》：「指炎帝而直馳兮，吾將往乎南疑。」洪氏《考異》、朱子《集注》並曰：「疑，一作娭。」《楚辭·九懷·陶壅》「吾乃逝兮南娭」，《漢書·司馬相如傳》《大人賦》「吾欲往乎南娭」，「南娭」即「南疑」，指九嶷山。《玄應音義》卷12引《蒼頡篇》：「誒，欺也。」又引《通俗文》：「大調曰誒。」「誒」當是

〔註173〕「鄂」字據《文選·西京賦》李善注、《楚辭·離騷》洪興祖補注引補。

〔註174〕黃侃《說文同文》，收入《說文箋識》，中華書局2006年版，第14、48、53、65、73頁。

〔註175〕參見黃生《字詁》，收入《字詁義府合按》，中華書局1954年版，第12頁。

〔註176〕參見王念孫《呂氏春秋校本》，轉引自張錦少《王念孫〈呂氏春秋〉校本研究》，《漢學研究》第28卷第3期，2010年出版，第315頁。王引之說同，轉引自王念孫《讀書雜志》卷16，中國書店1985年版，本卷第42頁。

「詒」異體字，《說文》：「詒，相欺詒也。」簡帛文獻中「矣」作「㝱」，「疑」作「𢙥」，「矣」、「頦」通「疑」、「擬」，「𢙥」通「擬」、「懝」〔註177〕。皆其音轉之證。複言則曰「佁儗」、「怠疑」、「騃癡」、「儓儗」、「儓癡」，今作「呆癡」。蔣斧印本《唐韻殘卷》：「儓，儓儗，癡皃。儓又音臺。儗又音擬。」又「儗，儓儗。」錢坫曰：「《莊子》：『侗乎其無識，儻乎其怠疑。』『怠疑』即『佁癡』。《大人賦》：『仡以佁儗。』『佁儗』亦即『佁癡』。此讀若騃者，猶言人騃癡也。」〔註178〕王念孫曰：「『怠疑』與『佁儗』，義亦相近。」〔註179〕《佛說菩薩修行經》卷1：「騃癡子無是志，但惑家墮地獄。」《慧琳音義》卷32釋云：「騃癡：上崖騃反。《蒼頡篇》云：『騃，無知也。』顧野王云：『癡亦騃也。』《漢書》云『內騃不曉政』是也。下恥持反。《埤蒼》云：『癡亦騃也。』《說文》：『癡，不惠也。』《考聲》或從心作憨也。」《事文類聚》別集卷6引唐・魏萬詩「五方造我語，知非儓儗人。」《天台前集》卷上引作「佁儗」，《西湖遊覽志餘》卷25引作「儓癡」。又作「諉詒」，章太炎曰：「《莊子・達生》：『公反，諉詒為病。』李頤曰：『諉詒，失魂魄也。諉一音哀，詒音臺。』諉亦為騃，《廣雅》：『騃，癡也。』《漢書・息夫躬傳》：『內實騃不曉政事。』《說文》有『佁』字，云：『癡貌，讀若騃。』詒亦為儓，《方言》：『儓，南楚凡罵庸賤謂之田儓。』郭璞曰：『儚儓，駑鈍貌。』儓音臺。駑駘亦此字也。今謂白癡為諉詒，俗作呆、獃。」〔註180〕倒言又作「癡騃」，今作「癡呆」。《周禮・周官・司刺》鄭玄注：「惷愚，生而癡騃童昏者。」又作「貸騃」，《釋名》：「貸騃，貸者言以物貸予，騃者言必棄之不復得也。不相量事者之稱也，此皆見於形貌者也。」王先謙曰：「貸俗音轉作獃，字書不載。《廣雅》：『騃，癡也。』」〔註181〕王說是也，劉成國以「貸予」說之，非是。又作「哀駘」，俗作「䴏儴」。《莊子・德充符》：「衛有惡人焉，曰哀駘它。」〔註182〕郭象注：「哀駘，惡醜

〔註177〕參見白于藍《戰國秦漢簡帛古書通假字彙纂》，福建人民出版社2012年版，第56、59～60頁。
〔註178〕錢坫《說文解字斠詮》，收入丁福保《說文解字詁林》，中華書局1988年版，第8148頁。《莊子》見《山木篇》。
〔註179〕王念孫《廣雅疏證》，收入徐復主編《廣雅詁林》，江蘇古籍出版社1992年版，第168頁。王引之則曰：「殆，猶疑也。字亦作怠，怠疑即疑殆也。」與其父說不同。王引之《經義述聞》卷31，江蘇古籍出版社1985年版，第740頁。
〔註180〕章太炎《新方言》卷2，收入《章太炎全集（7）》，上海人民出版社1999年版，第52～53頁。
〔註181〕王先謙《釋名疏證補》，中華書局2008年版，第90頁。
〔註182〕《文選・報任少卿書》李善注、《御覽》卷382引「它」作「佗」，《初學記》

也。」《釋文》：「李云：『哀駘，醜貌。它，其名。』」成玄英疏：「哀駘是醜貌，因以為名。」王雲路、方一新曰：「『誃詒』、『哀駘』與『襜襤』皆音近，義相關，愚蠢癡呆義與恍惚失魄相近，而醜陋與呆傻亦往往相關。」〔註183〕又轉作「埃𦥑」，《說文》：「𦥑，埃𦥑，日無光也。」日無光曰「埃𦥑」，人不慧曰「誃詒」，其義一也。

（52）妓嫯、嫯妓、跂訾

按：《說文》「嫯」、「妓」皆訓婦人小物，二字疊韻聲轉。《廣韻》：「妓，妓嫯，態兒。」《集韻》：「嫯，妓嫯，女容。」又「妓，妓嫯，女容。」又「嫯，嫯妓，婦人小物。」又「嫯，嫯妓，婦人不媚兒。」〔註184〕又「嫯，嫯妓，女兒。」《荀子・非十二子篇》：「以不俗為俗，離縱（縱）而跂訾者也。」「跂訾」殆「妓嫯」借音字。

（53）穄芺

按：《說文》：「穄，穄芺也。」又「芺，穄芺也。」古音失、弟相轉，已詳「迭代」條。「穄」、「芺」是音轉字，黃侃曰：「芺，與『穄』同字。」〔註185〕複合成詞則曰「穄芺」。《慧琳音義》卷5：「稊稗：上徒奚反，《字林》云：『似稗，一名英（芺）。』衛宏作穄，或作秩、穉，古字也。」又卷50：「稊稗：上弟泥反。《集訓》云：『稊子，草名也，似稗而細小也。一名英（芺）也。』」又卷88：「稊稗：弟西反。《爾雅》：『稊似稗，一名英（芺）。』」「英」必是「芺」形譌，故或作「秩」字，「秩」即「稊」。

（54）憿忦、懥芥、懥芥、蔕芥、蔕芥、遰介、㓞薊、懥薊、蠆芥、蠆介、芥蔕、介蔕、憿憿。

按：《說文》：「忦，憂也。」《方言》卷12：「忦，恨也。」《廣雅》：「忦、恌、惕，懼也。」《玉篇》：「恝，心事也。」《集韻》：「忦，《博雅》：『憂也。懼也。』一曰恨也，通作恝。」又「恝，心有事也。」《楚辭・九歎》：「執契

卷19引作「他」。

〔註183〕王雲路、方一新《中古漢語語詞例釋》，吉林教育出版社1992年版，第286～287頁。

〔註184〕「不媚」是漢人習語，是「浮媚」、「嫵媚」、「斌媚」音轉，音轉又作「薄媚」。參見蕭旭《呂氏春秋校補》，花木蘭文化出版社2016年版，第355頁。

〔註185〕黃侃《說文段注小箋》，收入《說文箋識》，中華書局2006年版，第170頁。

契而委棟兮？」王逸注：「契契，憂貌也。」「惄」即「忿（忦）」，「契」乃借字。蔣斧印本《唐韻殘卷》：「憅，丑介反，憅芥。」「忦」是本字，憂懼之義，餘皆音轉借字，「蒂」非「根蒂」之蒂〔註 186〕。重言則作「憻憻」，《廣韻》：「憻，徒結切，憻憻，不自安也。」

（55）翩翻、翩幡、偏幡、翩翩、幡幡、偏偏、篇篇

按：《史記・司馬相如傳》《集解》引郭璞曰：「幡纚，偏幡也。」又《上林賦》：「長嘯哀鳴，翩幡互經。」《慧琳音義》卷 62：「翩翻：《考聲》云：『翩翩，往來貌也。』顧野王云：『翩翩，便旋輕捷之貌也。』」《文選・西京賦》：「眾鳥翩翻，群獸騀駼。」重言則作「翩翩」、「幡幡」等形，《詩・巷伯》「緝緝翩翩」，又「捷捷幡幡」，毛傳：「幡幡，猶翩翩也。」「翩翩」、「幡幡」變音以作對文，《說文》「聑」字條引《詩》作「聑聑幡幡」。《魏書・景穆十二王傳》：「緝緝幡幡，交亂四國。」又《陽固傳》：「番番緝緝，讒言側入。」音轉又作「便蕃」、「便便」、「翩翻」、「繽翻」、「覿覿（槻）」、「繽繙」、「繽紛」等形〔註 187〕。

（56）近泥、邇近、近邇

按：古音「近」、「泥」、「邇」相轉。茲舉四證以明之：①《小爾雅》：「尼，近也。」《說文》：「尼，從後近之也。」皆音轉為訓。帛書《周易》：「夕沂若。」又《二三子問》、《衷》「沂」作「泥」。帛書《周易》：「襦（需）于沂」，王弼本作「泥」，楚簡本作「坭」。《爾雅》郭璞注引《尸子》：「悅尼而來遠。」《釋文》：「尼，本亦作昵，同。」《韓子・難三》、《說苑・政理》、《家語・辨政》「尼」作「近」。《禮記・孔子閒居》：「敢問何詩近之？」上博簡（二）《民之父母》簡 8「近」作「泥」。《史記・曹相國世家》「司馬尼」，《漢書》「尼」作「欣」。②《說文》：「䵒，黏也。《春秋傳》曰：『不義不䵒。』」今《左傳・隱公元年》作「不義不暱」，吳汝綸曰：「《考工記》注引作『昵』，金澤本同。」〔註 188〕《文選・為幽州牧與彭寵書》李善注引《左傳》亦作「昵」。《玉篇》：

〔註 186〕參見蕭旭《賈子校補》，收入《群書校補（續）》，花木蘭文化出版社 2014 年版，第 776～778 頁。

〔註 187〕參見蕭旭「翩翩」考，收入《群書校補（續）》，花木蘭文化出版社 2014 年版，第 2477～2482 頁。

〔註 188〕吳汝綸《春秋左傳異文考》，《國立北平圖書館館刊》第 9 卷第 1 號，1935 年版，第 47 頁。

「䵒，黏也。」古音「日」、「泥」、「若」同也，故「䴵」、「昵」、「暱」、「䵒」都是異體字。又考《廣雅》：「新、敎、䴵，黏也。」P.2011 王仁昫《刊謬補缺切韻》：「新，黏皃。」《玉篇》：「新，黏也。」「新」當是「昵」、「䵒」音轉，王念孫指出「新」與「堇」、「謹」、「墐」聲近義同（胡吉宣說同，當本王氏），「䴵」、「黏」、「敎」一聲之轉〔註189〕，皆是也，而未溝通「新」與「昵」（䵒）、「䴵」、「敎」諸字的關係。錢繹曰：「堇、新、謹、墐皆䵄之聲轉也，䵄又轉為敎。」〔註190〕斯則得之，而其說猶未盡也。③清華簡（七）《越公其事》簡36、44俱有「遠泥」一詞，整理者讀泥為邇〔註191〕，其說亦是也，讀作近亦可。《詩・泉水》：「飲餞於禰。」《釋文》：「禰，《韓詩》作『坭』，音同。」《晏子春秋・外篇》：「景公說之，欲封之以爾稽。」《墨子・非儒下》、《史記・孔子世家》「爾稽」作「尼谿」。《淮南子・覽冥篇》：「遠之則邇，近之則遠。」「泥」、「邇」、「近」並音轉字。《左傳・定公四年》：「以隨之辟小而密邇於楚。」《吳越春秋・闔閭內傳》作「密近」。《國語・魯語下》：「先王制土，藉田以力，而砥其遠邇。」《家語・正論解》作「遠近」。《爾雅》：「邇、暱，近也。」「暱」同「昵」（見《說文》）。《釋名》引《爾雅》：「爾，昵也。昵，近也。」《說文》：「邇，近也。逸，古文邇。」《釋名》：「泥，邇也。邇，近也。以水沃土，使相黏近也。」《說文》：「柅，讀若柅。」《易・姤》《釋文》引「柅」作「昵」。《玄應音義》卷23：「西儞迦：舊云『先尼』。」《慧琳音義》卷20：「儞，音泥。」「儞」或作「泥」，「鑈」或作「鈮」，「鞴」或作「靵（靵）」（並《集韻》），亦其比也。《詩・行葦》：「戚戚兄弟，莫遠具爾。」海昏侯漢簡《孝經》引《傳》：「恩及《行葦》，則兄弟具壐（邇）矣。」《肩水金關漢簡》（三）：「《行葦》，則兄弟具尼矣。」蔡偉指出漢簡化自《詩經》，是也。《書・高宗肜日》：「無豐於昵。」孔傳：「昵，近也。」《釋文》：「昵，《尸子》云：『不避遠昵。』昵，近也。馬云：『昵，考也，謂禰廟也。』」鈔本《治要》卷36引《尸子・明堂》「昵」作「迩（邇）」，刊本《治要》作「近」。段玉裁曰：「馬謂尼是禰之假借也。」〔註192〕惠棟曰：「蓋『尼』古文，『禰』

〔註189〕王念孫《廣雅疏證》，收入徐復主編《廣雅詁林》，江蘇古籍出版社1992年版，第291頁。胡吉宣《玉篇校釋》，上海古籍出版社1989年版，第2912頁。

〔註190〕錢繹《方言箋疏》卷2，上海古籍出版社1984年版，第143頁。

〔註191〕《清華大學藏戰國竹簡》（七），中西書局2017年版，第132、137頁。

〔註192〕段玉裁《古文尚書撰異》卷9，收入《四部要籍注疏叢刊》，中華書局1998年版，第1917頁。

今文，二字聲相近，故馬讀從之。」惠棟曰：「昵，此古文『禰』。」〔註193〕
錢大昕曰：「問：威夷長脊而泥，郭訓泥為少才力，何也？曰：『泥』當為『𨉣』，
聲相近而借用也。《說文》：『𨉣，智少力劣也。』《漢書》或作『荼』。古音『爾』
與『尼』相近，《易》『繫于金柅』，《說文》作『欄』。《詩》『飲餞于禰』，《韓
詩》作『坭』。《書》『典祀，毋豐于昵』，謂禰廟也。」〔註194〕所引《易·姤》
「金柅」，《釋文》：「柅，《說文》作『欄』，王肅作柅，子夏作鑈，蜀才作尼。」
王筠從錢說，朱駿聲、章太炎亦讀泥為𨉣〔註195〕。錢大昕又曰：「《說文》無
『禰』字。禰者，爾也。『考』於七廟為最近，故稱『爾』。後人因加示旁。
《尚書》作『藝祖』，馬融云：『藝，禰也。』蓋用史公說。藝、禰音亦相近。」
〔註196〕④上博簡（二）《容成氏》簡38：「墍為丹宮。」墍讀為泥（坭）、墐，
塗也，取以水和土使之黏連為義。劉信芳從某氏說，讀墍為墅，引《說文》、
《廣雅》訓塗〔註197〕，「墅」亦「近」音轉字。複合成詞，則曰「近迡、迡
近、近邇」。上博簡（二）《從政》簡13：「不必才（在）近迡。」《史記·三
王世家》：「毋邇宵人。」《集解》引應劭曰：「無好逸游之事，邇近小人。」
敦煌寫卷BD14802《佛性觀修善法》：「此明始覺從近邇生。」宋·黃倫《尚
書精義》卷19：「若火燎於平原廣野之中，因風乘便，其可嚮之近邇乎？」

（57）爣朗、爣烺、爣閬、曠朗、儻朗

按：《方言》卷1：「黨，知也。楚謂之黨。」郭璞注：「黨，朗也，解寤
皃。」吳予天曰：「『黨』即『朗』之語轉也。朗，明也。黨、朗、明疊韻。」
〔註198〕丁惟汾曰：「黨、朗疊韻，黨為朗之聲借也……卷13：『曉，明也。』

〔註193〕 惠棟《與王德甫書》，《湖海文傳》卷40，收入《續修四庫全書》第1668冊，
第740頁。惠棟《讀說文記》，收入《叢書集成新編》第36冊，新文豐出版
公司1985年印行，第384頁。
〔註194〕 錢大昕《答問七》，收入《潛研堂集》卷10，上海古籍出版社1989年版，第
161頁。
〔註195〕 王筠《說文解字句讀》，中華書局1988年版，第101頁。朱駿聲《說文通訓
定聲》，武漢市古籍書店1983年版，第583、615頁。章太炎《新方言》卷
1，收入《章太炎全集（7）》，上海人民出版社1999年版，第18頁。
〔註196〕 錢大昕《二十二史考異》卷1，收入《叢書集成新編》第105冊，新文豐出
版公司1985年版，第248頁。
〔註197〕 劉信芳《楚簡帛通假彙釋》引復旦古文字網「小墉」說，高等教育出版社2011
年版，第359頁。
〔註198〕 吳予天《方言注商》，商務印書館1936年版，第1頁。

明古音讀茫，與黨、朗皆為疊韻音轉。」〔註199〕《廣韻》：「爌，爌朗（朗），火光寬明。」《集韻》：「爌，爌烺，火皃。」又「烺，爌烺，火皃。」又「閬，爌閬，寬明皃。」《文選·魯靈光殿賦》：「鴻爌炾以爌閬，颺蕭條而清泠。」張載注：「爌炾、爌朗，皆寬明也。」李善注：「爌，土黨切。閬，音朗。」《文選·射雉賦》：「畏映日之儻朗（朗）。」徐爰注：「儻朗，不明之狀。」「儻朗」亦是明貌，徐注非是。何遜《七召》：「月無雲而曠朗。」蕭子雲《玄圃園講賦》：「朝曠朗而戒旦，雲依霏而卷簇。」

（58）侵尋、浸尋、寖尋、浸潯、侵淫、浸淫、濅淫、寖淫、浸潭、祲尋

按：《說文》：「侵，漸進也。」「侵」疊韻音轉作「淫」，《釋名》：「淫，浸也，浸淫旁人之言也。」又「浸，侵也。」淫、尋、潭亦音轉〔註200〕。方以智曰：「侵尋，一作『浸尋』、『寖尋』、『浸淫』、『浸潭』、『浸潯』。《武帝紀》：『天子始巡郡縣，侵尋于泰山。』《封禪書》作『浸尋』，《郊祀志》作『寖尋』。《上林賦》：『浸淫促節。』《漢書·齊王肥傳》：『浸淫聞于上。』又作『浸潭』，與『潯』同。《劇秦美新》：『景曜浸潭之瑞潛。』《史·難蜀文》：『浸潯衍溢。』」〔註201〕方說皆是也，所引《武帝紀》「侵尋」，《索隱》：「侵尋，即『浸淫』也，故晉灼云『遂往之意也』。蓋尋、淫聲相近，假借用耳。」所引《上林賦》「浸淫」，《史記·司馬相如傳》作「浸潭」，《漢書》、《文選》、《類聚》卷66作「侵淫」，《索隱》引《漢書》作「浸淫」。所引《難蜀父老》「浸潯」，《索隱》本作「浸淫」，《漢書》、《文選》同。所引《漢書》「浸淫」，本作「濅淫」，顏師古曰：「濅，古浸字也。」《金樓子·說蕃》作「寖淫」。《淮南子·本經篇》：「陰陽儲與，呼吸浸潭。」高誘注：「浸潭，廣衍。」《史記·司馬相如傳》《大人賦》「嬐侵潯而高縱兮」，《漢書》作「祲尋」。《文選·羽獵賦》：「移圍徙陳，浸淫蹵部。」

（59）諸餘、餘諸

按：諸、餘疊韻相轉，都是「其他」、「別的」意思〔註202〕。S.1730：「有

〔註199〕丁惟汾《方言音釋》卷1，齊魯書社1985年版，第1頁。

〔註200〕參見張儒、劉毓慶《漢字通用聲素研究》，山西古籍出版社2002年版，第1011～1012頁。

〔註201〕方以智《通雅》卷6，收入《方以智全書》第1冊，上海古籍出版社1988年版，第265頁。

〔註202〕參見蔣禮鴻《敦煌變文字義通釋》（第4次增訂本），上海古籍出版社1988年

一長者，緣事餘行，以二甕金寄其親友。」下文「語親友言：『吾欲他行，持此相寄。』」「餘行」即「他行」，此其明證。「諸餘」、「餘諸」二詞，佛經中例子極多，茲略。S.548V《太子成道經》「傾佤（杯）不為諸餘事」，又「歌舞不緣別餘事」，「諸餘」即「別餘」。

（60）噞喁、喁喁、顒顒

按：《說文》：「喁，魚口上見。」《韓詩外傳》卷 1 引《傳》曰：「水濁則魚喁。」《淮南子·繆稱篇》、《主術篇》、《說山篇》「喁」作「噞」，《文子·精誠》同，《淮南子·泰族篇》：「其且雨也，陰曀未集而魚已噞矣。」亦作「噞」字。莊逵吉曰：「噞、喁古音相近，古字無即異文與？」〔註203〕趙善詒曰：「噞、喁雙聲，故二字音義並通。」〔註204〕「喁」音轉作「噞」，疑母雙聲，韻則東、談通轉〔註205〕。《廣雅》：「噞，喁也。」《淮南子》多楚語，疑「噞」是「喁」方音之變。《說文繫傳》引《淮南子》作「喁」，則改作通語。複言則作「噞喁」，此東漢以後之語言。《集韻》「噞」字條引《字林》：「噞喁，魚口出水兒。」P.2011 王仁昫《刊謬補缺切韻》（凡二見）、P.3694《箋注本切韻》、蔣斧印本《唐韻殘卷》並云：「噞，噞喁。」P.2018《唐韻殘頁》：「喁，噞喁。」《文選·吳都賦》：「噞喁沈浮。」劉淵林註：「噞喁，魚在水中群出動口貌。」李善注引《文子》作複音詞「噞喁」，《白氏六帖事類集》卷 29、《御覽》卷 58 引同，宋·朱弁《通玄真經註》卷 2 同，《文選·長笛賦》李善注引《淮南子》亦同。作「噞喁」必非其舊，《治要》卷 35、《意林》卷 1 引《文子》作「噞」，《御覽》卷 935 引《淮南子》同，胡克家已經指出：「『喁』字不當有……各本涉正文而衍。」〔註206〕《文選·情詩》李善注引《春秋漢含孳》「陰曀未集魚已噞喁」，此與《淮南子·泰族篇》同，亦易作複音詞「噞喁」。鈕樹玉曰：「《淮南子·主術訓》：『水濁則魚噞喁。』增一『噞』字。蓋本作『歛』，謂魚皆上見出口也。

版，第 504～510 頁。江藍生《魏晉南北朝小說詞語匯釋》，語文出版社 1988 年版，第 254 頁。蔡鏡浩《魏晉南北朝詞語例釋》，江蘇古籍出版社 1990 年版，第 400 頁。王鍈《唐宋筆記語辭匯釋》，中華書局 2001 年版，第 216 頁。
〔註203〕《淮南子》（莊逵吉校本），收入《諸子百家叢書》，上海古籍出版社 1989 年影印浙江書局本，第 86 頁。
〔註204〕趙善詒《韓詩外傳補正》，長沙商務印書館 1938 年版，第 27 頁。
〔註205〕東、談通轉可以參看王志平《東談通轉的實例及其音理解釋》，收入王志平等《出土文獻與先秦兩漢方言地理》，中國社會科學出版社 2014 年版，第 147～160 頁。
〔註206〕胡克家《文選考異》卷 1，嘉慶十四年刊本，本卷第 29 頁。

俗加口旁，乃與「喁」為疊字，誤矣。」鄭知同曰：「劉逵注《吳都賦》云：『噞喁，魚在水中羣出動口貌。』『羣出』正解『噞』字，劉蓋知『噞』為『僉』俗。許君所注《淮南書》當是『僉』字，故有『喁』無『噞』。」〔註207〕二君所說皆誤，《淮南子·主術篇》景宋本、道藏本、明刊本、漢魏叢書本都作「噞」，不作「噞喁」，二君所據乃誤本，又不知「噞喁」乃雙聲複音詞。重言則曰「喁喁」，亦作「顒顒」，《文選·喻巴蜀檄》：「延頸舉踵喁喁然，皆嚮風慕義欲為臣妾。」李善注引《論語素王受命讖》：「莫不喁喁延頸歸德。」《淮南子·俶真篇》：「是故聖人呼吸陰陽之氣，而群生莫不顒顒然仰其德以和順。」《玄應音義》卷12、《御覽》卷77引作「喁喁然」，《慧琳音義》卷28、55引同。

（61）柔弱、弱柔、懦弱、儒弱、濡弱、需弱、柔懦、柔嬬、柔濡、柔儒、柔需、柔茹、濡需、弱懦、儒柔

按：《說文》：「嬬，弱也。」又「懦，駑弱者也。」又「儒，柔也。」《廣雅》：「柔，弱也。」需聲、柔聲古通，與「弱」一聲之轉。《禮記·儒行》孔穎達《正義》引《鄭目錄》：「儒之言優也，柔也，能安人，能服人。」《詩·時邁》：「懷柔百神。」《釋文》：「柔，本亦作濡。」《證類本草》卷28引《圖經》：「香薷，音柔。陶隱居云：『家家有之，今所在皆種，但北土差少。似白蘇而葉更細，十月中採，乾之。』一作『香茹』。」《方言》卷2：「蘇，其小者謂之穰葇。」「香薷」即「香茹」、「穰葇」。《通鑑釋文辯誤》卷6：「芮芮即蠕蠕，魏呼柔然為蠕蠕，南人語轉為芮芮。」桂馥曰：「儒、柔聲相近。」〔註208〕複言之則曰「柔弱」、「懦弱」、「弱懦」、「弱柔」，又作「儒弱」（《魏書·良吏傳》）、「濡弱」（《莊子·天下》）、「需弱」（《戰國策·秦策二》）、「柔懦」（《韓子·亡徵》、《淮南子·氾論》）、「柔嬬」（《楚辭·招魂》王逸注）、「柔濡」（《詩·桑柔》鄭玄箋）、「柔儒」（柳宗元《送崔群序》）、「柔需」（《周禮·考工記》鄭司農注）、「濡需」（《莊子·徐無鬼》）、「弱懦」（《孔叢子·答問》）、「儒柔」（《新唐書·鄭畋傳》）。又作「柔茹」，《廣雅》：「儒、茹，柔也。」茹、儒一聲之轉。王念孫曰：「《楚辭·離騷》『攬茹蕙以掩涕兮』，王逸注云：『茹，柔奧也。』《韓子·亡徵篇》云：『柔茹而寡斷。』」〔註209〕唐敬杲、

〔註207〕二說皆見鄭珍《說文新附考》卷1，收入《續修四庫全書》第223冊，第274頁。
〔註208〕桂馥《說文解字義證》，齊魯書社1987年版，第681頁。
〔註209〕王念孫《廣雅疏證》，收入徐復主編《廣雅詁林》，江蘇古籍出版社1992年版，第342頁。

陳奇猷並指出《韓子》「茹」、「懦」古通用〔註210〕。

（62）詃詢、詢詢

　　按：《玉篇殘卷》引《埤蒼》：「詃，『詢』字。」又引《字書》：「詃詢，往來言。」P.2011 王仁昫《刊謬補缺切韻》：「詃，詢。」《玉篇》、《廣韻》並云：「詃，詃詢，言不節也。」重言則作「詢詢」，《玄應音義》卷 4 引《三蒼》：「詷，言語詢詢往來也。」又卷 10 引《三蒼》：「謴，言語詢詢也。」又卷 22 引《三蒼》：「詷，言語詢詢也。」光緒刻本《順天府志》卷 32：「今順天人謂責讓無已曰『詢詢』。」

（63）閃湛、閃賺

　　按：《玄應音義》卷 11：「閃詃：字書或作眓，同。《說文》：『閃，窺頭貌也。』」海山仙館叢書本「眓」作「眈」，《慧琳音義》卷 56 作「眙」。《玄應音義》卷 17：「閃見：字書或作眈，同。」「眈」、「眓」當作「眙」或「眓」，「眙」是「覘」左右結構互換的異體字。「眙」同「覘」。《說文》：「覘，窺也。」與「閃」音義近，當是同源字。《龍龕手鑑》：「詁，詃詁也，與謙同。」「閃詃」即「詃詁」倒言，閃亦欺詃也。湛，古音同「漸」，漸亦詐欺也〔註211〕，實亦是詁的音轉。蔣斧印本《唐韻殘卷》：「詁，被詃也。」「詁」音轉作閃，或音轉作湛，組成合音詞，則曰「閃湛」，S.5588《求因果》：「也莫言詞抑押（壓）人，閃湛自家身。」又作「閃賺」，宋·周輝《清波雜誌》卷 6：「『脫籠』亦為京都虛詐閃賺之諺語。」

（64）差錯

　　按：《廣雅》：「差、錯，磨也。」王念孫曰：「差、錯一聲之轉，故皆訓為磨。」〔註212〕《潛夫論·述赦》「一歲載赦，奴兒噫嗟」，《御覽》卷 496 引《政論》「噫嗟」作「噫喈」。「槎牙」、「嗟訝」轉語作「齰齖」，均其音轉之證。《漢書·司馬相如傳》：「紛湛湛其差錯兮，雜遝膠輵以方馳。」顏師古注：「差錯，交互也。」《爾雅》：「爽，差也。爽，忒也。」郭璞注：「皆謂用

〔註210〕唐敬杲說轉引自張覺《韓非子校疏》，上海古籍出版社 2010 年出版，第 284 頁。陳奇猷《韓非子新校注》，上海古籍出版社 2000 年版，第 306 頁。
〔註211〕參見王引之《經義述聞》卷 3，江蘇古籍出版社 1985 年版，第 82 頁。
〔註212〕王念孫《廣雅疏證》，收入徐復主編《廣雅詁林》，江蘇古籍出版社 1992 年版，第 200 頁。

心差錯不專一。」本交錯、錯雜義，引申則為錯誤義。朱駿聲指出「差錯」是雙聲連語〔註213〕。

（65）苗蓨

按：《說文》：「苗，蓨也。」又「蓨，苗也。」《爾雅》：「苗，蓨。」又「蓧，蓨。」《集韻》：「蓧，蓨也，或作苗。」郝懿行曰：「《說文》『蓨，苗』、『苗，蓨』互訓，《玉篇》蓧、蓨、苗三字互訓……皆古音通轉字也。」黃侃曰：「苗，與『蓨』同字。」〔註214〕《集韻》及郝、黃說是也。蓧、蓨、苗是一字音轉〔註215〕，字亦作蓫、蓄，《齊民要術・羊蹄》：「《詩》云：『言采其蓫。』毛云：『惡菜也。』《詩義疏》曰：『今羊蹄，似蘆菔，莖赤，煮為茹，滑而不美。多噉，令人下痢。幽陽（揚）謂之蓫，一名蓨，亦食之。』」合言之則作「苗蓨」，《廣韻》：「苗，苗蓨草。」又「蓨，苗蓨草。」

（66）蔄苖、薾苖

景宋本《淮南子・說林篇》：「蔄苖類絮而不可為絮。」高誘注：「蔄苖，荻秀，楚人謂之蔄。蔄讀敵戰之敵，幽冀謂之荻苔也。」道藏本作「蔄苖」。二本各誤一字，景宋本「苖」誤作「苖」，道藏本「蔄」誤作「蔄」。其字音敵，則當作「蔄苖」，《御覽》卷819引作「薾苖」，同。《御覽》卷1000引誤作「薾苖」。薾、蔄、荻同音，苖亦荻音轉。

（67）緡縣、紙綿

按：《方言》卷6：「緡、縣，施也，秦曰緡，趙曰縣，吳、越之間脫衣相被謂之緡縣。」《玉篇殘卷》「紙」條引「緡」作「紙」，「緡縣」作「紙綿」。《廣雅》：「緍、縣，施也。」王念孫曰：「緍、縣一聲之轉，《方言》云云。《說文》亦云：『吳人解衣相被謂之緍。』」〔註216〕「緡」同「緍」。古音民、昏、

〔註213〕朱駿聲《說文通訓定聲》，武漢市古籍書店1983年版，第501頁。
〔註214〕黃侃《說文段注小箋》，收入《說文箋識》，中華書局2006年版，第170頁。
〔註215〕古「攸」有笛音，《易・頤》：「其欲逐逐。」《釋文》：「逐逐，《子夏傳》作『攸攸』，《志林》云：『攸當為逐。』蘇林音迪，荀作『悠悠』，劉作悠。」馬王堆帛書《周易》作「笛笛」，上博楚簡三《周易》作「攸攸」。《書・多方》：「勸於帝之迪。」《釋文》：「迪，馬本作攸。」
〔註216〕王念孫《廣雅疏證》，收入徐復主編《廣雅詁林》，江蘇古籍出版社1992年版，第227頁。

縣相通〔註217〕。王筠曰：「緡、縣在古為疊韻，在今為雙聲，故可單可雙也。《小雅》『縣蠻黃鳥』，《大學》作『緡蠻』。」〔註218〕秦、趙單言作緡或縣，吳越語則合言作「緡縣」。

（68）盲冥、盲瞑、冥盲

　　按：盲、冥一聲之轉。《呂氏春秋·明理》高誘注：「盲，冥也。」《呂氏春秋·音初》：「天大風晦盲。」高誘注：「盲，瞑也。」《山海經·中山經》郭璞注引作「晦冥」，《論衡·書虛篇》、《指瑞篇》、《宋書·樂志》、《劉子·命相》同。《晏子春秋·內篇雜上》：「冥臣不習。」《新序·雜事一》同，《文選·演連珠》、《雜詩》李善注二引《晏子》並作「盲」，《御覽》卷 574 引作「瞑（瞑）」，《事類賦注》卷 11 引作「瞑」，《韓詩外傳》卷 8 亦作「盲」。孫星衍曰：「『冥』、『盲』音義俱相近。」〔註219〕《世說新語·文學》劉孝標注引《桓玄集》載《王孝伯誄》：「天道茫昧，孰測倚伏。」S.2072《琱玉集》作「冥昧」。合言之則曰「盲冥」，《修行本起經》卷 1：「欲救一切，攝度盲冥。」《梵摩渝經》卷 1：「為盲冥所蔽。」甘博 003《佛說觀佛三昧海經》卷 5：「眼目角睞，盲冥無見。」也作「盲瞑」，《大般涅槃經》卷上：「我等盲瞑，永無開悟。」《妙法蓮華經》卷 1：「以貪愛自蔽，盲瞑無所見。」博本作「盲冥」。又倒作「冥盲」，《合訂天台三聖二和詩集》唐·豐干詩：「冥盲坐暗室，何日悟心王？」

（69）芬芳、芬香、芬薌、芳香。

　　按：「芬」、「芳」、「香」均是一聲之轉。《說文》：「芳，香草也。」又「香，芳也。」又「岅（芬），艸初生其香分佈也。」《玄應音義》卷 7、12、19 三引《說文》：「芬，芳也。」都是聲訓。《易·損》「曷之用二簋可用享」，又《益》「王用享於帝」，又《困》「利用享祀」，馬王堆帛書本「享」均作「芳」。《易·大有》：「公用亨于天子」，《隨》「王用亨於西山」，帛書本「亨」均作「芳」。「享」、「亨」本同字。古音「享」、「香」相同，可證「芳」、「香」一

〔註217〕例證參見張儒、劉毓慶《漢字通用聲素研究》，山西古籍出版社 2002 年版，第 674、830、969 頁。
〔註218〕王筠《說文解字句讀》，中華書局 1988 年版，第 526 頁。
〔註219〕孫星衍《晏子春秋音義》，收入《諸子百家叢書》，上海古籍出版社 1989 年影印浙江書局本，第 92 頁。

聲之轉。「香」、「鄉」亦同音，合言之則曰「芬芳」、「芬香」、「芬薌」、「芳香」，《楚辭・惜往日》：「妒佳冶之芬芳兮，嫫母姣而自好。」《荀子・榮辱》：「鼻辨芬芳腥臊。」《史記・司馬相如傳》《上林賦》「芬香漚鬱」，《漢書》、《文選》作「芬芳」。《墨子・節用中》：「芬香之和。」《呂氏春秋・貴生》：「鼻雖欲芬香。」《荀子・非相》：「欣驩芬薌以送之。」楊倞注：「薌與香同。」《初學記》卷 19 司馬相如《美人賦》：「臣排其戶而造其堂，芳香郁烈，黼帳高張。」〔註220〕

（70）㦗㦗、屑屑、㦗偰

按：古音悉、屑同，「㦗」、「偰」同字。《爾雅》：「㦗，聲也。」《釋文》：「㦗，音屑，動草聲也，字又作偰。」《說文》：「㦗，聲也，讀若屑。」P.2011 王仁昫《刊謬補缺切韻》：「㦗，動草聲，或作偰。」《玉篇》：「偰，《字書》同『㦗』。」重言則曰「㦗㦗」、「屑屑」，蔣斧印本《唐韻殘卷》：「屑，屑屑不安。」《廣韻》：「㦗，㦗㦗，呻吟也。」又作「㦗偰」，《廣韻》：「㦗，㦗偰，動也。」

（71）蜥蜴、蜥（蜇）易、易蜴

按：古音析、易相通，皆錫部字，心母、喻母相轉。《後漢書・西羌傳》：「賜支者，《禹貢》所謂『析支』者也。」《晏子春秋・內篇諫下》「死者離易」，《治要》卷 33 引「易」作「析」。《詩・正月》「胡為虺蜴」，《釋文》：「蜴，字又作蜥。」《說文》「虺」字條引「蜴」作「蜥」。《詩・賓之初筵》《釋文》：「錫，音析。」《周禮・地官・司徒》《釋文》：「晳，音錫。」《文選・南都賦》李善注：「析，音錫。」《古文苑》卷 4 揚雄《蜀都賦》「其布則細都弱折」，「折」當為「析」形誤，「弱析」即《淮南子・齊俗篇》之「弱緆」。單言曰「蜥」，亦曰「蜴」，衍音作雙音詞則曰「蜥蜴」、「蜇易」、「易蜴」。《方言》卷 8：「守宮，秦晉西夏謂之守宮，或謂之蠦蠬，或謂之蜇易，其在澤中者謂之易蜴。」郭璞注：「蜴，音析。」

（72）胥疏

按：胥、疏同從疋得聲，古字相通。《書・君奭》「為胥附奔走先後禦侮之任」，《釋文》：「胥附，《毛詩》作『疏附』。」《詩・緜》云「予曰有疏附」。

《老子》第 56 章「故不可得而親，亦不可得而疏」，郭店楚簡甲本「疏」作「疋」。「扶疏」音轉作「扶胥」。《莊子·山木》：「雖飢渴隱約，猶且胥疏於江湖之上而求食焉。」朱駿聲曰：「『胥疏』疊韻連語。」〔註 221〕郭慶藩曰：「胥、疏二字古通用，胥即疏也。《宣十四年左傳》『車及于蒲胥之市』，《呂氏春秋·行論篇》作『蒲疏』。《史記·蘇秦傳》『東有淮、潁、煮棗、無胥』，《魏策》作『無疏』。是其證。」〔註 222〕《戰國策·魏策一》姚宏注亦云：「曾作『海鹽、無胥』。」馬其昶曰：「『胥疏』疊韻字，胥亦疏也，見《應帝王釋文》。」〔註 223〕《莊子·應帝王》《釋文》引司馬彪曰：「胥，疏也。」

（73）譖讒、讒譖

按：《說文》：「讒，譖也。」蔣斧印本《唐韻殘卷》：「譖，讒也。」此以聲轉互訓。王念孫曰：「『譖愬』即『讒愬』，《左傳》『閒執讒慝之口』是也（《僖二十八年》）。『讒』與『譖』古字通。故《小雅·巷伯篇》『取彼譖人』，《緇衣》注及《後漢書·馬援傳》竝引作『取彼讒人』。」〔註 224〕《韓詩外傳》卷 2：「聞君子不譖人，君子亦譖人乎？」《荀子·哀公》、《新序·雜事五》「譖」作「讒」。石光瑛曰：「讒、譖義同，一聲之轉也。」〔註 225〕《史記·陳丞相世家》「無畏呂嬃之讒也」，《漢書·陳平傳》「讒」作「譖」。複言之，則曰「譖讒」、「讒譖」。《楚辭·九辯》王逸注：「卒遇譖讒而遷惶也。」P.3694《箋注本切韻》：「譖，譖讒。」《後漢紀》卷 23 熹平元年李咸執藥上書：「讒譖故大將軍竇武、太傅陳蕃。」《御覽》卷 596 引《三國典略》：「至是，（楊）愔上《感恩賦》，自陳文宣之世遇讒譖。」

（74）奸蘭、間闌

按：《史記·匈奴列傳》「奸蘭出物」，《漢書·匈奴傳》作「間闌」。王筠曰：「奸蘭出物，蓋謂作奸而蘭出物也。班作『間闌出物』，蓋謂乘間隙而闌出物也。蘭、闌，皆『闌』之假借。」〔註 226〕李人鑒曰：「『闌』亦得云『奸』、

〔註 221〕朱駿聲《說文通訓定聲》，武漢市古籍書店 1983 年版，第 407 頁。
〔註 222〕郭慶藩《莊子集釋》，中華書局 1961 年版，第 672 頁。
〔註 223〕馬其昶《莊子故》卷 5，黃山書社 1989 年版，第 134 頁。
〔註 224〕王念孫《墨子雜志》，收入《讀書雜志》卷 9，中國書店 1985 年版，本卷第 30 頁。
〔註 225〕石光瑛《新序校釋》，中華書局 2001 年版，第 709 頁。
〔註 226〕王筠《史記校》，收入《二十五史三編》第 1 冊，嶽麓書社 1994 年版，第 960 頁。

『間』、『奸蘭』、『間闌』，其義無殊也。《汲鄭列傳》云：『愚民安知市買長安中物而文吏繩以為闌出財物於邊關乎？』（《漢書・汲黯傳》亦云『闌出財物』）此用『闌』字之例。《大宛列傳》：『而蜀賈姦出物者或至焉』，《漢書・張騫傳》『姦』作『間』。此用『姦』字或『間』字之例。實為一詞，以複輔音之故，而所用字不用，所用但雙音亦不同。」〔註227〕王筠讀蘭、闌為闌，是也；但王氏未得奸、間之義。李人鑒說亦是，但不當以複輔音說之。「奸」、「間」亦是「闌」音轉，複合詞則曰「奸蘭」或「間闌」。

（75）夥夠

按：《方言》卷1：「凡物盛多謂之寇，齊宋之郊楚魏之際曰夥，自關而西秦晉之閒凡人語而過謂之遇。」《廣雅》：「夥，多也。」王念孫曰：「『寇』與『夠』聲近義同。《文選・魏都賦》：『繁富夥夠。』李善注引《廣雅》：『夠，多也。』今本脫。」〔註228〕《魏都賦》呂向注：「夥、夠，皆多也。」夥（夥）、寇、遇、夠聲轉。複言則曰「夥夠」。

（76）汩㳠

按：S.2659V《大唐西域記》：「洪濤浩汗，驚波汩㳠。」〔註229〕又「浩汗渾濁，汩㳠漂急。」汩、㳠音轉，「汩㳠」猶言「汩汩」，亦作「滑滑」、「㳠㳠」、「淈淈」、「泏泏」，水聲也。

（77）佩服

按：古音「服」、「佩」相通，二字互借〔註230〕。「佩服」者，佩亦服也。

（78）悼灼

按：《方言》卷13：「灼，驚也。」《廣雅》：「㦁，驚也。」王念孫曰：「『灼』與『㦁』通。」錢大昭曰：「『灼』、『㦁』音義同。或說㦁當為悼，《說文》：『悼，懼也。陳、楚謂懼曰悼。』書傳卓、勺互通。」〔註231〕錢

〔註227〕 李人鑒《太史公書校讀記》，甘肅人民出版社1998年版，第1480頁。
〔註228〕 王念孫《廣雅疏證》，收入徐復主編《廣雅詁林》，江蘇古籍出版社1992年版，第244頁。
〔註229〕 汩㳠，《大正藏》本同，宋、元、明本作「汩㳠」。「㳠」是「㳠」形譌。
〔註230〕 參見蕭旭《〈山海經〉「佩」字解詁》。
〔註231〕 王念孫《廣雅疏證》，錢大昭《廣雅疏義》，並收入徐復主編《廣雅詁林》，江蘇古籍出版社1992年版，第66頁。

繹疏證《方言》引其父大昭說，又云：「前卷2云：『逴，驚也。』逴、悼並從卓，古聲亦相近。」〔註232〕諸說並是，卓、勺古音相通〔註233〕。複言則曰「悼灼」〔註234〕，《後漢書・楚王英傳》：「既知審實，懷用悼灼。」

（79）蓼糾、蟉虯、糾蓼、糾繚、繚糾

按：《淮南子・本經篇》：「偃蹇蓼糾，曲成文章。」《楚辭・遠遊》：「形蟉虯（虯）而逶迤。」《漢書・司馬相如傳》《大人賦》：「糾蓼叫奡。」蓼，讀為繆、摎，與「糾」一聲之轉。帛書甲本《老子》「其上不攸」，帛書乙本、北大漢簡本「攸」作「謬」。《詩・樛木》《釋文》：「樛木：馬融、《韓詩》本並作『朻』，音同。」阜陽漢簡本亦作「朻」。《史記・賈生列傳》《鵬鳥賦》「錯繆相紛」，《文選》作「糾錯」。《集韻》：「樛，通作朻。」又「繆，細也，或作糾。」轉語作「糾繚」、「繚糾」，《說文》：「丩，相糾繚也。」《文選・洞簫賦》：「鄰菌繚糾，羅鱗捷獵。」李善注：「鄰菌繚糾，相著貌。」

（80）刺戾

按：《鹽鐵論・刺復》：「是以鑿枘刺戾而不合，聲音泛越而不和。」刺、戾一聲之轉。《說文》「刺，戾也」，是聲訓。馬融《長笛賦》：「牟刺拂戾，諸賁之氣也。」刺亦戾也。黃生曰：「《漢書・劉向傳》：『朝臣舛午，膠戾乖剌（郎達切）。』此皆言群情違背之意。『乖剌』即『乖戾』聲之轉。言戾又言剌者，以聲異而互見也。」〔註235〕《鹽鐵論・非鞅篇》：「孤刺之鑿，雖公輸子不能善其枘。」《莊子・養生主》郭象注：「軱戾大骨。」「孤刺」即「軱戾」。《論語・泰伯》馬融注：「絞，絞刺也。」「絞刺」當作「絞剌」，是「膠戾」、「膠鬲」、「交戾」轉語。

（81）分封

〔註232〕錢繹《方言箋疏》卷13，上海古籍出版社1984年版，第744頁。

〔註233〕例證參見張儒、劉毓慶《漢字通用聲素研究》，山西古籍出版社2002年版，第249頁。

〔註234〕《文選・蜀都賦》「暉麗灼爍」，李善注引《羽獵賦》：「隨珠和氏，焯灼其陂。」（據《唐鈔文選集注彙存》卷8，今本《文選》佚此注。）《漢書・揚雄傳》、《文選》、《類聚》卷66《羽獵賦》「焯灼」作「焯爍」。此「焯灼（焯爍、灼爍）」是另一詞，光彩貌。附識於此。

〔註235〕黃生《義府》卷下，黃生、黃承吉《字詁義府合按》，中華書局1954年版，第188頁。

按：分、封、頒、班、糞並一聲之轉。《禮記・王制》「名山大澤不以朌，其餘以祿士」，鄭玄注：「朌，讀為班。」《釋文》：「朌，音班，賦也。」《白虎通・京師》引「朌」作「封」，《晉書・地理志》作「班」。《漢書・英布傳》「漢王必裂地而分大王」，《史記・黥布傳》「分」作「封」。《漢書・主父偃傳》「彼人人喜得所願，上以德施，實分其國，必稍自銷弱矣」，《史記》同，《新序・善謀》「分」作「封」。合成複音詞則曰「分封」，《六韜・武韜・文啟》：「分封賢人，以為萬國，命之曰大紀。」

《抱朴子》「怯如雞」考辨

1.《抱朴子外篇‧審舉篇》:「故時人語曰:『舉秀才,不知書;察孝廉,父別居。寒素清白濁如泥,高第良將怯如雞。』」今所見各本均作「怯如雞」〔註1〕。《新唐書‧魏元忠傳》載袁楚客以書規魏元忠引作「吝如蠅」,宋刻本《冊府元龜》卷832作「悋如蠅」,明新刊監本、明刻本、四庫本《冊府》均作「悋如蠅」〔註2〕;《文苑英華》卷479唐張倚《對策》(證聖元年(695))引作「怯如龜」;《御覽》卷496引作「怯如蠅」。《意林》卷4亦引之,有異文,道藏本作「怯如蠅」(《永樂大典》卷10287引同),清鈔本、聚珍本、四庫本作「怯如黽」,指海本、學津討原本、榕園叢書本、同文書局叢書本作「怯如龜」。

2.「吝」、「悋」都是「怯」形誤〔註3〕,《潛夫論‧考績》說群僚舉士有「以怯弱應武猛」者,即其確證。關於「雞」字異文,前人說云:

(1)明楊慎曰:「《抱朴子》:『舉秀才……寒素清白濁如泥,高第良將怯如黽。』泥音涅,則黽當音蔑。黽或音密,則泥當音匿。古音例無定也。《晉書》作『怯如鷄』,蓋不得其音而改之。」明董斯張說同〔註4〕。楊氏引《抱朴

〔註1〕 我覆核過如下各版本:明正統道藏本、明魯藩本(即《四部叢刊》影印本)、明慎懋官本、清平津館本、四庫本。

〔註2〕 宋刻本《冊府元龜》,中華書局1988年影印,第3116頁。明新刊監本《冊府元龜》,國家圖書館藏本,未標示頁碼。明刻本《冊府元龜》,中華書局1960年影印,第9880頁。周勳初等校訂《冊府元龜》以明刻本作底本,此處失校宋本;鳳凰出版社2006年版,第9671頁。

〔註3〕 《新唐書》點校本失校,中華書局1975年版,第4346頁。

〔註4〕 楊慎《譚苑醍醐》卷5,收入《叢書集成初編》第334冊,商務印書館民國25

子》作「黽」，不知所據何本；而引《晉書》作「鷄」，今本《晉書》無其文，亦不知所據何本。

（2）明方以智曰：「黽不必音蔑。升菴云云。智謂泥自有涅音。然《說文》有『蘬』字，『水蟲，人食之』，今人稱蛙為水雞、田雞，是其字也。奚即蛙音，此為重文。《晉書》改『雞』，亦『蘬』字之訛也。」〔註5〕

（3）明田藝蘅曰：「《抱朴子》云：『……高第良將怯如黽。』《晉書》作『怯如雞』，此誤而妄改之也。『黽』本『龜』字之訛，言畏怯人之甚縮頭，不敢出如龜也。『泥』、『龜』本叶韻，古作『𪐧』，類『黽』。」

（4）清俞正燮曰：「《抱朴子》云『高第良將怯如龜』（《唐書·魏元忠傳》袁楚客引作『高第賢良各如黿』，《意林》〔引〕《抱朴》作『如龜』），亦言其縮頭也。韓愈《效玉川子月蝕詩》云：『烏龜怯姦怕寒，縮頸以殼自遮。』」〔註6〕

（5）楊明照曰：「『黽』字是。今本作『雞』，乃寫者不曉古音妄改（古音泥讀如涅，黽讀如蔑，楊慎《譚苑醍醐》卷5有說）。『蘬』、『蠅』二字雖誤，然足以證原非『雞』字也。」〔註7〕

要之有三說，楊慎、董斯張主「黽」字說，馮惟訥、梅鼎祚、張玉穀、徐鼐、平步青、楊明照均從楊說〔註8〕；方以智主「蘬」字說；田藝蘅、俞正燮主「龜」字說，沈自南從田說〔註9〕。

3. 方以智說近是，然方說未盡，猶有可補正者。《抱朴子》原文本作「雞」不誤，「雞」、「泥」合韻（上句「書」、「居」亦合韻）。「雞」非「雞鴨」之

～28年初版，中華書局1985年影印，第41～42頁。董斯張《吹景集》卷5，收入《叢書集成續編》第89冊，上海書店1994年版，第562頁。

〔註5〕方以智《通雅》卷2，收入《方以智全書》第1冊，上海古籍出版社1988年版，第136頁。

〔註6〕俞正燮《癸巳賸稿》，收入《續修四庫全書》第1160冊，上海古籍出版社2002年版，第410頁。據文意補「引」字。

〔註7〕楊明照《抱朴子外篇校箋》（上冊），中華書局1991年版，第395～396頁。

〔註8〕馮惟訥《古詩紀》卷18，梅鼎祚《古樂苑》卷45，分別收入景印文淵閣《四庫全書》第1379、1395冊，第146、472頁。張玉穀《古詩賞析》卷7，徐鼐《讀書雜釋》卷4，分別收入《續修四庫全書》第1591、1161冊，第650、484頁。平步青《霞外攟屑》卷5，上海古籍出版社1982年版，第272頁。

〔註9〕田藝蘅《留青日札》卷6，收入《續修四庫全書》第1129冊，第60～61頁。沈自南《藝林彙考·稱號篇》卷11，收入景印文淵閣《四庫全書》第859冊，臺灣商務印書館1986年初版，第361頁。

「雞」〔註10〕，當是「鼃」音近轉語〔註11〕；「鼃」聲轉作「蠅（鼀）」〔註12〕，即袁楚客所引者。「蠅」是「鼀」形誤〔註13〕，復脫誤作「眠」，或臆改作「龜」〔註14〕。

4. 鼀類後腿長，善跳，見人則驚跳四散。怯如鼀者，比喻所謂高第良將見敵則膽怯如田雞一樣四散奔逃也。

2020 年 8 月 25 日初稿，8 月 31 日二稿。

〔註10〕 李時珍《本草綱目》卷 42：「鼀好鳴，其聲自呼。南人食之，呼為田雞，云肉味如雞也。」李海霞曰：「田雞、水雞，善鳴叫，故以雞為喻。」二李氏均望文生義。李海霞《漢語動物命名考釋》，巴蜀書社 2005 年版，第 341 頁。

〔註11〕 方以智說「雞」是「鼃」字誤，非是。黃侃曰：「雞，田雞，借為鼃。」黃侃《說文段注小箋》，收入《說文箋識》，中華書局 2006 年版，第 183 頁。

〔註12〕 參見蕭旭《〈說文〉「額」字校正》，《北斗語言學刊》第 7 輯，2020 年版，第 108～110 頁。

〔註13〕 黃生《義府》卷上：「《詩·齊風》『匪雞則鳴，蒼蠅之聲』，焦澹園謂『蠅』字乃『鼀』字之誤，誠然。按顏之推《家訓》云：『《王莽傳》「紫色蠅聲，餘分閏位」，謂以偽亂真爾。』閱此，益知班氏用事出《毛詩》無疑。予因悟《小雅》『青蠅』，亦當為『鼀』字之誤。其云止棘、止樊、止榛，正合鼀所止之處，若以為蠅，殊乖物理。」敦煌本《抱朴子內篇·論仙》「昔句踐式怒鼀」，宋本同，道藏本、魯藩本「鼀」誤作「蠅」。黃生、黃承吉《字詁義府合按》，中華書局 1954 年版，第 110～111 頁。敦煌本《抱朴子》見田中慶太郎藏《古寫本〈抱朴子〉》，《子藏·道家部·抱朴子卷》第 1 冊影印，國家圖書館出版社 2016 年版，第 29 頁。

〔註14〕 《戰國策·趙策一》「白鼃生鼀」，《說苑·權謀》、《太玄·窮》同；《國語·晉語九》「沈鼃生鼀」；《韓子·難一》作「白鼃生龜」。

中古文獻異文札記

　　拿到真大成《中古文獻異文的語言學考察》〔註1〕，翻閱一過，下面隨手記錄我的幾條不同意見。先引真氏之說，隨文標示其書頁碼，復以按語出吾拙見。

(1)《蘇婆呼童子請問經》卷下：「復有蝦蟇、辟宮、蜥蜴、蜘蛛等類及雜毒蛇蟲。」蜥，日藏仁和寺寫本、宋本作「蜡」。《菩提場所說一字頂輪王經》卷4：「蝪（蜴）蜥及鳥鳴，應觀成不成。」蜥，宋本作「蜡」。「蜡」與「蜥」就可能是異體字，它應即「蜥」將聲符「析」改換為「昔」而產生的異體。(P69)

　　真大成又加注釋說：《菩薩本行經》卷3：「驢馬駱駝、豬羊狗犬、師子虎狼、蚖虵蝮蠍蛒蝪（蜴）及餘禽獸，更相殘害，毒心熾盛，宛轉受苦，無有出期。」蛒，宋本作「蛂」。「蛂」疑即「蜡」之譌，與「蜥」異文同字。(P69)

　　按：①真說「蜡」與「蜥」是異體字，得之，但當舉證「析」、「昔」同音互換的例證。《史記·田敬仲完世家》「弓膠昔幹」，《索隱》指出《考工記》「昔幹」作「枂（析）幹」，並指出「枂（析）、昔音相近」。朱駿聲據《索隱》說，謂「昔」借為「析」〔註2〕。②真君疑「蛂」是「蜡」譌字，則無據。「蛂」當是「蛒」形聲相近而致誤〔註3〕，《玄應音義》卷5《菩薩本行經音義》：「蝪蜥：

〔註1〕真大成《中古文獻異文的語言學考察》，上海教育出版社2020年版。
〔註2〕朱駿聲《說文通訓定聲》，武漢市古籍書店1983年版，第537頁。
〔註3〕蘇芃檢示《說文》：「赦，從攴赤聲。𧛤，赦或從亦。」考秦漢簡帛「赦」從

以石反，下斯歷反。在草曰蝎蜥。經文作蛝，非也。」《慧琳音義》卷44轉錄「蝎蜥」作「蜥蝎」。玄應所見正作「蛝」字。《可洪音義》卷9《菩薩本行經音義》：「蛝蝎：上羊昔反，下先擊反，此經文俗用也。《經音義》作『蝎蜥』，上音亦，下音錫，此呼正。」玄應認為「蛝」是誤字，則拘矣。可洪指出「蛝」是俗用，《龍龕手鏡》指出「蛝」是「蝎」俗字，均是也。古音「亦」、「易」同，故「蝎」俗字作「蛝」。《玄應音義》卷11：「蜥蝎：斯歷反，下音亦。」③「蛝蝎」即是「蝎蝎」，亦即「蜥蝎」。《童子請問經》「蜥蝎」，宮本作「蝎蝎」，是其比也。《方言》卷8「守宮，或謂之蚚易，其在澤中者謂之易蝎」，郭璞注：「蝎，音析。」佛經「蝎蝎」，即是《方言》「易蝎」、「蚚易」，《漢書·東方朔傳》顏師古注、《爾雅翼》卷32引《方言》「易蝎」作「蜥蝎」。古音析、易相通〔註4〕，其蟲名單言曰「蜥」，亦曰「蝎」，取變易為義，加「虫」旁以命其名。衍音作雙音詞則曰「蜥蝎」、「蚚易」、「易蝎」、「易蜥」。

（2）《南史·陳武帝紀》：「是時食盡，調市人餉軍，皆是麥屑為飯，以荷葉裹而分給，間以麥餅，兵士皆困。會文帝遣送米三千石，鴨千頭，帝即炊米煮鴨，誓申一戰。士及防身，計糧數臠，人人裹飯，娓以鴨肉。」張涌泉《史書俗字辨考五題》考定「娓」乃「媲」字，「娓以鴨肉」指「配給鴨肉若干」。張說甚是，可以訂正胡三省《通鑒注》：「以鴨肉蓋飯上曰娓」之誤說。《御覽》卷99引《陳書》「人人裹飯，媲以鴨肉」，可以驗證張說。（P72～73）

　　按：《說文》：「媲，妃也。」《爾雅》：「妃，媲也。」郭璞注：「相偶媲也。」「妃」即「配」，指配偶，引申為匹配、倫比義。張涌泉引《慧琳音義》卷98：「媲不：《爾雅》云：『媲，配也。』《集》從昆作娓者，非也。」〔註5〕張君解釋「媲」為「配給」義，是偷換概念，無此訓詁之法。「娓」當是「掍」記音字或形譌字，俗作「混」，混雜也，間雜也。娓以鴨肉者，指米飯中混雜以

<hr>

　　　「亦」作「敇」，一直相承至敦煌寫卷。「敇」同「釋」、「舍」，當從「亦」得聲。「赤」聲雖近，於義無取。清華簡（五）《殷高宗問于三壽》簡16「敇」作「詠」，郭店簡《五行》簡38～39「敇」省作「亦」。《清華大學藏戰國竹簡（五）》，中西書局2015年版，第151頁。《郭店楚墓竹簡》，文物出版社1998年版，第150頁。

〔註4〕參見蕭旭《S.617〈俗務要名林〉疏證（九則）》，收入《敦煌文獻校讀記》，花木蘭文化出版社2019年版，第88頁。

〔註5〕張涌泉《史書俗字辨考五題》，《語言研究》2004年第4期，第33頁。

鴨肉也，與上文「間以麥䴵」同一句法。《御覽》見卷919，真君誤記卷號，其作「媲」，是「娓」形誤，不足以證張說。《拾遺記》卷5「更以餘雞混之」，《太平廣記》卷359引「混」作「媲」。

（3）《中阿含經》卷7：「病者，謂頭痛、眼痛、耳痛……齵痛。」齵，宋、元、明本作「齶」。《玄應音義》卷1：「齗齵：齵又作齶、㗁二形，同。」卷10：「脣齵：又作齶、㗁二形，同。」卷22：「齵齶：〔下〕又作齵，同。」「齶」即「齶」。「齵」何以是「齶」之異寫，不詳。（P85）

按：玄應說「齵」同「齶」，非也，二字形聲俱遠，無相為異體之理。「齵」當是「齵」形誤，古音㗁聲、虛聲相通，故「齶」俗作「齵」。《玄應音義》卷10「脣齵」，《慧琳音義》卷45轉錄作「脣腭」，並指出「經從齒作『齵』，非也，字書無此字也」。均為《菩薩善戒經》卷9《音義》，今大藏經作「脣齶」。慧琳所見本作「齵」，是改易聲符的異體字，不是誤字。《玄應音義》卷22「齵齶」是變音複合詞。

（4）《中阿含經》卷42：「猶工煉金上妙之師，以火燒金，鍛令極薄，又以火燣，數數足火，熟煉令淨，極使柔軟而有光明。」燣，宋、聖本作「㯺」，元本作「壈」，明本作「擥」，日本大德寺本作「灠」。《廣韻》：「燣，焦色。」又「燣，黃焦。」經中「又以火燣」，大概是以火炙烤之義。其餘各字此處應是「爁」字。《廣韻》：「爁，火爁。」又「爁，火皃。」即焚燒之義。「爁」、「燣」音義俱近。（P109）

按：真說「㯺」、「壈」、「擥」、「灠」當作「爁」，是也。爁，火延也，指火燄延伸燒及之，引申為燒灼，今吳語猶有「火爁眉毛」語。但真君引《廣韻》「燣」訓焦黃色，則非其誼也。「燣」是「爁」轉語。燣從稟得聲，來母侵部。爁從監得聲，見母談部。來母、見母相通，侵部、談部通轉。《廣韻》燣音盧含切，爁音盧敢切，爁已轉作來母矣。

（5）《舍利弗阿毘曇論》卷15：「氣逆呼呷，咽塞，聲欬，嘔吐，下利，絞痛，熱病，腹痛。」呷，宋、元、明、宮本作「嗜」。卷16：「生蛇身病，呼嗜痛。」嗜，宋、元、明本作「呷」。頗疑「嗜」即「呷」

字。《佛所行讚》卷 3：「或呼呷吼喚，惡聲震天地。」「呼呷」指
聲音嘈雜。（P122）

按：《可洪音義》卷 20《舍利弗阿毗曇論》卷 13《音義》：「咽塞：上烏
結反，或作『噎』也。《川音》作『嗐』，許戒反，非也。」據《可洪》，《川
音》「咽」作「嗐」，蓋是誤校。「呼呷」是呼吸義，真君說指聲音嘈雜，非是。
《說文》：「呷，吸呷也。」《玄應音義》卷 17：「呼呷：呼甲反。《說文》：『呷
吸也。』」《巢氏諸病源候總論》卷 14「呷嗽候」條云：「呷嗽者，猶是欬嗽
也。其胸鬲痰飲多者，嗽則氣動於痰，上搏咽喉之間，痰氣相擊，隨嗽動息，
呼呷有聲，謂之呷嗽。」宋本等「呷」作「嗐」者，甲古音介，與「害」聲
轉，故「呷」改易聲符作「嗐」。「咽塞」即是「噎塞」借字，噎亦塞也。《佛
說佛大僧大經》：「讀書訖竟，五內噎塞，涕泣交橫。」

(6)《正法華經》卷 3：「蠲除饑飷。」飷，元、明本作「餒」。「飷」當
　　即「餒」字。《玄應音義》卷 7《正法華經》音義「饑餒」條：「經
　　文作飷，未見所出也。」「飷」應即唐代新出之字。（P125）

按：鄭賢章也據《正法華經》異文指出：「『飷』乃『餒』的換聲旁俗字。」
〔註6〕其實《可洪音義》卷 5「飢飷」條早指出：「奴悔反，餓也，正作餒。」
又卷 25：「作飷：依字音納，經文作餒。」

(7)《舍利弗阿毗曇論》卷 29：「如礫牛皮釘布平地，無有襵皺。」襵，
　　宮本作「䩉」。「䩉」字未見於字書，與「襵」異文，當即「襵」字。
　　「襵」受「皺」影響發生偏旁類化，故亦從皮。（P129）

按：《玄應音義》卷 17 作「襵皺」，云：「之涉、知獵二反。襵猶襵疊也，
亦細襵。」「襵」同「褶」，褶皺也，取重疊為義。本字為「摺」，字亦作「攝」、
「儑」，省文則作「聶」。《素問·調經論》：「虛者聶辟，氣不足。」王冰注：
「聶謂聶皺。」《四分律》卷 30：「或時欲齊整著衣，恐有高下參差，象鼻多
羅樹葉細攝皺。」宋、元、明、宮本作「襵皺」。《玄應音義》卷 7：「面皺……
謂不攝皺也。」「聶皺」、「攝皺」即是「襵皺」。也倒作「皺襵」、「皺攝」，
《妙法蓮華經玄贊》卷 6：「從其口中拔出其舌，以百鐵釘釘而張之，令無皺
攝，如張牛皮。」聖本「攝」作「褋」，是「襵」形譌，《瑜伽師地論》卷 4、

〔註6〕鄭賢章《〈龍龕手鏡〉研究》，湖南師範大學出版社 2004 年版，第 359 頁。

《圓覺經大疏釋義鈔》卷 10 正作「皺襵」。《舍利弗阿毘曇論》說牛皮皺褶，故宮本從皮作「皺」。

(8)《道行般若經》卷 8：「不復盲聾瘖痾瘂。」痾，元、明、聖本作「痙」。《普曜經》卷 5：「聾盲瘖痾皆悉解。」痾，宋、元、明本作「痙」。「瘖」與「痾」連文，恐怕不是泛指病。「痾」與「痙」異文，則應同字。（P138）

　　按：古「亞」聲字多可轉為「可」聲〔註7〕，故「痙」異文作「痾」。

(9)《玄應音義》卷 7《正法華經》音義「蝮螫」條：「下呼各反……經文作『蝠笛』。」《大智度論》卷 59：「其處亦無諸餘毒螫。」螫，聖本作「笛」。「笛」為「笙」之誤。（P146）

　　按：玄應指出「經文作蝠笛，誤也」，《慧琳音義》卷 28 轉錄同，《可洪音義》卷 25 作「蝠笛」。①「笛」字無理據可說，當是「笙」形誤，聖本作「笛」亦然。「笙」脫誤作「蛍」，復改形符作「笛」耳。《說文》：「笙，螫也。從虫，若省聲。」舊音呼各切。裴務齊《正字本刊謬補缺切韻》「蠚」音呵各反。朱駿聲曰：「『笙』實與『螫』同字，字亦作『蠚』、作『蛍』。」〔註8〕朱說是也，《老子》第 55 章「毒蟲不螫」，帛書甲本「螫」同，郭店簡甲本作「蠚」。《史記・淮陰侯傳》「不若蜂蠆之致螫」，《漢紀》卷 3 同，《漢書・蒯通傳》「螫」作「蠚」，《御覽》卷 463 引《漢書》作「螫」。《史記・田儋傳》「蝮螫手則斬手，螫足則斬足」，《漢書・田儋傳》作「蠚」。戰國中山王墓鼎銘中有「亡不若」、「詒（辭）死罪之有若」語，朱德熙、裘錫圭讀「若」為「赦」，張政烺從其說〔註9〕，三氏雖均未舉證，但精鑿無比。②《龍龕手鏡》「笛」同「蛍」，草名，是同形異字。

〔註7〕　參見章太炎《新方言》卷 4，《章太炎全集（7）》，上海人民出版社 1999 年版，第 92 頁。

〔註8〕　朱駿聲《說文通訓定聲》，武漢市古籍書店 1983 年版，第 461 頁。

〔註9〕　朱德熙、裘錫圭《平山中山王墓銅器銘文的初步研究》，《文物》1979 年第 1 期，第 50 頁；又收入《朱德熙文集》第 5 卷，商務印書館 1999 年版，第 104 頁。張政烺《中山王嚳壺及鼎銘考釋》，《古文字研究》第 1 輯，中華書局 1979 年版，第 228～229 頁；又收入《張政烺文史論集》，中華書局 2004 年版，第 488～489 頁。

（10）曾良《敦煌佛經字詞與校勘研究》第 8 章「牒」條考釋敦煌漢文佛典中「牒」有承接、連接義，甚是；但「牒」為何有此義，曾文未及。筆者以為，表承接、連接義的「牒」實乃「帖」的通假字。「帖」本指書籤，引申有黏連、連綴義。（P179）

按：「牒」有承接、連接義，讀作疊，重疊也，引申為承接、連接，字亦作迭。

（11）《正法華經》卷 2：「於今現在貪求汲汲，後離救護，便墮地獄，餓鬼，畜生，燒炙脯煮，饑渴負重，痛不可言。」《阿惟越致遮經》卷 3：「其火焰赫，及雨身上，燒炙焦煮。」《出曜經》卷 24：「刀山劍樹，火車爐炭，燒炙焦煮，苦痛難陳。」比較上引三例，可知「脯煮」即「焦煮」，「脯」是「焦」的通假字。《佛五百弟子自說本起經》卷 1：「我身壽終已，墮地獄甚久，合會及叫喚，世世見脯煮。」脯，宋、元、明本作「焦」。《方等般泥洹經》卷下：「於是佛復至燒炙、焦煮、叫喚、雨黑沙、燒人四大地獄中，施金色光明，遍於一切光明。」可洪《隨函錄》卷 4《方等般泥洹經》音義「脯著」條：「上音府，正作『焦煮』。」可洪所見本作「脯」，為「焦」之通假字。《修行道地經》卷 3：「於是有二獄名燒炙、焙煮。」可洪《隨函錄》卷 21《修行道地經》音義「焙煮」條：「上音府，諸經作『脯煮』也，字體正作『焦』。」《出曜經》卷 24「燒炙焦煮」，可洪《隨函錄》卷 21《出曜經》音義「焙煮」條：「上音府，亦作『脯』，字體正作『焦煮』。」可洪所見本或作「焙」，或作「脯」，均是「焦」之借。（P181～182）

按：真君從可洪說讀脯為焦，未為確論。《阿惟越致遮經》「焦煮」，日本知恩院本作「焙煮」，《可洪音義》卷 5 同，可洪云：「上音府，又方久反，稠煮也。正作『焦』也。又音補，非用。又應和尚以『糒』字替之，皮力反。」《玄應音義》卷 7：「糒煮：古文焦、稰二形，又作焚（燒），同，扶逼反。《方言》：『焦，火乾也。』《說文》：『以火乾肉曰焦。』經文作『焙』，逋古反，火行也，非此義者也。」〔註10〕是玄應所見本《阿惟越致遮經》亦作「焙」字。

〔註10〕 糒，金藏廣勝寺本作「糒」，磧砂本、永樂南藏本、海山仙館叢書本作「煏」。焦，磧砂本、海山仙館叢書本作「燋」。燒，磧砂本、永樂南藏本、海山仙館

脯、焙，並讀為爆。《說文》：「爆，灼也。」猶言燒灼。俗字作暴、煿，亦借「博」、「搏」、「薄」為之〔註11〕。作「焙」是其故本，玄應改作「穮（𤐰）」字，亦是聲轉。異文作「焦」者，乃以近義詞替換之。《大智度論》卷14：「受無量苦，燒炙燔煮」，宋、元、明、宮本作「煏煮」，《玄應音義》卷9作「穮煮」，《慧琳音義》卷46轉錄作「𤐰煮」。宋本是，「燔」是「煏」形誤，「煏」即「𤐰」。《拾遺記》卷3「淇漳之鱧，脯以青茄。」脯亦讀為爆。

（12）《菩薩处胎經》卷7：「吾為馬槍刺腳。」槍，宮本作「鎗」。《玄應音義》卷4「槍刺」條：「經文作鏘……又作鎗。」「鎗」當為「鎗」的形近譌字，《慧琳音義》卷44轉錄《玄應音義》正作「鎗」。（P211）

按：真說「鎗」為「鎗」形近譌字，非是。「鎗」是「鎗」改易聲符的俗字，古音青聲、倉聲相轉〔註12〕。

（13）《經律異相》卷31：「言語謇瘂。」瘂，宋、元、明、宮本作「吃」，《六度集經》亦作「吃」。「瘂」應即「誣」字。《玉篇》：「誣，訥言也。」（P265）

按：真說是也，《出曜經》卷23亦有「言語謇吃」語。《可洪音義》卷23：「謇瘂：下紀力反，吃也，訥也，正作『謇誣』也。《六度集》作『謇吃』。」是可洪早已得之矣。①《廣雅》：「謰、極、軋、𠴲，吃也。」王念孫曰：「《方言》：『謰、極，吃也，楚語也。或謂之軋，或謂之𠴲。』《眾經音義》卷1引《通俗文》云：『言不通利謂之謇吃。』《列子·力命篇》『謰極凌誶』，張湛

叢書本作「𤐰」。《慧琳音義》卷30作「𤐰煮：古文憿、𤐰二形（引者按：二字下『心』皆當作『灬』），又作𤐰」。「𤐰」是「𤐰」形誤，從「棘」得聲。「棘」聲、「畐」聲相轉，故為異體字。《禮記·王制》鄭玄注：『『棘』當為『僰』，僰之言偪。」《釋文》：「棘，依注音僰，又作𤐰，蒲北反，偪也。」《呂氏春秋·恃君》高誘注：「𤐰讀如蔔蔔之蔔。」S.6204《碎金》：「𤐰面：仆。」「𤐰」是「蔔」借音字，同「仆」。徐時儀失校。黃仁瑄據慧琳本、磧砂本校改，但未說校改的理由。徐時儀《一切經音義三種校本合刊》，上海古籍出版社2008年版；又2012年修訂版，第158頁。黃仁瑄《大唐眾經音義校注》，中華書局2018年版，第303頁。

〔註11〕參見蕭旭《敦煌變文校補（二）》，收入《群書校補（續）》，花木蘭文化出版社2014年版，第1340～1341頁。

〔註12〕參見蕭旭《佛典疑難俗字補考》，《漢字漢語研究》2018年第3期，第67頁。

注云：『謇極，訥澀之貌。』『謇』、『讓』、『謇』、『蹇』古通用。『極』、『極』古通用。『澀』與『歰』同。」〔註13〕王氏所引《列子》「謇極」，元本、世德堂本、故宮藏明刻本、早稻田大學藏本、四庫本如此，《釋文》本同，《釋文》引《字林》云：「極，吃也。」《四部叢刊》景印北宋刊本、林希逸本、高守元本、江遹本、道藏本作「讓極」。唐·獨孤及《唐故洪州刺史張公遺愛頌並序》：「憭忓蹇亟、苛察繳繞之吏不能見其巧。」即用其文。又王氏所引張湛注，實是盧重玄解。「蹇痙」即「謇極」、「讓極」、「蹇亟」。語源是「極」，謂言語困難，專字作「諏」、「痙」，或借「極」、「亟」為之。②「諏」、「吃」聲轉，方以智曰：「謇極，一作『謇極』、『謇喫』。」〔註14〕「謇喫」是借字，見《世說新語·排調》引《頭責秦子羽》，《類聚》卷17引作「謇吃」。③軋之言乙乙也，狀言語難出，與「吃」亦是一聲之轉。

（14）《漢語大字典》「喁」條：「堵塞。《字彙補》：『喁，音不詳。《巢氏病源》：「大腸虛而傷於寒痢，而用氣喁，其氣不（下）衝，則肛門脫出。」』」《字彙補》所引出巢元方《諸病源候論》卷17。相關記載又見於本書卷40《脫肛候》：「大腸虛冷，其氣下衝者，肛門反出，亦有因產用力努偃，氣衝其肛，亦令反出也。」《陰挺出下脫候》：「亦有因產而用力偃氣，而陰下脫者。」又卷50《脫肛候》：「小兒患肛門脫出，多因利大腸虛冷，兼用軀氣，故肛門脫出。」《廣韻》：「軀，身向前也。」《集韻》：「軀，怒腹也，曲身也。」《玉篇》：「歐，怒腹也，或作軀。」怒讀作努，「怒腹」猶言鼓腹。「軀」謂弓身鼓腹用力地擠。《諸病源候論》卷50《小兒雜病諸候》：「差痨者，陰核偏腫大，亦由啼哭軀氣，擊於下所致。」「軀氣」謂弓身鼓氣。《漢語大字典》將「喁」釋作「堵塞」，無據，非是。（P266）

按：①《漢語大字典》「喁」訓堵塞，不得斥作無據，「區」聲字多有堵塞義。匽、隁、堰指障水堤者，正取堵塞、壅堵為義。但非醫書之誼。《漢語大字典》：「軀，下陷、下墜。按：軀氣，中醫指氣虛下陷，致小腹睾丸下墜

〔註13〕 王念孫《廣雅疏證》，收入徐復主編《廣雅詁林》，江蘇古籍出版社1992年版，第175頁。《方言》見卷10，「謇」作「讓」。

〔註14〕 方以智《通雅》卷5，收入《方以智全書》第1冊，上海古籍出版社1988年版，第221頁。

疼痛。」〔註 15〕楊寶忠指出此說無據〔註 16〕。范寅曰：「痢急後重而屏氣曰喝。」〔註 17〕范氏解作「屏氣」，猶言閉氣，其說近之，但不是訓詁義（參見下文）。《玉篇殘卷》：「歐，《聲類》：『怒腹也。』或為軀字，在身部。」其訓怒腹者，是屏氣的結果，亦不是訓詁義（參見下文）。②《諸病源候論》卷 17「喝」，《外臺秘要方》卷 26 引同。丁光迪早指出：「用氣喝，指大便時屈身用力，摒氣努責。喝，本書卷 40《脫肛候》、《陰挺出下脫候》作『偃』，卷 50《脫肛候》作『軀』。三字字異義同。軀，《廣韻》：『身向前也。』《類篇》：『屈身。』《玉篇》：『軀體怒腹也。』怒，通『努』。」〔註 18〕真說與丁說大致相同，當補引其說及楊寶忠說（下文引楊說的結論）。③《諸病源候論》卷 43：「產子但趂後孔者，由坐臥未安，忽邃強喝氣，暴衝擊，故兒失其道……若坐臥未安，身體斜曲，兒心轉動，忽邃強喝氣，暴衝擊，則令兒趂後孔。」又卷 47：「重下利者，此是赤白滯下利而挾熱多者，熱結肛門，利不時下，而久喝氣，謂之重下利也。」「強喝」即是「努偃」，指用力喝氣。《千金要方》卷 12 有「治小兒胎寒喝啼腹中痛舌上黑青涎下方」，又有「治小兒胎寒喝啼驚癇腹脹不嗜食大便青黃並大人虛冷內冷或有實不可吐下方」（《千金翼方》卷 11 作「偃啼」，宋佚名《小兒衛生總微論方》卷 1 作「軀啼」）。「喝啼」即是「啼哭軀氣」。《千金翼方》卷 11：「兒生有胎寒則當腹痛，痛者偃啼，時時吐呎。」（《小兒衛生總微論方》卷 1 作「軀啼」）。《諸病源候論》卷 47《小兒雜病諸候·軀啼候》「小兒在胎，則其母將養傷於風冷，邪氣入胞，傷兒臟腑，故兒生之後，邪猶在兒腹內，邪動與正氣相搏，則腹痛，故兒軀張蹙氣而啼。」巢元方自己以「軀張蹙氣而啼」說之，此最為確詁，則「軀啼」、「軀氣」都是縮略語。「軀張」謂偃臥反張如弓也；巢氏「蹙氣」說，則猶言逼迫氣息，正是屏氣、閉氣之義〔註 19〕。上引《千金要方》卷 12「小兒胎寒喝啼驚癇」，其驚癇之狀，《諸病源候論》卷 46 云：「小兒中客忤者……其狀，吐下青黃白色，水穀解離，腹痛反倒夭矯，面變易五色，其狀似癇。」「反倒夭

〔註 15〕《漢語大字典》（第二版），崇文書局、四川辭書出版社 2010 年版，第 4064 頁。
〔註 16〕楊寶忠《論「訛變異形詞」》，《勵耘學刊》2011 年第 2 期，第 12 頁。
〔註 17〕范寅《越諺》卷下（侯友蘭等點注），人民出版社 2006 年版，第 296 頁。
〔註 18〕丁光迪主編《諸病源候論校注》，人民衛生出版社 2013 年版，第 363 頁。
〔註 19〕《御覽》卷 720 引《修養雜訣》：「每至旦面向午，展兩手於膝之上，徐按捺百節，口吐濁氣，鼻引清氣，所以吐故納新，是蹙氣良久，徐徐吐之。」亦其例。

矯」亦足證「軀」字之誼。楊寶忠指出「『軀』是『僵』易旁字」，是也；但楊氏說「『軀啼』謂小兒腹脹而啼也。『軀氣』謂鼓腹作氣也……『軀』字正取努腹之義」〔註20〕，則忽易巢氏「軀張慼氣」語，字書、韻書「軀」訓怒腹者，是縮略語的理解義，不是訓詁義。

（15）《經律異相》卷23：「何敢輕易貧門，乘勢踚突迫憎女人？」《論語·鄉黨》：「勃如戰色，足踖踖如有循。」何晏《集解》：「足踖踖如有循，舉前曳踵行之也。」《禮記·玉藻》：「執龜玉，舉前曳踵，踖踖如也。」鄭玄注：「著徐趨之事。」「踖踖」謂小步快走，單用義同，顯然不合經義。踚，元、明本作「蹴」。《說文》：「蹴，躡也。」《廣雅》：「蹴，蹋也。」「蹴突」類義連文。「蹴」或作「慼」，又作「踧」。「踚」與「踧」相同，也是改易「蹴」之聲旁而成的異體字，只是和音「色六反」、表「足迫」義的「踚」同形而已。（P269）

按：《論語》何晏《集解》乃引鄭玄說，當出「鄭玄」。「踧」是「縮」分別字，踧訓小步快走，訓躡蹋，均「縮」臨文的分別義，語源都是「縮」，《論語·鄉黨》「踖踖」，《御覽》卷388引作「縮縮」。《說文》：「縮，一曰蹴也。」《慧琳音義》卷36引「蹴」作「慼」。《說文》：「搐，蹴引也。」「搐」亦是「縮」分別字。

（16）《陳書·周弘正傳》：「臣不涯庸淺，輕率短陋。」《弘明集》卷6南朝宋謝鎮之《折夷夏論》：「吾不崖管昧，竭闇幽宗。」（宋、元、明、宮本作「涯」）《陳書》「不涯」，《冊府元龜》卷603引作「不揣」。則「不涯」亦當與「不揣」同義，猶言不自量，表示自謙……這應該與當時常用的「不量」一詞及「量」、「涯」的詞義聯繫兩方面因素有關……「涯」指限度、度量……通過聯想和類推，「涯」也具備估量義。（P275～276）

按：我不用「類推」法，我認為「涯（崖）」是「儀」轉語，「涯（崖）」古音同「儀」，《廣韻》同音魚羈切。《說文》：「儀，度也。」謂揆度。《國語·周語下》「儀之於民而度之於群生」，又「不度民神之義，不儀生物之則」，均是同義對舉。《淮南子·俶真篇》「浩浩瀚瀚，不可隱儀揆度而通光燿者」，

「隱儀揆度」四字同義連文。字亦作議，《淮南子・兵略篇》：「兵之所隱議者，天道也。」王引之曰：「議讀為儀。儀，度也。『隱議』即『隱儀』。《廣雅》曰：『隱，度也。』」〔註21〕

（17）《舊雜譬喻經》卷上：「夫學，當以意思惟乙密乃達之也。」《正法華經》卷5：「心念此已，發願乙密，即從坐起，稽首佛足。」又卷7：「假使菩薩，乙密觀察斯一切法，欻欻修此所當行者，常住威儀禮節二事。」《法苑珠林》卷45引《舊雜譬喻經》：「夫學，當以意思穩審乃達也。」「穩審」有仔細、周詳義。《舊雜譬喻經》之「乙」，明本作「一」。「乙密」之「乙」讀作「一」，有精微玄妙義。《佛說普門品經》「深微一密」四字平列。（P288～289）

按：乙，讀作幾，見母「幾」轉作影母「乙」。幾，微也。「乙密」即「微密」。《佛本行集經》卷38「已知世尊法教微密，即從坐起，頂禮佛足」，文例與《正法華經》卷5絕似。

（18）「了」表示明白、知曉，為中古以來新詞。（P370）

按：表示明白、知曉義的「了」是「憭」同音借字〔註22〕，俗亦作「瞭」。心明曰憭，目明曰瞭，二字同源。非所謂新詞也。《說文》：「憭，慧也。」《國語・齊語六》「聰慧」韋昭注：「慧，解瞭也。」

2021年9月16日～9月20日初稿，9月20日修訂。

〔註21〕王引之《經義述聞》卷19，江蘇古籍出版社1985年版，第452頁。
〔註22〕參見朱駿聲《說文通訓定聲》，武漢市古籍書店1983年版，第313頁。黃侃《說文段注小箋》，收入《說文箋識》，中華書局2006年版，第229頁。

《經律異相》札記

（1）《經律異相》卷 6 引《善見律毘婆沙論》卷 3：「沙彌修摩那令作基
　　址。」

　　按：基址，元、明、宮本作「基壚」，宮本作「基𡑉」；《善見律毘婆沙》
卷 3 作「基壚」，宋、元、明、宮、聖本作「基𡑉」。《玉篇》：「壚，基址也。」
俗字亦作坿，《集韻》：「壚、坿：基址也，或從石。」字源是跖，亦借「蹠」
為之，古石聲庶聲多通用（古庶字從石從火，石亦聲）。《說文》：「跖，
足下也。」《繫傳》：「跖，足底也。」《玄應音義》卷 5 引作「蹠」。《慧琳音義》卷 90：
「基蹠：基，始也，本也。下征亦反，傳文從土作壚，壚亦基也。或作趾，並
通。」《高僧傳》卷 13：「歲久荒蕪，示存基蹠。」元、明本作「基壚」。《魏書‧
崔光傳》：「基蹠泥灰。」《冊府元龜》卷 603「蹠」作「蹠」，是也。「跖」為足
底，故土基、基址義的字改從土旁作坿（壚）。胡吉宣曰：「基謂之址，亦謂之
壚，猶足謂之止，亦謂之蹠，皆在下底之名也。」〔註1〕此說最為通達。「坿」
即「壚」俗字，古庶聲夜聲相近（同魚部，聲則章余相轉），因而改換聲符。
作「𡑉」者，「坿」之同音借字。《慧琳音義》卷 78：「基塎：音皆，經文作𡑉，
書寫誤。」此說失之，不知其為改換聲符的俗字。《龍龕手鑑》：「坿，音謝。」
其音謝者，則惑於從「夜」得聲，亦不知其為改換聲符的俗字。《可洪音義》
卷 23：「基𡑉：基址也，正作壚也。」作「基址」者，以同義改之。《慧琳音
義》卷 88：「基址：《古今正字》云：『址亦基也。』傳作壚，非也。」又卷 96：

〔註1〕胡吉宣《玉篇校釋》，上海古籍出版社 1989 年版，第 272 頁。

「基址：《說文》云：『址，基也。』集本作墌，恐誤也。」此說失之。作「基堦」者，即「基階」。階者，基之漸也，義亦相因。張春雷曰：「『堎』是『掖』之形訛字……正作『墌』……慧琳改『掖』為『堦』似亦不確。」〔註2〕未得其源。

（2）《經律異相》卷 22 引《迦葉詰難陀經》：「師默然思之，知是龍嬈沙彌，便起到堤基上，持杖叩藪之，龍化作老公來。」

按：叩藪，元、明本作「叩擻」，《舊雜譬喻經》卷 1 亦作「叩擻」。《可洪音義》卷 22：「叩藪：振錫也。」「叩藪」、「叩擻」當作「抖擻」，形之譌也。《大比丘三千威儀》卷 1：「著履先當抖擻。」《法苑珠林》卷 47 引同，宋、元、明、宮本作「叩藪」。「斗」俗作「𠁣」，因誤作「叩」；「抖」誤作「扣」，因又誤作「叩」。「藪」、「擻」同音通借，《正法念處經》卷 3：「抖擻諸惡業，則能知退生。」《大莊嚴論經》卷 13：「火然燒衣時，應當抖擻卻。」《觀察諸法行經》卷 1：「婆吒勝覺樹，住此而抖擻。」上三例，宋本作「斗藪」。《別譯雜阿含經》卷 1：「不知抖擻并及水洗。」《無所有菩薩經》卷 1：「抖擻諸有得，不得上苦行。」《聖善住意天子所問經》卷 3：「若比丘抖擻貪欲。」上三例，聖本作「斗藪」。皆其例也。《慧琳音義》卷 60 引《考聲》：「抖擻，振動衣物令去塵垢也。」又卷 69 引《考聲》：「抖擻，振也。」《希麟音義》卷 9 引《考聲》：「抖，上舉也。擻，亦振也。」《集韻》：「擻，抖擻，舉索物也。」「抖擻」是振動、搖動義，此言師振動錫杖以求龍。張春雷謂「『擻』本字當為『搜』」〔註3〕，非是。

（3）《經律異相》卷 25 引《薩和檀王經》：「汝當隨我，皆悉蹠跣，不得著履。」

按：蹠跣，宋、元、明、宮本作「踱跣」；《六度集經》卷 2 引作「徒跣」，宋本作「度跣」，元、明本作「踱跣」。「徒」是本字，餘皆借字，古從土從庶得聲之字多通用〔註4〕。《玄應音義》卷 14：「徒跣：以腳踐土也。《三蒼》

〔註2〕張春雷《〈經律異相〉異文研究》，南京師範大學 2011 年博士學位論文，第 78～79 頁。

〔註3〕張春雷《〈經律異相〉異文研究》，南京師範大學 2011 年博士學位論文，第 34 頁。

〔註4〕參見張儒、劉毓慶《漢字通用聲素研究》，山西古籍出版社 2002 年版，第 347 頁。

作蹀，又作跐，同。」又卷16：「蹀跌：又作踄，同。《三蒼》云：『以腳踐土也。』諸書作『徒跣』。」「踄」即「跐」俗字。《菩薩投身飴餓虎起塔因緣經》卷1：「褰裳徒跣，奔走上山。」聖本作「蹠踐」。《中本起經》卷2：「住於門外，被弊敗之衣，徒跣而立。」《大愛道比丘尼經》卷1作「蹀跌」。分別字亦作跩、跐，《集韻》：「跩、跐：跩跑，跣也，或從徒。」《戰國策·韓策一》：「虎摯之士，跩跑科頭，貫頤奮戟者，至不可勝計也。」吳師道《補注》：「跩猶下文徒程，此謂徒跣也，義與科頭恊。」俗字又作蹕，《龍龕手鑑》：「蹕、跩，二俗，蹕，跣足貌。」張春雷謂「蹠、蹀形近而誤，此處當為『蹀』」〔註5〕，未得本字。

(4)《經律異相》卷41引《賢愚經》卷11：「牛主雖見，謂用未竟，復不收攝，二家詳棄，〔遂失其牛〕。」

按：詳棄，《賢愚經》卷11作「相棄」，宋、元、明本作「詳棄」。詳，讀為佯，猶言假裝。作「相」者，音之轉也。字亦作「陽」，《玉篇殘卷》：「陽猶佯，詐也。」張春雷謂「詳」、「相」有「皆、都、盡」義，「二者皆通」〔註6〕，非是。

(5)《經律異相》卷50引《問地獄經》：「三十一曰搚山，以搚殺蟻虱，後生短壽。」

按：搚，宋、元、明、宮本作「磕」，《華嚴經海印道場懺儀》卷11亦作「磕」。張春雷曰：「『搚』當是『磕』之換旁俗字……當為『撞擊、壓』義。」〔註7〕其說是也，而未探本。字亦作搕、敄、确、確、礭、敤，本字為推、殼，《說文》：「推，敲擊也。」又「殼，擊頭也。」〔註8〕

(6)《正法念處經》卷69：「有眾寶鹿……次名珊瑚鹿，次名凹窠鹿，次名細腰鹿，次名黑皮鹿。」

按：《玄應音義》卷11：「凹窠：宜作屎，相承苦簟反，未詳名義所出。」〔註9〕玄應謂「窠」相承苦簟反，當有所本。《廣韻》「屎」讀苦減切，與苦簟

〔註5〕張春雷《〈經律異相〉異文研究》，南京師範大學2011年博士學位論文，第32頁。
〔註6〕張春雷《〈經律異相〉異文研究》，南京師範大學2011年博士學位論文，第23頁。
〔註7〕張春雷《〈經律異相〉異文研究》，南京師範大學2011年博士學位論文，第81頁。
〔註8〕參見蕭旭《世說新語校補》，收入《群書校補》，廣陵書社2011年版，第669頁。
〔註9〕《慧琳音義》卷56引誤作「若簟反」。

切音通轉〔註10〕。「窠」當從「屌」作「窐」。「窐」疑「歁」之俗字，俗又作「欠」字。《玄應音義》卷16：「屌，又作搛（槏），同。口減反。」〔註11〕《集韻》：「槏，或作屌、槏。」是其證。今吳語有「凹欠」之語，形容器物凹陷不平正。《可洪音義》卷14：「凹窠：上烏狹反，下宜作渓（渠）、簾，二同，其魚反，鹿名也。又《經音義》云：『宜作屌，苦簟反。』」又卷25：「凹窠：上烏洽反，下宜作渓、窐（窠？），二同，巨魚反。應和尚云：『宜作屌，苦簟反。』」可洪以「渓」為正，「渓」即「渠」形譌，故音其魚反、巨魚反，其說皆非也。《龍龕手鑑》：「窐，苦簟反，鹿名也。」以「窐」為鹿名，亦非。鄧福祿、韓小荆曰：「『凹窠鹿』當從梵文音譯而來，玄應、可洪意見不一，誰對誰錯，應覈實梵文而定，但是梵文不存，故不能決。」〔註12〕二氏說亦非也，「凹窠」絕非梵文音譯詞。

（7）《可洪音義》卷10：「誢示，上音官，正作觀也，上方經作觀。又《玉篇》音現，非義也。」

按：此為《菩薩瓔珞本業經》卷1《音義》，檢經文作：「爾時釋迦牟尼佛初至樹下，觀視十方法界眾生根緣現故。」是「誢」為「觀」俗字。中土文獻亦有「誢」字，是同形的另一字。《玉篇》：「誢，乎典切，諍語也。」《龍龕手鑑》音義同，《集韻》、《類篇》音胡典切，解釋語同。胡吉宣曰：「誢，此偽（譌）字，議刪。下『誢』胡典反：『《說文》：「即很也。」《廣雅》：「誢誢，語也。」』《廣韻》：『誢，諍語。』此說即誢之形譌。」〔註13〕鄧福祿、韓小荆曰：「『誢』當是『誢』的更換聲旁字。《說文》：『誢，眼（很）戾也。』《廣韻》胡典切：『誢，爭語。』音義皆同。」〔註14〕三氏說皆未得。「誢」當是「訮」的更換聲旁字，「研」同「硯」，「秆」同「稅」，「呀」同「睍」，皆是其比。《說文》：「訮，諍語訮訮也。」《玉篇》：「訮，訟也。」《廣韻》：「訮，共爭也。」《集

〔註10〕《可洪音義》卷25：「作屌：苦減反，江西韻作此切也，又孫愐韻作苦簟反。」
〔註11〕搛，《慧琳音義》卷65引同，當作「槏」。徐時儀《一切經音義三種校本合刊》第341頁《玄應》失校，第1662頁《慧琳》徑改作「槏」，上海古籍出版社2008年版。
〔註12〕鄧福祿、韓小荆《字典考正》，湖北人民出版社2007年版，第304頁。
〔註13〕胡吉宣《玉篇校釋》，上海古籍出版社1989年版，第1862頁。又第1863頁「誢」字條說同。羅本《玉篇殘卷》引《說文》作「即很也」，黎本引誤作「即誢也」。
〔註14〕鄧福祿、韓小荆《字典考正》，湖北人民出版社2007年版，第413頁。

韻》：「訮，諍語也。」字亦作嘄，《玉篇》：「嘄，爭訟之辭。」考其語源，訮之言堅也。「詪」是「很」分別字。

佛典疑難俗字補考

　　鄭賢章《漢文佛典疑難俗字彙釋與研究》指出考釋疑難俗字的方法有三：比勘對校不同類型的佛典，充分利用不同版本佛典異文，綜合運用字的各個要素〔註1〕。這三個方法，大致是屬於比較歸納法。考釋疑難俗字，也可以用演繹推理法。如能綜合運用演繹法、歸納法，斯為善矣。當然由於材料的限制，有時只能使用其中的一種方法。①《集韻》：「颰，小風謂之颰。」鄭賢章舉了佛經中4個用例以證「颰」的小風義（P37），從語源來說，「颰」是「拂」的分別字，表示微風輕拂，故小風謂之颰也。②《集韻》：「蹺，跟蹺，行遽皃。」鄭賢章舉《大方便佛報恩經》卷3「中有第一大力士，跟蹺顛蹶，以足蹴地」等用例，指出「『跟蹺』似乎不是『行遽皃』，而應是走路不穩之義，與『顛蹶』同」（P37，又P395）。鄭氏根據文獻用例，歸納出「跟蹺」是「走路不穩之義」，是也，但據此即認為《集韻》解釋作「行遽皃」不確，則未得。《集韻》：「跟，跟蹺，行遽皃。」敦煌寫卷 P.2011 王仁昫《刊謬補缺切韻》：「蹺，跟蹺，急行。」又「跟，跟蹺。」（下文簡稱作「P.2011《切韻》」）《切韻》與《集韻》義合。《類聚》卷79引漢·王延壽《夢賦》：「爾乃三三四四相隨，跟蹺而歷僻。」《古文苑》卷6作「俍傍」，章樵注：「俍音浪，俍傍，行不正貌。」「跟蹺」與「俍傍」同，字也作「跟傍」、「狼蹺」、「狼傍」、「狼傍」等形，音轉則作「跟躻」、「跟蹌」、「浪蹌」、「狼搶」、「俍倡」、「良倡」、「梁昌」、「梁倡」等形，其中心詞義是空大，用以形容腳步虛浮空大，

〔註1〕鄭賢章《漢文佛典疑難俗字彙釋與研究》，巴蜀書社2016年版，第41～45頁。

故行不正貌謂之跟蹡，急行貌亦得謂之跟蹡，皆猶今言趷趷撞撞也〔註2〕。由此二例，可見歸納比較法的局限，比較歸納出的詞義，有可能不是很準確，也不能知其得義之由。

下面對鄭賢章《漢文佛典疑難俗字彙釋與研究》一書中可商榷者分條論列，鄭書省稱作「《彙釋》」。

（1）伇，《漢語大字典》（154）：「伇，同『侮』。」按：佛經中「伇」可與「伎」同。（《彙釋》P53）

按：《漢語大字典》又引《正字通》：「伇，籀文『侮』，從人從攴，戲以攴擊人也，見《六書統》，與『伇』別。」其書明明說此「伇」與「伇」不同。佛經中「伇」用作「伎」，是「伎」的形譌字，與用同「侮」的「伇」，是同形異字。《古文四聲韻》卷3「侮」下云：「攸：籀韻。」〔註3〕「攸」即「伇」，「攵」同「攴」。「侮」是形聲字，「伇」則會意字。字亦作攱，郭店楚簡《老子》丙本「其即（次）攱之。」傳世本「攱」作「侮」。「攱」謂戲以矛擊人，會意兼形聲字，「矛」亦聲，矛、母一音之轉。字亦作悉，亦會意兼形聲字。郭店楚簡《性自命出》：「不又（有）夫憤（奮）狂（作）之青（情）則悉。」趙建偉讀悉為侮〔註4〕。考《說文》：「敡，侮也，從易從攴，易亦聲。」又「侮，傷（傷）也。」〔註5〕又「傷，輕也。」「傷」同「敡」，「敡（傷）」、「侮」互訓。「敡」亦表以攴擊人戲侮之義，正可比附「伇」字。附帶說一下，《集韻·勁韻》：「俓，伇也。」此據潭州宋刻本、明州本、金州軍刻本、揚州使院本、曹氏棟亭本，顧廣圻補刻本、四庫本作「伇」。又《耕韻》：「俓，急也，伇也。」「伇」、「伇」皆是「伎」形譌，明州本《耕韻》正作「伎」，其餘各本均誤。又《先韻》：「俓，伎恨（很）也，急也。」字亦正作「伎」。此又一字。

（2）儢，《石溪和尚語錄》：「拈法衣，披牯牛皮，輥瞎驢隊，帶水拖泥，東倒西儢，黃梅七百無人會。」按：《禪宗頌古聯珠通集》卷10：

〔註2〕參見蕭旭《「狼抗」轉語記》，收入《群書校補（續）》，花木蘭文化出版社2014年版，第2324～2325頁。

〔註3〕《汗簡·古文四聲韻》卷3，中華書局1983年版，第39頁。

〔註4〕趙建偉《郭店竹簡〈忠信之道〉、〈性自命出〉校釋》，《中國哲學史》1999年第2期，第38頁。

〔註5〕「傷」字《玄應音義》卷1、25引同，《慧琳音義》卷20、71引作「傷」，「傷」是「傷」形譌，《廣雅》亦作「侮，傷也」，又云：「傷、侮，輕也。」

「不落不昧，東倒西擂，鐵壁銀山，一時粉碎。」《物初大觀禪師語錄》：「七出八沒，東倒西擂，輥到今日也不妨自在快活。」「儡」即「擂」字。「擂」蓋受上文「倒」的影響類化換旁而作「儡」。根據文意，「東倒西擂」乃到處闖蕩，到處撞之義。（《彙釋》P59）

按：釋作「到處闖蕩，到處撞」，非是。「東倒西儡」也作「東倒西儽」，《嘉泰普燈錄》卷 30：「不如騎取箇無眼耳鼻底水牯牛，向三家村裏東倒西儽，擺尾搖頭。」《大慧普覺禪師語錄》卷 7：「雖欲扶豎宗乘，奈何東倒西儽？」又作「東倒西擂」，《北澗居簡禪師語錄》卷 1：「東倒西擂，轉位回機。」《介石智朋禪師語錄》卷 1：「爰從耳門圓照三昧，緣心自在，東倒西擂，異中現同，小中現大。」《密菴和尚語錄》卷 1：「大家撫掌樂升平，一任東倒及西擂。」又作「東倒西攂」，《松源崇嶽禪師語錄》卷 1：「山僧只養得一頭驢，一向東倒西攂。順時一日何啻千里萬里，拗時直是一步不肯移。」《宗門統要正續集》卷 3「攂」作「擂」。又作「東倒西儡」，《月江正印禪師語錄》卷 1：「師乃云：『達磨不識，九年面壁。六祖不會，長年踏碓。帶累兒孫，東倒西儡。新婦騎驢阿家牽，張公喫酒李公醉。』」《嘉泰普燈錄》卷 18：「如牛拽磨，似水打碓。三千里外逢人東倒西儡，十字街頭遇賤則貴。」又有變例，《宗門統要續集》卷 2：「暗中贏得一著國師倒東擂西，未免傍觀者哂。」《如淨和尚語錄》卷 1：「使其變作水牯牛徹顛徹狂，東撐西拄，南倒北擂。」〔註 6〕「雷」或作「畾」，「儡」當是「儡」的異體字。儡、擂、儡、擂、儽、擂、攂，諸字並同音，當以「儽」為本字。《說文》：「儽，垂貌，一曰嬾解（懈）。」下垂之義，引申則為疲累、困頓義。《廣雅》：「儽儽，疲也。」字亦作累、纍、傫，《家語・困誓》：「纍然如喪家之狗。」寬永本、宗智本「纍然」作「儽然」，《玉篇殘卷》、《說文繫傳》「儽」字條引作「儽儽」，《玉篇》解云：「羸病皃。」《文選・寡婦賦》李善注引作「儡儡乎」，《史記・孔子世家》作「纍纍」，《論衡・骨相》作「傫傫」，《白虎通・壽命》作「儡儡」，《長短經・察相》作「儽然」，《白氏六帖事類集》卷 29 作「累累」，《韓詩外傳》卷 9 作「羸乎」。字亦作傫，《廣雅》：「傫，勞也。」又「傫傫，疲也。」《集韻》：「傫，《博雅》：『傫傫，疲也。』或作儽、傫。」東倒西擂，形容沒精打采的樣子。

（3）剌，《龍龕手鏡》：「剌，俗，音夷。」按：正體不詳，疑即「夷」

〔註 6〕此 2 例承劉傳鴻博士檢示，謹致謝忱！

字。「夷」有鏟平、削平之義，故俗增旁從刀而作「剢」。當然，「剢」也有可能就是「判」，音「夷」是俗讀，俗以「剢」從夷故讀為夷。《名僧傳抄》卷 1：「梁山之敗，火欖轉迫。去岸懸遠，剢無濟理。」《出三藏記集》卷 14、《開元釋教錄》卷 5 作「判無濟理」，「剢」疑即「判」。（《彙釋》P65）

按：①《高僧傳》卷 3 作「判無全濟」。判，猶言判斷、斷定。「剢」、「判」形聲俱遠，無相為異體字之理。佛經中「剢」是「計」的音轉字。「會稽」音轉作「會計」，又音轉作「會夷」〔註7〕，是其證也。《雜阿含經》卷 15：「欲度曠野，嶮道難處，糧食乏盡，飢餓困極，計無濟理。」《佛說大般泥洹經》卷 6：「如人入海，遇值波浪，計無濟理，端坐待死。」正作「計」字。「計」、「判」義近。②《龍龕手鏡》「剢」當是「剃」異體字，《慧琳音義》卷 4：「鶗鵳：上徒鷄反，或作剃、剢。」古音「夷」、「弟」相轉，故為異體。《易·渙》：「匪夷所思。」《釋文》謂荀本「夷」作「弟」，馬王堆帛書本《周易》作「娣」，是其音轉之證。「秪」或作「稊」，「鮧」或作「鮷」，「徔」或作「徏」，「睍」或作「睇」，「羠」或作「羍」，「鷧」或作「鷈」，「洟」或作「涕」，皆是其比。

（4）圳，《漢語大字典》（496）引《正字通》：「圳，有充塞義。梵書《正法念經》：『圳滿充遍。』」按：「圳」與「側」同……「圳塞」、「側塞」又義同「晏塞」。（《彙釋》P76）

按：「圳塞」、「側塞」亦作「惻塞」、「測塞」、「仄塞」。「晏塞」不僅僅是義同，實是音轉，音轉也作「閦塞」、「僿塞」〔註8〕。

（5）墤，《漢語大字典》（473）引《龍龕手鏡》：「墤，音奚。」按：《大字典》「墤」字意義不詳。佛經中有「墤」字，疑為「畦」字。

<hr>

〔註7〕陶弘景《養生延命錄》卷上引《老子指歸》「委慮於無欲，歸計於無為」，《雲笈七籤》卷 32 引「計」作「指」。《史記·夏本紀》：「或言禹會諸侯江南，計功而崩，因葬焉，命曰會稽。會稽者，會計也。」《集解》引《越傳》曰：「禹到大越，上苗山，大會計，爵有德，封有功，因而更名苗山曰會稽。」所引見《越絕書·越絕外傳記〔越〕地傳》。《論衡·書虛篇》：「吳君高說會稽本山名，夏禹巡守會計於此山，因以名郡，故曰會稽。」《越絕書·外傳記吳地傳》：「從由拳、辟塞度會夷，奏山陰。」《易·萃》「涕洟」，帛書本「洟」作「洎」。

〔註8〕參見蕭旭《敦煌變文校補（二）》，收入《群書校補（續）》，花木蘭文化出版社 2014 年版，第 1385～1386 頁。

《正法念處經》卷 61：「能生無漏法，猶如畦種稻。」畦，宮本作「堻」。「堻」《龍龕手鏡》音奚，蓋俗讀。俗以「堻」形體上從奚故讀為奚。（《彙釋》P79）

按：《字彙補》：「堻，音奚，義闕。」《毗尼作持續釋》卷 7《音義》：「畦，音奚，田五十畝為畦。」古音奚聲、圭聲相通，「堻」是「畦」改易聲符的俗字〔註9〕。《可洪音義》卷 14：「畦種，上戶圭反，隔也。」「畦」指田岸，故訓隔也，正取徯徑為義。《集韻》：「蹊、暌，徑也，或從田。」「暌」當指田徑，與「畦」同源。

（6）壋《天臺三大部補注》卷 5：「壋，力陳切。」按：《法華文句記》卷 3：「自下升高名起，壋壨凹凸名踊，六方出沒亦名踊。」《首楞嚴經義疏釋要鈔》卷 5：「搖揚不安名動，壋壠凹凸名踊。」《楞嚴經觀心定解》卷 1：「自下升高名起，璘瓏凹凸名踊，六方出沒亦名踊。」《科註妙法蓮華經》卷 1：「自下升高名起，壋壨凹凸名踊。《涅槃經疏私記》卷 1：「自下昇高名起，磷壠凹凸名踊。」《妙經文句私志記》卷 8：「搖揚不安為動，磷礨凹凸為踊。」「壋壨」與「璘瓏」「磷壠」「磷礨」同，當為聯綿詞，意義為高峻突起之貌。另《法華經玄贊要集》卷 11：「鱗壠等者，鱗謂魚鱗，壠是新耕地。凹凸壠中，鱗壠相似。凹凸，即是高下不平之貌也。」將「鱗」釋為魚鱗義，將「壠」釋為新耕地，此與經文似不合。（《彙釋》P82）

按：「壋壨」一詞字形，除鄭氏所舉外，《法華義疏》卷 2 作「鱗壨」，《妙法蓮華經玄贊》卷 2、《仁王經疏》卷 1 作「鱗隴」，《楞嚴經集註》卷 1、《楞嚴經熏聞記》卷 1、《涅槃經疏三德指歸》卷 2 作「嶙壨」，《楞嚴經箋》卷 5 作「嶙巄」，《上生經會古通今新抄》卷 2、《法華經入疏》卷 1 作「璘隴」，《折疑論》卷 1 作「壋瓏」。《玄贊要集》望文生義，諸詞不是聯綿詞，「壋」是「嶙」改易義符的俗字，字亦作壠，「璘」、「嶙」、「鱗」、「磷」皆借字。「壠」、「壨」、「隴」並同，「礨」、「瓏」、「巄」皆借字。嶙亦壠也，指田埂等高土。《玉篇》：「壠，隴也。」《集韻》：「嶙，高壠謂之嶙。」又：「壠、嶙，蔬畦

〔註9〕參見蕭旭《〈說文〉疏證（三則）》，《北斗語言學刊》第 7 輯，2020 年 12 月版，第 106～112 頁。

— 2231 —

曰𪖐，或作𪗪。」又「𪖐，壠也。」《篆隸萬象名義》：「𪗪，隴。」《國清百錄》卷1：「大僧應被入眾衣，衣無鱗隴若縵衣悉不得。」亦此義。《集韻》：「坅，峻岸。」坅亦指高壠，與「𪗪（𪖐）」字同源。「玲瓏」音近，乃另一詞，聯綿詞，明徹貌。《文選·甘泉賦》：「前殿崔巍兮，和氏玲瓏。」李善注引晉灼曰：「玲瓏，明見皃也。」又《東都賦》李善注引《埤蒼》：「玲瓏，玉聲。」《集韻》：「瓏，《埤倉》：『玲瓏，玉聲。』一曰風聲。」其用以狀聲者，指聲音清越明徹。

（7）𤞤，《斷橋和尚語錄》：「其餘似信不信，欲入未入，半𤞤半尬，半青半黃底。」按：「𤞤」乃「尵」的換旁俗字。（《彙釋》P84）

按：「尵尬」是明清俗字，出現甚晚。字本作「尵尷」，《說文》：「尵，不正也。」又「尷，尵尷也。」俗譌作「尵尷」，蔣斧印本《唐韻殘卷》：「〔尷〕，尵尷，行不正，出《埤蒼》。尵音緘。」敦煌寫卷P.3906《碎金》：「不尵尷：緘介。」S.6204《碎金》同。P.2717《碎金》：「不尵尷：者減反。」P.2011《切韻》：「尵，尵尷，中閒者，謂非好非惡。」《玉篇》：「尵，尵尷，行不正。」俗亦作「𢩻𢧵」，《重刊詳校篇海》：「𢩻𢧵，上音緘，下音介，與『尵尷』同。𢩻𢧵，行不正也。」徐渭《南詞敘錄》：「𢩻𢧵，難進難退也。一作『間架』。」「𤞤」乃「尵」改易聲符的俗字，古音咸聲、兼聲相轉，《禮記·樂記》：「故禮主其減。」《史記·樂書》「減」作「謙」，是其證也。《高峰原妙禪師禪要》卷1：「若是不尵不尷，半進半出，蛇吞蝦蟆，西峰敢道驢年始得。」

（8）哯，按：「哯」又可為「吐」字之訛。《法華經玄贊決擇記》卷2：「蔡順，字仲君，平輿人，少喪父。母養，有甘口之物，不敢先嘗。至婚家，飲須哯。順恐中毒，及嘗哯。」《如來廣孝十種報恩道場儀》卷4：「蔡順嘗吐，士岩吮癰。」（《彙釋》P84）

按：《法華經玄贊決擇記》卷2明載引自《汝南先賢〔傳〕》，其引文有脫誤。《初學記》卷17引周斐《汝南先賢傳》：「蔡順，字君仲，有至孝之心，少喪父，奉養母，甘口之物，不敢先嘗。母至婚家，因飲酒變吐，順恐中毒，乃嘗其吐。」〔註10〕《口者眷屬》卷1：「哯舌舐脣。」「哯」亦「吐」字之訛。《不空胃索陀羅尼經》卷1正作「吐舌舐脣」。《修行道地經》卷3：「吐舌而

舐脣，強逼傷害人。」《篆隸萬象名義》：「呇，狗呓。」《玉篇》作「呇，犬吐也」，P.3694《箋注本切韻》、P.2011《切韻》、蔣斧印本《唐韻殘卷》並作「吣，犬吐」。《篆隸萬象名義》：「咽，呓。」《廣雅》作「咽，吐也」，P.2011《切韻》作「咽，欲吐」。北大漢簡（四）《反淫》：「吸呓靈氣。」即吸吐靈氣，疑東漢已有此誤。

（9）哷，《漢語大字典》（672）《集韻》：「哷，聲也。」無「哷」的例證。

按：佛典中，「哷」非《集韻》「聲也」之義。《御選語錄》卷 17：「師舉頭一覷，云：『咦，眼子烏哷哷地。』」《石溪心月禪師語錄》卷 2：「招云：『眼子烏律律地。』」「烏哷哷」與「烏律律」同，形容眼睛視力不好，模糊不清。（《彙釋》P92）

按：鄭氏釋義非是。眼子，指眼睛、眼珠。《宏智禪師廣錄》卷 9：「白毵毵之頭髮，烏律律之眼睛。」「烏哷哷」、「烏律律」形容眼珠黑而快速轉動。律之言崒，高貌，引申指快速之貌，亦指快速之聲，形容聲音猛烈。字亦作哷、唪，重言則曰「崒崒」、「啐律」、「啐唪」、「卒律」，啐之言崒，亦高貌。《玉篇》：「唪，鳴也。」《廣韻》：「啐，啐律，聲。」《集韻》：「啐，啐唪，聲也。」《太平廣記》卷 247 引《啟顏錄》：「高祖曰：我與汝等作謎，可共射之。曰：『卒律葛答。』」此例狀煎餅之聲。元代戲文《陳巡檢梅嶺失妻》：「猛風卒律律，鼓起雷聲。震動山川，百怪藏形。」《水滸傳》第 17 回：「崒崒崒，忽喇喇，天崩地塌。」此二例狀風聲。《字彙補》：「嗦，音悉，響聲。《弦索辨譌》：『嗦律律。』」《弦索辨譌》乃明人沈寵綏撰，此例狀響聲。

（10）喿，《篇海類編》：「喿，鳴也。」《漢語大字典》（692）引之，無用例。按：《捃黑豆集》卷 8：「塈向皮袋裏，鳴腸喿胃，叫做參禪。」「鳴腸」與「喿胃」對舉，「喿」訓鳴，正合文意。（《彙釋》P106）

按：《玉篇》：「喿，祖郭切，喿喿，聲也。」《廣韻》：「喿，則落切，強喿，又祖郭切。」又「喿，祖郭切，鳴喿喿，亦作噈。」《鉅宋廣韻》下條三「喿」字皆誤作「喿」。《集韻》：「喿，即各切，喿喿。」又「喿，祖郭切，喿喿，鳴聲。」《類篇》：「喿，即各切，喿喿，鳥聲。又祖郭切。」《龍龕手鏡》：「喿，祖郭反，鳴喿喿也。」《字彙》：「喿，即各切，音作，喿喿，聲也，又鳴也。」《改併五音類聚四聲篇海》：「喿（喿），祖郭切，鼠聲。」《新校經史海篇直音》：

「㖡（㗱），音作，鼠聲。」《正字通》：「㗱，俗字，舊註音作，鼠聲。《篇海》作『㖡』，並非。」胡吉宣曰：「《廣韻》兩收，祖郭、則落二切，一云『強㗱』，一云『鳴㗱㗱』，字從臬聲，不諧。疑當為從口從米，臼聲。菊米飼禽而作㗱㗱之聲也，與呼雞『邪邪』同意。」〔註11〕胡說非也。考《顏氏家訓·書證》：「鑿頭生毀。」北魏《元繼墓誌》「鑿」作「鑿」〔註12〕。《莊子·應帝王》「以避熏鑿之患」，S.1380《應機抄》「鑿」作「毀」。《韓子·外儲說左上》「妻子因毀新令如故袴」，《御覽》卷695引「毀」作「鑿」。《淮南子·說林篇》「毀瀆而止水」，《意林》卷2引「毀」作「鑿」，《淮南子·覽冥篇》同。《左傳·桓公二年》「粢食不鑿」，《釋文》：「鑿，《字林》作『穀』。」《初學記》卷26、《玉篇》「繫」字條引作「繫」，《淮南子·主術篇》作「穀」，《御覽》卷80引《淮南》作「鑿」。《集韻》「繫」或作「穀」。疑「㖡」右旁「臬」乃「繫」省譌，故舊音「作」〔註13〕。「㖡」乃形譌。《廣韻》「㗱」讀則落切，正與「繫」、「鑿」、「作」同音。「㗱」是「咋」改易聲符的俗字。《玄應音義》卷4：「咋咋，聲也。」《搜神記》卷16：「鬼大呼，聲咋咋然。」〔註14〕字亦作喢、譇，《說文》：「譇，大聲也，讀若笮。喢，譇或從口。」《爾雅·釋鳥》：「行鳸喢喢，宵鳸嘖嘖。」郭璞注：「喢，音即。」《淮南子·原道篇》：「烏之啞啞，鵲之喢喢，豈嘗為寒暑燥溼變其聲哉！」《廣雅》：「喢喢，鳴也。」《玄應音義》卷12：「喢喢：下子夜反，經文作咋，咋咋然，聲也。」《集韻》：「喢，喢喢，聲也。」「喢喢」正鳥鳴聲。字亦作柞，《周禮·考工記》：「侈則柞。」鄭玄注：「柞讀為『咋咋然』之咋，聲大外也。」《周禮·秋官·柞氏》鄭玄注引鄭司農曰：「柞讀為『音聲喢喢』之喢。」字亦作筰，《周禮·考工記》：「侈聲筰。」鄭玄注引杜子春曰：「筰，讀為『行鳸喢喢』之喢。」「柞」、「筰」、「咋」、「喢（譇）」字形雖異，音義並同，其語源是「笮」，言迫笮逼急之聲也。

（11）徎，《觀經扶新論》卷1：「謂之法性理土者，何太徑徎乎？」按：「徎」疑為「庭」字。「徑徎」疑即「逕庭」。（《彙釋》P125～126）

　　按：徑徎，也作「逕庭」、「徑侹」等形〔註15〕。「徑」同「逕」，然則「徎」

〔註11〕胡吉宣《玉篇校釋》，上海古籍出版社1989年版，第1061頁。
〔註12〕臧克和《漢魏六朝隋唐五代字形表》，南方日報出版社2011年版，第1675頁。
〔註13〕鑿、作音轉，參見蕭旭《韓詩外傳解詁》，《文史》2017年第4輯，第18頁。
〔註14〕《法苑珠林》卷6、《御覽》卷884引《列異傳》同。
〔註15〕參見蕭旭《〈莊子〉「逕庭」正詁》，收入《群書校補（續）》，花木蘭文化出版社2014年版，第1951～1955頁。

當是「侹」俗字。

（12）衜，《法華經文句輔正記》卷 8：「昏聖相扣衜者，謂佛在靈山時說一乘，先且放光照于東方萬八千土。」按：衜，大型字典失收，即「轍」字。《法華文句記》卷 8、《法華經傳記》卷 2「昏聖相扣轍」。（《彙釋》P130）

按：「衜」是「徹」形誤，「徹」是「車轍」之轍的本字。大型字典不收偶誤之「衜」，固當然也。又形誤作「衜」，宋廿一卷本《古文苑》卷 19《楚相孫叔敖碑》：「衜節高義，敦良奇介，自曹臧、孤竹、吳札、子罕之倫，不能驂也。」《隸釋》卷 3 同，明成化本、龍谿精舍叢書本、墨海金壺本作「徹」。黃生曰：「衜即娟（狷）字。」〔註 16〕顧藹吉曰：「衜疑是狷字之異。按碑又云『至於没齒而無分銖之蓄，破玉玦，不以財寶遺子孫』，乃其狷節也。」〔註 17〕朱駿聲曰：「懁，急也，讀若絹，與『悁』別。字亦誤作衜，《孫叔敖碑》『衜節高義』。」〔註 18〕諸說皆誤。徹、達一聲之轉。《左傳・成公十五年》：「子臧辭曰：前志有之曰：『聖達節，次守節，下失節。』」子臧即曹臧，此文「徹節」即《左傳》「達節」。

（13）庲，《續高僧傳》卷 27：「今又不修，當來倍此，周遍求物，闃爾無從。仰面悲號，遂見屋甍，一把亂床，用塞明孔。挽取抖捒，得穀十餘，挼以成米。」床，宋、宮本作「庲」，元、明本作「庲」。「床」、「庲」應為「庲」字。《龍龕手鏡》：「庲，穄別名也。」（《彙釋》P133）

按：《神僧傳》卷 5 亦作「床」，有注：「音迷。」《華嚴經傳記》卷 4 作「秫」，《法苑珠林》卷 28 引《高僧傳》作「糜」。舊注「音迷」，「床」當是「庲」形誤，「庲」又是「糜」省形字，「秫」當是「糜」異體字〔註 19〕。字亦作縻，「庲」字非古，乃是「糜」省形字。錢大昕曰：「徧檢字書，皆無『庲』字，莫詳其音。頃讀《一切經音義》，知《大般涅槃經》有『粟庲』字，云：『字體作縻、縻二形，同。亡皮反。禾穄也。關西謂之庲，冀州謂之穄。』

〔註 16〕黃生《義府》卷下，黃生、黃承吉《字詁義府合按》，中華書局 1954 年版，第 231 頁。

〔註 17〕顧藹吉《隸辨》卷 5，中國書店 1982 年影印康熙 57 年玉淵堂刻版，第 788 頁。

〔註 18〕朱駿聲《說文通訓定聲》，武漢市古籍書店 1983 年版，第 760 頁。

〔註 19〕《龍龕手鏡》「秫」是「秣」俗字，實形譌字，乃另一同形字。

乃知隋、唐以前已有此字。」〔註20〕錢說未晰，尚未得「床」字來源。錢氏所引《一切經音義》，見《玄應音義》卷2：「粟床：字體作䵖、䴲二形，同。禾穄也。關西謂之床，冀州謂之穄。」永樂南藏本、金藏廣勝寺本「䵖」作「䵃」，永樂南藏本、海山仙館叢書本、磧砂大藏經本「䴲」並作「䵃」。《大般涅槃經》卷32經文作「䴲」，宋本作「床」，元、明本作「䵃」，宮本作「䵖」。《大般涅槃經》卷30「粟床」，宋本作「禾」，元本作「床」，宋、元本皆誤。《慧琳音義》卷26：「粟床：美悲反。其字正體應作䵖、䴲二形，謂禾穄也。《方言》云：『關西謂之䵖，冀州謂之穄。』」所引《方言》今本無此語，《呂氏春秋·本味》高誘注：「穄，關西謂之䵖，冀州謂之堅（緊）。」《玄應音義》卷14「床米」條引高注「䴲」作「床」。此當是慧琳所本，而誤記出處。《涅槃經疏私記》卷12引高注「䴲」作「䵃」，又云「今俗作床，未詳所出也」，未知「床」乃「䴲」省形也。正字當作「䴲」，《說文》：「䴲，穄也。」又「穄，䴲也。」《玄應音義》卷15「穄米」條云：「關西謂之䵖。」《慧琳音義》卷58「䴲」作「䵃」。《集韻》：「䴲、䵖，《說文》：『穄也。』或從禾，亦書作䅞。」《六書故》卷22：「俗書䴲為床。」孫星衍曰：「『床』即『䴲』省文。」〔註21〕P.3349P1：「汝好收計床粟。」Дx.2822《雜集時用要字》：「床穣。」吐魯番文書2006TZJ1：085《麴氏高昌斛斗帳》「床粟」。是唐人已譌省作「床」字矣。俗字又增旁作「餗」，P.3231、P.4693並有「糕餗頭」，P.3231另一處作「床」字。

（14）庲，《漢語大字典》（948）引《集韻·燭韻》：「庲，《博雅》：『舍也。』」按：《法華經玄贊要集》卷26：「坐偏庲舍，是伊窮子不怕。」訓舍的「庲」即「庲」。《廣韻》：「庲，偏庲，舍也。」（《彙釋》P133）

　　按：《廣韻》當「偏庲舍也」四字連讀。《廣雅》：「庲、庵，舍也。」王念孫曰：「庲，音七賜反，字從广、束聲。束亦音七賜反。各本皆作『庲』，音七粟反。此因『庲』字譌作『庲』，後人遂併改曹憲之音。《集韻》、《類篇》『七賜切』引《廣雅》『庲，舍也』，『趨玉切』引《廣雅》『庲，舍也』，則宋時《廣雅》本已有譌作『庲』者。案『庲』與下文『庲』字同，《廣韻》音盧

〔註20〕錢大昕《十駕齋養新錄》卷4，上海書店1983年版，第85頁。
〔註21〕孫星衍校本玄應《一切經音義》，清道光二十五年海山仙館叢書本，收入《續修四庫全書》第198冊，上海古籍出版社1996年影印，第27頁。

達切，不音七粟切。《玉篇》：『㢊，千漬切，下屋也。』《廣韻》：『七賜切，偏㢊舍也。』《眾經音義》卷 15 云：『《廣雅》：「庵，舍也。」《埤倉》：「庵，㢊也。」㢊，音且漬反。』今據以訂正。」錢大昭本亦作「㢊」，引《玉篇》、《廣韻》為證〔註22〕。鄭君失引王、錢二氏說，然其說非也。王氏所引《眾經音義》，高麗本作「㢊」，磧砂本作「㢊」。此字當作「㢊」，《玉篇殘卷》：「㢊，千皷反。《廣雅》：『舍也。』《埤蒼》：『下屋也。』」《篆隸萬象名義》：「㢊，千皷反，下屋。」注音字「皷」即「鼓」，當為「豉」字形誤。故宮本《王韻·真韻》「㢊」字音「此豉反」。讀支部字，則字亦本從束得聲作「㢊」，《王韻》「㢊」次於「刺」字之下，明顯當從束也，宋本《玉篇》正作「㢊」。然作「㢊」非是。《可洪音義》卷 22：「四㢊：音下，偏㢊屋也。」正作「㢊」字。「㢊」乃「廁」省形，從刺得聲，當音盧達切。廁之言刺也，衺也，乖枉不正之義。「偏刺」同義連文，指舍，故從广作「㢊」。眸子不正謂之睞（瞯），手披謂之捌，言急謂之喇，聽不相當謂之聐（聐），偏側之舍謂之㢊（廁），其義一也。P.2011《切韻》：「㢊，偏㢊屋。」《玉篇》：「扁，音偏，㢊也。」又「㡣，音茶，㢊也。」諸「㢊」字皆「㢊」形譌。「扁」即「偏」分別字，當訓歪刺不正。《五音集韻》正作「扁，㢊也」。《廣雅》：「廁，庵也。」上文「㢊」、「庵」同訓舍，故此廁訓庵也。磧砂本《玄應音義》卷 13「庵屋」條引《埤蒼》：「庵，㢊也。」（高麗本未引，《慧琳音義》卷 58 引同）。《玉篇殘卷》：「庵，《埤蒼》：『廁也。』《廣雅》：『庵，舍也。』」《玉篇》：「庵，廁也。」《慧琳音義》卷 27：「草庵：《古今正字》云：『盧有梁者廁也。』」廁即庵也。」《篆隸萬象名義》：「㢊，力袜反，庵屋。」《廣韻·刺韻》：「㢊，《廣雅》曰：『庵也。』亦獄室也。」《集韻·刺韻》：「廁、㢊，《博雅》：『庵也。』一曰獄室。或省。」又《郎韻》「廊」字條引《博雅》：「㢊、廊，舍也。」《龍龕手鏡》：「廁，或作。㢊，正。盧葛反。庵也，亦獄室也。又七賜反，亦偏㢊舍也。」是「㢊」即「廁」省形字也。

（15）屜，《字彙補》：「屜，他計切，音替，出《高僧傳》。」《漢語大字典》（1049）引之，「屜」義未詳。按：《續高僧傳》卷 18：「或見道俗衣服破壞塵垢，皆密為洗補。跪而復處，及巾屜替藉穢汙臭

〔註22〕 王念孫《廣雅疏證》，錢大昭《廣雅疏義》，並收入徐復主編《廣雅詁林》，江蘇古籍出版社 1992 年版，第 519～520 頁。

處，皆縫洗鮮全。」替，宋、元、明、宮本作「屜」。根據文意，「屜」乃「屟」字，義為鞋墊。《集韻》：「屧、屟，履中薦。」（《彙釋》P141）

按：鄭氏說是，而未得其源。正字是「屟」，《說文》：「屟，履中薦。」字或作「屧」，又省作「屜」。古音世、曳通轉，故又易其聲符而作「屟」，因訛變作「屜」。大正藏本《續高僧傳》作「替」者，同音借字。

（16）弶，《南嶽總勝集》卷 3：「歌吟者，戲舞者，忽至弶弓所。」按：「弶」疑乃「窩」字。《南嶽總勝集》卷 3：「僅昏黑而遇一獵人於道旁，張弶弓了，上其樹，而為栅居之。」《居士分燈錄》卷 2：「路口荊棘，叢中窩弓、藥箭，無處不藏。」「窩」蓋受「弓」字的影響類化換旁從弓而作「弶」。（《彙釋》P144）

按：鄭氏說是。所引《南嶽總勝集》二例，《太平廣記》卷 430 引《傳奇》同，談愷刻本、進步書局石印本《廣記》亦作「弶弓」，四庫本作「窩弓」。又當據《廣記》改「栅」作「棚」。明·蘭茂《韻略易通》卷上：「弶，窩弓獵具。」

（17）㗔，《字彙》：「㗔，貪食，見釋典。」按：《龍龕手鏡》：「㗔，舊藏作餮，音鐵。貪食曰餮，在《成實論》。」《成實論》卷 8：「若言貪㗔如鳥（一作『烏』），語如狗吠……諂如野幹（引者按：當作「干」）。」㗔，宋、元、明、宮本作「餮」。根據《龍龕手鏡》，「㗔」即「餮」字。《法苑珠林》卷 97：「若言貪悷如烏，語如狗吠，駃如猪羊。」「㗔」或為「悷」字？存疑。（《彙釋》P149，又 P151 說同）

按：《法苑珠林》卷 97 所引乃《俱舍論》文，《諸經要集》卷 19 引同。《龍龕手鏡》不足據也。「㗔」是「㗔」形訛，「㗔」、「悷」皆「戾」分化字，戾亦貪也，乃「利」音借字。音轉亦作㖭（㖭、㖭）、惏（㤘），《方言》卷 10：「㖭、嗇，貪也。荊汝江湘之郊，凡貪而不施謂之㖭，或謂之嗇，或謂之惏。惏，恨也。」《文選·謝平原內史表》李善注引《方言》：「貪而不施謂之㖭。」《玄應音義》卷 23：「慳嗇：古文㖭，同。《方言》：『荊汝江湘之間，凡貪而不施謂之㖭。』」《慧琳音義》卷 16：「占㖭：《方言》：『荊湘汝郢之郊，貪而不施曰㖭。』」經從心作惏，亦通。古文從文作㖭。」《後漢書·黃

憲傳》李賢注：「吝，貪也。」亦音轉作遴，《廣雅》：「遴，貪也。」《漢書·
地理志》：「民以貪遴爭訟。」顏師古曰：「遴與吝同。」

（18）婡，《說無垢稱經贊》卷 3：「經：具無盡財（至）暴嫉楚毒……
　　　暴者兇暴，急性之流。婡者嫉妬。」婡，《大日本續藏經》本作
　　　「嫉」。「婡」疑即「嫉」字。「婡」蓋從女從刺，會意。（《彙釋》
　　　P149～150）

　　　按：「婡」、「嫉」不得為異體字。「婡」為「嫉」誤書。《說無垢稱經》卷
1 正作「暴嫉楚毒」。

（19）樖，《漢語大字典》（1423）引《集韻》：「樖，曲木，烏關切。」
　　　按：《新華嚴經論》卷 36：「名法寶髻者，表樖攝諸位故，至法頂
　　　故五，禮敬辭去。」《大方廣佛新華嚴經合論》卷 97 同。根據經
　　　文，「樖攝」之「樖」疑為綰攝之義，非曲木。（《彙釋》P176）

　　　按：《大方廣佛華嚴經疏》卷 57、《華嚴經行願品疏》卷 6、《華嚴經疏注》
卷 101、《大方廣佛華嚴經疏鈔會本》卷 65 並作「綰攝」。《慧琳音義》卷 97：
「綰攝：彎板反，許叔重注《淮南子》云：『綰，猶貫也。』」樖，讀為管，「樖
攝」即「管攝」。「綰」亦借字。《集韻》樖訓曲木，《類篇》及朝鮮本《龍龕手
鏡》同，此「樖」是會意兼形聲字。二「樖」非一字。

（20）「犹」在佛典中乃「㺌」字。《三寶感應要略錄》卷 3：「牛生白
　　　犹。」《廣清涼傳》卷 1：「牛生白牠。」《阿彌陀經義疏聞持記》
　　　卷 1：「牛生白澤。」「白犹」、「白牠」即「白澤」，或作「白㺌」，
　　　《恕中和尚語錄》卷 2：「家無白㺌之圖，必無如是妖怪。」「犹」
　　　當為「㺌」換聲旁所致，而「牠」則「犹」之訛。（《彙釋》P180，
　　　又 P208）

　　　按：「牠」非誤字，白澤乃牛所生，故字從牛作「牠」。字或作「白驛」，
《阿彌陀經通贊疏》卷 1：「牛生白驛。」又省形作「白罿」，敦煌寫卷Φ223
《十吉祥》：「牛生白罿」。

（21）殫，《禪關策進》卷 1：「殫精搆思，乃得神悟。」按：「殫」乃
　　　「殫」字，構件「單」與「覃」形體近似易訛。（《彙釋》P188）

按：鄭說非是。「𥄂」乃「覃」增旁字。覃，深也。覃精，猶言潛心。《魏書·釋老志》：「覃思構精，神悟妙賾。」正作「覃」字。

（22）𢧵，《圓覺道場禪觀法事禮懺文》卷9：「賃車牛一乘，直錢萬二千，𢧵妾笈繒，令婢執轡。」按：「𢧵」乃「載」字之訛。《六道集》卷3、《法苑珠林》卷74並作「載妾並繒」。《集韻》：「𢧵，𢿩也。」釋義為「𢿩」，來源不明。（《彙釋》P188）

按：《圓覺經大疏釋義鈔》卷9亦作「載妾並繒」。《集韻》：「𢧵，作代切，𢿩也。」《五音集韻》、《新修絫音引證群籍玉篇》同。《類篇》：「𢧵，昨代切，𢿩也。」《重訂直音篇》：「𢧵，音再，𢿩也。」字從「𢦏」得聲，其音皆不誤，與「載」同音，當即「載」分別字。釋義「𢿩」當作「𢿩」，《廣雅》：「載，𢿩也。」又「𢿩，載也。」《集韻》各本皆誤，趙振鐸《集韻校本》失校〔註23〕。

（23）鼓，《集韻》：「鼓，敲也。」《蔗菴范禪師語錄》卷15：「雖然於著不得處，不妨敲鼓，沒交涉時正好商量。」又卷10：「橫三豎四機機相副，撞頭鼓額法法全該。」「鼓」疑為「礚」的後造異體。《慧琳音義》卷73：「山礚，《說文》石聲也，亦大聲。今江南凡言打物碎為礚破。」「礚」蓋受「敲」字的影響類化換旁從支而作「鼓」。（《彙釋》P193）

按：鼓訓敲擊，其義符自當從支；字亦作搕，《玉篇》：「搕，打也。」字亦音變作𢿩（**𢿩**）、𣪠，P.2011《切韻》：「𣪠，伐。」《玄應音義》卷5：「敲𣪠：又作敲。同，苦交反。下苦害反、苦曷二反。《三蒼》：『敲𣪠，相擊也。』」〔註24〕《玉篇》：「𣪠，擊也。」《集韻》：「𣪠、𣪠：《博雅》：『辱也。』一曰擊也。或從殳。」又「**𢿩**，敵也。」「辱」謂敲擊之辱。「敵」當是「敲」形誤，或「擿（摘）」形譌，趙振鐸《集韻校本》失校〔註25〕。礚本訓石聲，指石子敲擊之聲，亦取義於敲擊。

（24）映，《玉篇》：「映，日也。」按：「映」在佛經為「暎」字之訛。

〔註23〕趙振鐸《集韻校本》，上海辭書出版社2012年版，第1105頁。

〔註24〕《慧琳音義》卷44同。

〔註25〕趙振鐸《集韻校本》，上海辭書出版社2012年版，第1419頁。

《玉篇》：「昳」字來源不明，今疑即「昳」字之訛。（《彙釋》
P195）

按：《新修絫音引證群籍玉篇》、《字彙》、《重訂直音篇》說同《玉篇》。
《正字通》：「昳，『昳』字之譌，舊注『音扶，日也』，誤。日無昳名。」胡
吉宣曰：「疑由扶桑日出而從日作昳。」〔註26〕熊加全曰：「胡吉宣望文為說，
其言非是。《正字通》云云，所言是也。《大字典》、《字海》此字皆無用例，
佛經有此字用例……」〔註27〕「昳」確是「昳」字之訛，《玉篇》疑當作「昳，
日昃（側）也」，字頭既誤作「昳」，故音亦隨變，釋義又脫「昃（側）」字。

（25）涐，《摩訶止觀》卷9：「又見膿爛流潰，涐涐滂沱，如蠟得火，
是名膿爛相。」按：《天台三大部補注》卷14：「涐涐，或云柴
駭切，未見正體有此字。」《止觀輔行傳弘決》卷9：「涐涐者，
汁流貌。字無正體。滂沱者亦流貌。」《止觀輔行助覽》卷4：
「涐，時介切。」涐涐，汁流貌，無正體，新造字。（《彙釋》P203）

按：說「涐」是新造字，是也，但信從佛經音義書，謂「無正體」，則非
也。「涐涐」是「泚泚」增旁字。《孟子·滕文公上》：「其顙有泚，睨而不視。」
趙岐注：「泚，汗出泚泚然也。」汗出貌謂之泚泚，血出貌亦謂之泚泚。宋·
呂南公《小蟲》：「壯軀俄奄奄，恨血稍泚泚。」佛經例指膿血出貌。「涐」舊
音柴駭切者，俗讀也。

（26）潧，《摩訶止觀》卷8：「譬如流水不覺其急，概之以木，漣漪潧
起。」按：「潧」乃「豹」字之俗。《觀心論疏》卷5：「漣漪豹
起。」《止觀輔行搜要記》卷8：「流水如陰，觀如槩木，習如潧
起。」《止觀輔行傳弘決》卷8：「潧者本音豹字，即豹變也，今
是水起，借從水作。」「豹」蓋受上下字從水影響類化增旁從水
而作「潧」。（《彙釋》P203）

按：說「潧」是「豹」俗字，釋作「豹變」，非其誼也。《易·革》云「君
子豹變，其文蔚也」，水無所謂「豹文」。佛經「潧」、「豹」疑是「汋」字異
體，「齣」或作「齱」，是其比也。《說文》：「汋，激水聲也。」《爾雅》：「井
一有水一無水為瀱汋。」郭璞注：「《山海經》云『天井，夏有水，冬無水』，

〔註26〕胡吉宣《玉篇校釋》，上海古籍出版社1989年版，第3986頁。
〔註27〕熊加全《〈玉篇〉疑難字研究》，河北大學2013年博士學位論文，第41頁。

即此類也。」《釋名》：「井一有水一無水曰瀱汋。瀱，竭也。汋，有水聲汋汋也。」瀱之言竭，謂無水；汋之言水汋起，謂有水；故井一有水一無水謂之瀱汋。P.2011《切韻》：「趵，足擊。」《玉篇》：「趵，足擊聲。」足擊聲曰趵，水擊聲曰汋，其義一也。水擊亦作「趵」，濟南有趵突泉，即取此義。字亦作泡，《山海經・西山經》：「東望泑澤，河水所潛也，其源渾渾泡泡。」郭璞注：「渾渾泡泡，水潰涌之聲也。袞、咆二音。」字亦省作勺，或作灼。《文選・思玄賦》：「撫輪軹而還睨兮，心勺灂其若湯。」舊注：「勺灂，熱貌。」李善注：「《楚辭》曰：『心涫沸其若湯。』」五臣本作「灼灂」，《後漢書・張衡傳》作「灼藥」。李賢注：「藥，音鑠，熱貌也。言顧瞻鄉國而心熱也。」勺（灼）言水汋起也。藥（灂）之言趞（趠）也，字亦作濼，音轉亦作躍，指水躍動。「勺灂（灼藥）」指水沸騰。《楚辭・悲回風》：「存髣髴而不見兮，心踴躍其若湯。」王逸注：「中心沸熱若湯也。」洪氏《補注》：「踴躍，一作『沸熱』。」《楚辭・七諫・自悲》：「身被疾而不間兮，心沸熱其若湯。」二例正其確證。此「勺灂（灼藥）」與草藥名「芍藥」音義都不同，宋人王觀國《學林》卷 1 已辨之，宋翔鳳亦辨其異，又指出：「『勺灂』雙聲，言湯熱鼎沸，其聲勺灂。」〔註28〕宋說是矣，而尚未盡。

（27）泖，《集韻》：「泖，流貌。」按：佛經中非此義。《鎮州臨濟慧照禪師語錄》卷 1：「乃至持齋持戒，擎油不泖，道眼不明，盡須抵債，索飯錢有日在。」《古尊宿語錄》卷 4 同。《天聖廣燈錄》卷 11：「擎油不灚。」「泖」與「灚」意義應當近是。《慧琳音義》卷 48：「灚溢，案：灚溢謂器盛物盈滿。」「泖」與「灚」皆為水滿溢之兒。今後大型字典修訂時應將「泖」、「灚」的上述意義增添進去。（《彙釋》P203，又 P207）

按：《五家語錄》卷 1、《聯燈會要》卷 9、《古尊宿語錄》卷 5 皆作「擎油不泖」。《玉篇》：「泖，流貌。瀾，同上。」《廣韻》：「泖，水動兒。」《集韻》：「泖，流兒，或作瀾。」《文選・海賦》：「泖泊柏而迆颺。」李善注：「泖，疾兒。」「泖」指水流疾動貌，佛經中指燈油快疾流出。「瀾」當是另一字，非異體字，《集韻》說誤。《文選・射雉賦》：「挧降邱以馳敵。」徐爰注：「挧，疾兒也。」敦煌寫卷 S.6204《碎金》：「手挧摩：尺染反。」《集韻》：「挧，疾

動皃。」又「掞、捪，舒也，一曰疾動，或從閃。」又「捪，疾動皃。」又「燄，《說文》：『火行也。』或作炶、燗。」〔註29〕《禮記・禮運》：「故魚鮪不淰。」鄭玄注：「淰之言閃也。」孔疏：「淰，水中驚走也。」《家語・禮運》作「諗」。水疾動皃曰潤，火疾動皃曰燗，手疾動皃曰捪，魚疾動皃曰淰（諗、閃），其義一也。「灩」亦指水流疾動貌。《大方廣佛華嚴經疏鈔會本》卷1：「汎灩：汎，浮也。灩，水動貌。」字或省作豔，指火疾動皃，火焰外伸皃。《文選・景福殿賦》：「開建陽則朱炎（焰）豔，啟金光則清風臻。」梁・陶弘景《周氏冥通記》卷4：「勿令火豔出器邊也。」字或作炎，《文子・上德篇》：「火上炎，水下流。」《慧琳音義》卷98引顧野王曰：「掞，猶豔也。」P.2524《語對》：「掞天：掞音豔也。」《廣韻》：「掞，豔也。」水動貌曰灩，火動貌曰豔（炎），舒張貌曰掞（豔、掞），其義亦一也，今吳方言猶存此語。巴東江心有石名「灩預」，又作「灎預」、「灧澦」、「淫預」，此是「淫與」、「猶豫」音轉〔註30〕。

（28）濾，《圓覺經大疏釋義鈔》卷3：「圓家圓者，如窮海濾底故。」
按：「濾」疑為「涯」字。《宗鏡錄》卷36、《大方廣佛華嚴經談玄決擇》卷6並作「如窮海涯底」。（《彙釋》P204）

按：《大方廣佛華嚴經隨疏演義鈔》卷21、《大方廣佛華嚴經疏鈔會本》卷4亦並作「涯底」。「濾」、「涯」形聲俱遠，無相為異體字之理。疑「涯」形誤作「涺」，又易作「濾」。

（29）牨，《龍龕手鏡》：「牨，音皇。」《字彙補》：「牨，何王切，見《篇韻》。」《漢語大字典》（2129）引之，意義不詳。按：《壇溪梓舟船禪師語錄》卷3：「日前太和居士許設齋供眾，求牛牨菩薩，果勝力充然。」根據經文，「牨」與「牛」連用，蓋為牛名。（《彙釋》P210）

按：「牨」當是「皇」增旁字。皇，大也。牛牨，言其力大，故求之，得勝力充然也。《宋史・藝文志》載農家類「《牛皇經》一卷。」《元史・彭庭堅

〔註29〕占、閃古音相轉，《玄應音義》卷11：「閃諢：字書或作肒，同。海山仙館叢書本「肒」作「貼」，《慧琳音義》卷56作「眮」。《玄應音義》卷17：「閃見：字書或作貼，同。」「貼」、「肒」當作「貼」，「貼」是「覘」異體字。
〔註30〕參見蕭旭《「淫預石」名義考》。

－2243－

傳》：「毀牛皇神祠。」《道法會元》卷 232：「如牛殟，則行年牛皇星方下一道。」

（30）犄，《玉篇》：「犄，牛也。」《集韻》：「犄，牛名。」按：《寒松
　　　操禪師語錄》卷 17：「犄角詢窮雲外，濤聲踏碎谿邊。」根據經
　　　文，「犄」蓋為牛名。（《彙釋》P210）

　　　按：《新修絫音引證群籍玉篇》、《重訂直音篇》、《字彙》並同《玉篇》。朝
鮮本《龍龕手鏡》「犄，音骨」，無釋義。《正字通》：「犄，俗字，舊註音骨，
汎訓牛，誤。」犄之言榾柮，「榾」、「柮」音轉，「榾柮」是複言形式，語源是
「渾沌」。木根曰榾柮，牛名曰犄，獸名騎駆、猾貀，羊名羝羘，馬名骨咄，
其義一也〔註31〕。《農政全書》卷 5：「此令民終歲犄犄也。」明·余繼登《邑
三尹邢晉川交獎敍》：「獨日夜行河率其徒役犄犄然視隙岸而繕治之。」明·賈
鴻洙《太微經序》：「子之犄犄為是經也。」此三例「犄犄」即「勛勛」，音轉
亦作「揹揹」、「榾榾」、「窟窟」等形，用力貌〔註32〕。

（31）揪，《龍龕手鑑》：「揪，揪目也。」《可洪音義》卷 25《一切經
　　　音義》卷 4（引者按：應是「卷 5」）：「而揪，色愁反，經文作
　　　『搜』字，是也。應和尚以『共相』二字替之，非也。郭氏作於
　　　決反，亦非。」按：「揪」是一個疑難字。不同注家有不同說解。
　　　《可洪音義》卷 4：「而搜，所愁反，索也，謂求索也。諸藏有
　　　作『揪』，應和尚《音義》云謬已久，人莫辯之，詳其理，宜作
　　　『共相』二字者，非也。揪字，郭氏作於決反，亦非也，今定是
　　　『搜』。」《等目菩薩所問三昧經》卷上：「禮足彼諸如來，以盡
　　　身之化，而揪以其恭肅，而問諸佛法。」揪，宋本作「搜」，元、
　　　明本作「復」，宮本作「根」。根據經文，「揪」如果是「搜」的
　　　話，放入經中不達。「揪」如果是「共相」的話，其他佛經中沒
　　　有「而共相以」的結構。根據版本異文，疑「揪」是「復」字之
　　　訛。（《彙釋》P214～215）

　　　按：海山仙館叢書本《玄應音義》卷 5：「而椷（揪），此字習謬已久，人

〔註31〕 參見蕭旭《〈中古漢語詞匯史〉補正》，收入《群書校補（續）》，花木蘭文化出
　　　　版社 2014 年版，第 2590 頁。
〔註32〕 參見蕭旭《〈世說新語〉「窟窟」正詁》，收入《群書校補（續）》，花木蘭文化
　　　　出版社 2014 年版，第 2027～2036 頁。

莫辨其正，今詳其理義，宜作『共相』二字。」磧砂大藏經本作「揆」，金藏廣勝寺本作「揆」，永樂南藏本作「揆」，永樂北藏本作「揆」（在卷 6），高麗本《慧琳音義》卷 24 引作「楸」。其字當從「映」，從「映」者形誤，形旁「扌」、「木」亦易混。《字彙》：「揆，一厥切，音瞡，揆目也。」《正字通》：「揆，叹字之譌，舊註音瞡，揆目，非。」釋作「揆目」，是也，餘說皆誤。「揆」是「映」俗字，「映」謂映目，側目相視也。《說文》：「映，涓目也。」「涓」借作「睊」，「映」、「涓」一音之轉，是聲訓字。《說文》：「睊，視貌。」「揆目」即「睊目」、「涓目」〔註33〕。《等目菩薩所問三昧經》「而揆」當屬上句，「揆」謂不敢正視，狀恭肅之貌也。

（32）揌，《新華嚴經論》卷 11：「以金翅鳥取龍之時，於一念頃，揌身入海水，水波未合，取龍而出，名速疾力也。」按：「揌身」乃「掇身」之訛。《華嚴經合論簡要》卷 3、《華嚴經合論》卷 12 作「掇身」。「掇身」疑為聳身之義。當然，「揌」從形體上看，亦有可能是「投」字。（《彙釋》P215）

　　按：《金光明經照解》卷 1 作「攢身」，同「鑽身」。說「掇身」是聳身之義，沒有訓詁依據。掇，掇轉、挪移、掉轉之義，今吳語、徽語猶謂轉身為掇、掇身〔註34〕，其來源待考。王世貞《鳴鳳記》第五齣：「那時我就掇身轉來，就如奉承嚴家一般奉承他了。」羅貫中《三遂平妖傳》第 33 回：「知州見他兩個來得凶，掇身望屏風背後便走。」「掇身」也作「掇頭」，敦煌寫卷 S.2702V《雜鈔》：「可中五逆甘採□，死了掇頭入地獄。」王梵志《富者辦棺木》：「掇頭入苦海，冥冥不省覺。」李白《暖酒》：「撥卻白雲見青天，掇頭里許便乘仙。」

（33）搳，《漢語大字典》（1931）引《集韻》：「擿，挑，或作搳。」按：《佛說菩薩本行經》卷中：「捉搳火杖，用打牂牁。」搳，宋、元、明本作「擿」。「搳」同「擿」，在《本行經》中為投擲之義。（《彙釋》P217）

　　按：鄭說非也，「搳（擿）」在《本行經》中仍是挑撥義。《玉篇》：「搳，

〔註33〕參見蕭旭《〈說文〉疏證（三則）》，《北斗語言學刊》第 7 輯，2020 年 12 月版，第 99～104 頁。
〔註34〕參見許寶華、宮田一郎《漢語方言大詞典》，中華書局 1999 年版，第 5392 頁。

伐捌也。」《類篇》：「捌，挑也。」《可洪音義》卷9：「捉摘：他歷反，挑摘，撥火也，正作揥。又音擲，振也。」「捌」乃「剔」俗別字，字亦作鬄、鬍。《詩·皇矣》：「攘之剔之。」《釋文》：「剔，他歷反，字或作鬄，又作捌，同。」「捉捌」、「捉摘」不成詞。「捌火杖」是專有名詞，猶言撥火棍，亦作「剔火杖」。《法華經玄贊要集》卷5：「菩薩發願不成佛，猶如剔火杖。火杖本來剔撥柴薪盡，誰知柴薪未盡火杖先無也。」也稱作「撥火杖」，《大方廣佛華嚴經隨疏演義鈔》卷38：「如撥火杖，本欲燒草，不欲燒杖。撥草既多，任運燒盡。」〔註35〕《太上助國救民總真秘要》卷2：「我有撥火杖，將來作門將。捉著夜啼鬼，徹曉終不放。」尤可證「捌（剔）」是挑撥、剔撥義。《廣韻》：「栝，火杖也。」《容齋五筆》卷1：「挑剔燈火之杖曰揥，他念切，注：『火杖也。』」揥亦挑撥義，因此撥火棍謂之揥（栝），《說文》作「栝」，云「栝，炊竈木」（《繫傳》「炊」作「添」，即「揥」字）。S.610《雜集時用要字·音樂部第三》「剔撥」，剔亦撥也，彈奏樂器的動作。S.2615V《大部禁方》：「你是廚中則火杖，差你作門將軍。」P.3835「則」同，當是「剔」形譌。

（34）擣，《龍龕手鏡》：「擣，都盍反，手打也，又俗音塔。」按：「擣」當即「榻」字。「擣」蓋源於「榻」之訛。（《彙釋》P219）

　　按：「擣」是動詞手打義，與「榻（榻）」非一字。《龍龕手鏡》已指明「搨，正。擣，通」。蔣斧印本《唐韻殘卷》：「搨，都盍反。手打。或作擣。」《廣韻》：「搨，手打也。擣，上同。」「擣」訓手打，是「搨」俗譌字。《玉篇》：「搨，都盍切，手打也。」字亦作搭，《集韻》：「搭，擊也。」

（35）膪，《集韻》：「膪，肥也。」《摩訶止觀》卷8（引者按：應是「卷9」）：「身體洪直，手足葩花，膧脹膪鄧，如韋囊盛風。」膪，《集韻》釋義為「肥」，根據經文文意，此「肥」義應指身體腫脹。（《彙釋》P240）

　　按：《說文新附》：「蹬，蹭蹬。」又「蹭，蹭蹬，失道也。」《集韻》：「簦，簦簦，笠也。」「膪鄧」與「蹭蹬」、「簦簦」同源，困累臃腫貌。

（36）烌，《漢語大字典》（2364）引《廣韻》：「烌，火盛，許其切。」按：《佛說如來興顯經》卷2（引者按：應是「卷3」）：「譬劫災

〔註35〕《大方廣佛華嚴經疏鈔會本》卷16同。

變，大火熙赫，燒三千大千世界。」熙赫，元、明本作「烸嚇」。
根據異文，「烸」疑為「熙」字。「烸嚇」同「熙赫」，指火旺盛貌。
（《彙釋》P247）

按：《廣雅》：「烸，藝也。」又「烸、熺，燉也。」又「烸，炫也。」P.2011
《切韻》：「烸，熱。」《慧琳音義》卷96：「烸爐：《廣疋》云：『烸，熱也，
燉也。』《古今正字》從火矣聲。」〔註36〕「烸」當是「熹（熺）」異體，「嬉」
或作「娭」，「譆」或作「誒」，皆是其比。《說文》：「熹，炙也。」又「熙，
燥也。」「熙」訓火盛乃「熹（熺）」借字，《文選·閒居賦》李善注引《廣雅》：
「熙，燉也。」（今本《廣雅》作「熺」）。《三國志·孫權傳》裴松之注引《吳
書》：「（陳）燉，字公熙。」朱駿聲曰：「《說文》：『炱，灰炱煤也。』今蘇俗
謂之煙塵。字亦作烸，《列子·黃帝》：『埃不漫。』《釋文》：『一作烸。』字
又作炫，《廣雅》：『烸，藝也。』『烸、炫，燉也。』『烸，炫也。』」〔註37〕
《列子》「烸」是「埃」俗字，至於《廣雅》「烸」則是「熹（熺）」異體字，
朱說得失參半。陶光引《廣韻》「烸，火盛也」解《列子》〔註38〕，則非是。
《可洪音義》卷8：「塵埃：或作烸，音哀。」此「烸」亦「埃」俗字。

（37）煤，《廣韻》：「煤，南人呼火也。」《漢語大字典》（2367）引之，
　　　無用例。按：《靈岩妙空和尚註證道歌》：「設使辭同炙煤，辯瀉懸
　　　河，翻被文字，語言流浪，無有了時。」（《彙釋》P248）

按：①《證道歌》之「煤」同「輠」，不足以證《廣韻》。《建中靖國續燈
錄》卷15作「辭同炙輠」。《續高僧傳》卷3：「辯同炙輠，理究連環。」《廣弘
明集》卷18引慧淨《析疑論》：「辯超炙輠，理跨聯環。」又卷19引蕭子顯
《御講金字摩訶般若波羅蜜經序》：「炙輠無窮，連環自解。」P.2524《語對》：
「炙輠：鄒奭才智如車輠，言其急，輠頭炙之油。」《慧琳音義》卷91：「炙
輠：下音果，車轂兩頭釘川也，一云脂角也，炙則脂出。陳思王『才同炙輠』。
言慧淨才學亦然。」所引「陳思王才同炙輠」語，未詳所出。《祖庭事苑》卷
6：「炙輠：轂頭轉貌，炙脂輠也。」《可洪音義》卷26：「炙輠：下古火反，車
脂角也，關西云脂瓶，即車上盛油膏車者也。此器若經用多時，則脂賦，通體

〔註36〕《可洪音義》卷29亦作「烸爐」，此《弘明集》卷8《辯惑論》《音義》，檢經
　　　　文：「皆是炎山之煨爐。」作「煨爐」，與慧琳、可洪所見不同。
〔註37〕朱駿聲《說文通訓定聲》，武漢市古籍書店1983年版，第173頁。
〔註38〕陶光《列子校釋（續）》，《雲南論壇》第1卷第5期，1948年版，第19頁。

以火炙之，不盡，猶有餘流，如人有才辯，則問難不竭，人智不盡如炙輠也。」字本作槅，《說文》：「槅，盛膏器也。」字或作鑷、鍋，《方言》卷9：「車釭，齊、燕、海岱之閒謂之鍋，自關而西謂之釭，盛膏者乃謂之鑷。」《廣雅》：「鑷，釭也。」《玉篇》：「槅，車釭，盛膏者，字或作鑷、鍋。」字或作輠，P.2011《切韻》、《玉篇》並云：「輠，車盛膏器，亦作槅。」字或作過，《史記·荀卿列傳》：「故齊人頌曰：『談天衍，雕龍奭，炙轂過髡。』」《集解》：「《別錄》曰：『過字作輠。』輠者，車之盛膏器也。炙之雖盡，猶有餘流者。言淳于髡智不盡如炙輠也。左思《齊都賦》注曰：『言其多智難盡，如炙膏過之有潤澤也。』」所引《齊都賦》注，未詳所出，《舊唐書·經籍志》：「《齊都賦音》一卷，李軌撰。」未知是此書否？《索隱》：「劉向《別錄》『過』字作『輠』。輠，車之盛膏器也。炙之雖盡，猶有餘津，言髡智不盡如炙輠也。今按：文稱『炙轂過』，則『過』是器名，音如字讀，謂盛脂之器名過。『過』與『鍋』字相近，蓋即脂器也。轂即車轂，過為潤轂之物。」《玉篇殘卷》「輠：劉向《別錄》以為車釭盛膏之鑷。」謂《別錄》用「輠」為「鑷」。《集韻》：「輠，箭也，車盛膏器，或作槅、輠、過。」②《廣韻》云「㷱，南人呼火也」者，《方言》卷10：「㷱，火也，楚轉語也，猶齊言烵，火也。」P.2011《切韻》、蔣斧印本《唐韻殘卷》並云：「㷱，楚人云火。」（《唐韻》脫「云」字）《玉篇》：「㷱，楚人呼火為㷱。」《可洪音義》卷21：「㸌燒治：上火亂反，火也，正作爤、㷱二形。楚人謂火為㷱也。」戴震曰：「楚人名曰㷱，齊人曰烵，吳人曰燬，此方俗訛語也。」華學誠曰：「楚人言火音㷱，齊人言火音烵，『㷱』、『烵』皆為『火』之方音轉語。今人有謂此為民族詞語者。李敬忠云云（略）。」〔註39〕惠士奇曰：「司烜之烜，一作㷱，一作烵。㷱為楚語，烵乃齊言。㷱讀為貨，烵讀若毀。《韓詩》：『王室如烵。』《毛詩》作『燬』，左形右聲，《說文》並存。說者又謂齊人曰燬，吳人曰烵，方俗之訛也。然則㷱、烵、燬、烜皆通矣。」〔註40〕胡吉宣曰：「㷱、烵、燬皆隨方音為字，即『火』之異文，方語輕重轉變耳。」〔註41〕《爾雅》：「燬，火也。」《釋文》：「燬，音毀，李巡云：『燬，一音火。』」孫炎曰：

〔註39〕華學誠《揚雄〈方言〉校釋匯證》，中華書局 2006 年版，第 651 頁。戴震說轉引自此書。

〔註40〕惠士奇《禮說》卷 13，收入《叢書集成三編》第 24 冊，新文豐出版公司 1997 年版，第 438 頁。

〔註41〕胡吉宣《玉篇校釋》，上海古籍出版社 1989 年版，第 4075 頁。又第 4043 頁說略同。

『方言有輕重，故謂火為燬。』郭云：『燬，齊人語。』」諸說皆是也，「烜」
或作「爟」。《說文》：「火，燬。」《玉篇》作「火，焜也」。《說文》：「火，燬
也。」又「燬，火也。」又「焜，火也。《詩》曰：『王室如焜。』」《毛詩·汝
墳》作「燬」，毛傳：「燬，火也。」《釋文》：「燬，音毀，齊人謂火曰燬，郭
璞又音貨，《字書》作『焜』，音毀，《說文》同，一音火尾反。或云：楚人名
火曰燥（煤）〔註42〕，齊人曰燬，吳人曰焜，此方俗訛語也。」P.2011《切韻》：
「焜，齊人云火。」《玄應音義》卷22：「燬之：又作煨、焜二形，同。齊謂火
為燬，方俗異名也。」《瑜伽論記》卷5：「燬者假火之別名。炎燬名燬故。」
《肇論疏》卷3：「如大唐吳兒喚火為燬，諧水為錘，呼來為離，呼喚雖殊，義
皆一也。」段玉裁曰：「『焜』、『燬』皆即『火』字之異。」〔註43〕桂馥曰：「焜、
火聲相近。」〔註44〕朱駿聲曰：「『焜』、『燬』同字，其實皆『火』字之或體。」
〔註45〕章太炎曰：「《說文》：『焜，火也。燬，火也。』皆許偉切。《詩》：『王
室如燬。』《說文》引作『焜』。『燬』、『焜』本一字，古音火亦如燬，故今福
州謂火為燬。」〔註46〕黃侃曰：「『火』同『焜』、『燬』、『燹』、『爟』。」〔註47〕
考《釋名》：「火，化也，消化物也；亦言毀也，物入中皆毀壞也。」又「禍，
毀也，言毀滅也。」《白虎通義·五行》：「火之為言委隨也，言萬物佈施。火
之為言化也，陽氣用事，萬物變化也。」《玉篇》：「火者化也，隨也，陽氣用
事，萬物變隨也。」《初學記》卷25引《元命苞》：「火之為言委隨也。」此上
皆聲訓，是「焜」、「燬」乃「火」音轉。「煤」是雙聲符字，與「咼」聲、「化」
聲、「隋」聲相轉，亦禍也，毀也，取毀滅、變化為義。「煤」亦是「火」音轉，
「夥（裸）」、「蝸」俗作「伙」，是其比也。又音轉作烊，《說文》：「烊，盛火
也。」朱駿聲曰：「多亦聲，字亦作煤。」〔註48〕

〔註42〕「燥」當是「煤」形譌，宋刊本已誤，段玉裁、阮元從戴震說，依《方言》訂
　　　作「煤」，參見黃焯《經典釋文彙校》，中華書局2006年版，第124頁。盧文
　　　弨《毛詩音義上考證》失校，收入《經典釋文考證》，《叢書集成初編》第1201
　　　冊，中華書局1985年影印，第68頁。
〔註43〕段玉裁《詩經小學》卷1，收入《續修四庫全書》第64冊，上海古籍出版社
　　　2002年版，第182頁。
〔註44〕桂馥《說文解字義證》，齊魯書社1987年版，第856頁。
〔註45〕朱駿聲《說文通訓定聲》，武漢市古籍書店1983年版，第551頁。
〔註46〕章太炎《新方言》，收入《章太炎全集（7）》，上海人民出版社1999年版，第
　　　116頁。
〔註47〕黃侃《說文同文》，收入《說文箋識》，中華書局2006年版，第67頁。
〔註48〕朱駿聲《說文通訓定聲》，武漢市古籍書店1983年版，第485頁。

　　附帶考訂幾個俗字於下：①敦煌寫卷 S.6204《碎金》：「人眼䒼：音花。又燈炞。」P.3906、P.2058、P.2717《碎金》並同。「䒼」用為「眼花」之「花」，「眼花」是唐人習語，《續高僧傳》卷 25：「君心無剛，正眼花所致耳。」「䒼」當是會意兼形聲字，下部「眎」是「視」古字，上部取「花」的字頭。「䒼」音花，會意人視而眼花。《改併五音類聚四聲篇海》、《新校經史海篇直音》、《合併字學集篇》並云：「炞，音花。」《校訂音釋五侯鯖字海》：「炞，音化。」「炞」當是從火，化省聲（「變化」義本字作「七」），用為「燈花」之「花」，《廣弘明集》卷 17 引《慶舍利感應表》：「四月七日夜一更向盡，東風忽起，燈花絕焰。」火者化也，故製俗字「炞」。②《字彙補》：「熪，徒臥切，音惰，火也。」《改併五音類聚四聲篇海》：「熪，徒臥切，𤉷，同上。𤉷，音隨。」《重訂直音篇》：「熪，徒臥切。𤊶，同上。」《校訂音釋五侯鯖字海》：「熪，音墮。㶿，音墮、隨，火也。㶱，音墮。」《新校經史海篇直音》：「熪，音墮。𤊶，同上。」《合併字學集篇》：「㶱、熪、㶿，音埵、隨，火。」諸字形右旁並當是「𡍮」形譌，諸字是「熪」的異體，「隓」或作「壣」，是其比也。「隨」亦是注音，不當「隨火」連讀。「熪」訓火者，火之言隨也，故製俗字「熪」。楊寶忠曰：「以上諸形未見《集韻》及以前字書，以音求之，並參考字形，殆皆『惰』字俗訛。『惰』訓不敬，訓懶；『熪』訓火者，後人見其字從火而妄補，不足信也。」〔註49〕楊說未為定論。③《字彙補》：「煱，古誇切，音瓜，見釋典。」《篇海·火部》引《龍龕》：「煱，舊藏作煱，音瓜。」此《字彙補》「煱」字所從出，今本《龍龕》「煱」作「蝸」〔註50〕。「煱」疑是「煤」異體字。「煱」亦可能是指火不正，從「咼」得聲字多不正義，咼之言喎也，俗字作歪。《說文》：「咼，口戾不正也。」又「喎，不正也。」口戾不正曰咼（喎、嗝），門不正開曰闔，其義一也。《說文》：「諣，疾言也。」P.2011《切韻》、蔣斧印本《唐韻殘卷》並同。《集韻》：「諣，黠也。」治《說文》諸家多無說〔註51〕，惟馬敘倫謂「疾言」非本訓，「諣」是「譟」、「譁」轉注字，今「瓜拉瓜拉」之「瓜」的本字，張舜徽從其說〔註52〕。「諣」當指言不正。

〔註49〕楊寶忠《疑難字考釋與研究》，中華書局 2005 年版，第 509～510 頁。
〔註50〕我原稿說「釋典未詳所出」，此蒙《漢字漢語研究》匿名審稿人告知。
〔註51〕丁福保《說文解字詁林》，中華書局 1988 年版，第 3088 頁。
〔註52〕馬敘倫《說文解字六書疏證》卷 5，上海書店 1985 年版，本卷第 96 頁。張舜徽《說文解字約注》，華中師範大學出版社 2009 年版，第 594 頁。

（38）煤，《四分律鈔簡正記》卷 7：「食欲名飢，煤欲名冷，飲欲名渴。」按：「煤」乃「煖」字之訛。《法華經知音》卷 7：「世間雲雨，滅除煤魃之燄。」《阿毘達磨俱舍論》卷 1：「煖欲名冷。」（《彙釋》P251）

按：「煤欲」乃「煖欲」之訛，至於「煤魃之燄」的「煤」，則非誤字。「燄」是「燄（焰）」俗譌。「煤魃」當作「煤炦」，火氣盛貌。《說文》：「炦，火氣也。」炦之言沛也、勃也，沛沛然盛也。疾風曰颰，雲氣曰霬，酒氣曰酦，香氣曰馛，腐氣曰敗，塵貌曰坺，其義一也，皆狀其氣之盛。《玉篇》：「煤，火。」《集韻》：「煤，火皃，或書作莫。」煤之言莫，《小爾雅》：「莫，大也。」火大貌曰煤，雨大貌曰霢，塵大貌曰塻，其義亦一也。《正字通》：「煤：俗字。舊註煤音莫，火貌。並非。」張氏未達其誼。《篆隸萬象名義》：「煤，而善反，敬，火乾。」據其音義，「煤」是「煤」形譌，不當隸作「煤」字。

（39）㷿，《廣韻》：「㷿，熱也。」《漢語大字典》（2401）引之，無用例。按：《善權位禪師語錄》卷 2：「飲光若是英靈者，必不明明入㷿湯。」《天翼翔禪師語錄》卷 1：「直得閻浮提頓成爐炭，香水海化作㷿湯。」「㷿湯」即熱湯之義。（《彙釋》P253）

按：①「㷿湯」與「爐炭」結構相同，㷿當讀為鑊，指鼎鑊。敦煌寫卷 P.2717《碎金》：「㷿作：侯郭反。」P.3906、S.6204《碎金》「㷿」形誤作「㸌」。此「㷿」亦借字。或借「濩」字為之，《可洪音義》卷 13：「濩湯：上戶郭反，正作『鑊』。」BD04264《孝順子修行成佛經》卷 1：「濩湯爐炭，刀山刃樹，銅升鐵㯼。」BD07362《天公經》：「若入刀山，刀山摧折；若入劍樹，劍樹崩缺；若入濩湯，濩湯自煞；若入爐炭，爐炭自滅。」S.2714《佛說天公經》「爐」作「鑪」，「濩」作「鑊」。《出曜經》卷 14：「家家縛豬，投於濩湯。」宋、元、明本「濩」作「鑊」。皆是其證。《經律異相》卷 29 引《雜譬喻經》：「王聞之，便使人然（燃）大濩，湯便沸。內一瓶金，湯沸踊躍。」宋、元、明本「濩」作「鑊」。此例「濩（鑊）湯」不成詞，「大濩（鑊）」正指大的鼎鑊，可見「濩（鑊）湯」指大鑊中的湯。②《廣韻》云「㷿，熱也」者，《集韻》同。蔣斧印本《唐韻殘卷》：「㷿，㷿熱。」「熱」是「爇」省借，燒也，指燒鼎鑊。《釋名》：「熱，爇也，如火所燒爇也。」《莊子·大宗師》：「入水不濡，入火不熱。」《列子·黃帝》：「入水不溺，

入火不熱。」二文「熱」字，《史記・秦始皇本紀》作「爇」，《類聚》卷78引《列仙傳》作「燒」，《神仙傳》卷5作「灼」。《廣雅》：「爐，爇也。」「爐」當作「爐」，形近而譌。曹憲「爐」音古亂反，是所見本已誤。王念孫、錢大昭並引《說文》「舉火曰爐」以說之〔註53〕，非也。《法苑珠林》卷91引《僧祇律》：「一日之中三過，皮肉落地，熱沙爐身。」宋、元、明、宮本「爐」作「薄」。爐身，猶言燒炙其身。《大樓炭經》卷1：「天下諸餘龍王，過阿耨達龍王，餘龍王，熱沙雨身上，燒炙燋革。」《方廣大莊嚴經》卷8：「恒雨熱沙以燒身，自念長時受斯苦。」《正法念處經》卷18：「以是因緣受畜生身，熱沙所燒。」《法苑珠林》卷72：「熱沙雨身上，燒炙甚痛。」皆是「熱沙燒身」之證。《摩訶僧祇律》卷32作「熱沙爆身」，宋、元、明「爆」作「暴」，宮本作「薄」。《經律異相》卷43引《僧祇律》作「熱沙煿身」，宋、宮本「煿」作「博」，元、明本作「搏」。《諸經要集》卷6作「熱沙曝身」，宋、元、明、宮本「曝」作「博」。薄、煿、博、搏，並讀為爆（曝、暴），《說文》：「爆，灼也。」《廣雅》：「爆，爇也。」《慧琳音義》卷79引《文字集略》：「爆，火燒也。」是「爆」亦訓爇、燒，與「爐」同義。《集韻》：「爆，火乾也，一曰熱也，或作煿。」「熱」亦「爇」省借。

（40）恹，《三國遺事》卷4：「恹恹游刃。」按：「恹」疑為「恢」字。《萬松老人評唱天童覺和尚頌古從容庵錄》卷5：「赤心片片為人，如游刃恢恢得珠罔象也。」《宗鑑法林》卷15：「游刃恢恢饒有地，目中無復見全牛。」《萬松老人評唱天童覺和尚頌古從容庵錄》卷5：「恢恢乎其於游刃，必有餘地矣。」（《彙釋》P256）

按：「恹」為「恢」形譌，當引《莊子》原典以證，《評唱》卷5明確指出引自《莊子・養生〔主〕篇》。

（41）怌，《集韻》：「怕，懼也，或從巴。」《漢語大字典》（2440）引之，無用例。按：《紹興重雕大藏音・心部》：「怌，匹巴、匹駕二反。」《可洪音義》卷14《佛本行集經》卷29：「恐怌，普架反。」（《彙釋》P256）

按：大正藏本《佛本行集經》卷29：「或復拍手嚇呼，欲令生於恐怕。」

〔註53〕王念孫《廣雅疏證》、錢大昭《廣雅疏義》，並收入徐復主編《廣雅詁林》，江蘇古籍出版社1992年版，第131～132頁。

字作「怕」。《可洪音義》卷 14《佛本行集經》卷 58：「將怕：普駕反。」大正
藏本作「將妑覆蓋」，此「怕」是「妑」形譌字。

（42）悓，《字彙補》：「悓，逆也。」《漢語大字典》（2450）引之，無用
　　　例。按：《天目明本禪師雜錄》：「精彩悓悓照水神，清孤映出本然
　　　真。」文中「悓」字非「逆」之義，疑為「惸」字之訛。《詩‧正
　　　月》：「憂心惸惸。」毛傳：「惸惸，憂意也。」（《彙釋》P257）

　　按：「惸惸」非憂意，鄭說非是。《正字通》：「罠，憂也。《周頌》：『罠罠
在疚。』今《詩》作『嬛』，字譌義同。《匡衡》作『煢煢在疾』，非。『罠』與
『悓』通。」其說亦非。古文「孕」字作「膄」或「娠」、「媿」，「悓」疑是「悓」
異體字，「鼲」或作「鮶」，是其比也。《爾雅》：「悓悓，戒也。」戒慎恭敬之
貌，也作「譞譞」。

（43）悷，《玉篇》：「悷，七海切，恨也，急也。」《漢語大字典》（2481）
　　　引之，無用例。按：「悷」疑即「猜」字。訓「急」，不詳。（《彙
　　　釋》P257）

　　按：《說文》「悷」訓姦，別一義。朱駿聲曰：「悷，叚借為猜。《廣雅》：
『悷、忦，恨也。』按《方言》作『猜忦』，悷、猜雙聲。」朱說本於王念孫
《廣雅疏證》，王氏曰：「悷、忦者，《方言》：『猜、忦，恨也。』《眾經音義》
卷 13 云：『猜，今作悷，同。』」〔註54〕胡吉宣亦據《集韻》及《慧琳音義》
指出「悷」通作「猜」，胡氏又云：「『急』也者，蓋出《埤倉》，謂念恨辯急也。」
〔註55〕「急」當是「忌」形誤，忌亦恨也，胡說未得。《新修絫音引證群籍玉
篇》亦誤作「急」。

（44）憘，《釋氏蒙求》卷 1：「時詣簡文所，遇沛國劉憘。憘嘲曰：『道
　　　人何以游朱門？』」按：「憘」疑乃「恢」字。《宗統編年》卷 7：
　　　「常於簡文座中遇沛國劉恢。恢嘲之曰：『道者何以遊朱門？』」
　　　《釋氏蒙求》卷 1：「『憘』疑當作『恢』字。」《高僧傳》卷 4：

〔註54〕朱駿聲《說文通訓定聲》，武漢市古籍書店 1983 年版，第 193 頁。王念孫
　　　　《廣雅疏證》，收入徐復主編《廣雅詁林》，江蘇古籍出版社 1992 年版，第
　　　　317 頁。
〔註55〕胡吉宣《玉篇校釋》，上海古籍出版社 1989 年版，第 1654 頁。

「潛嘗於簡文處遇沛國劉惔。」惔，宋、元、明本作「恢」。（《彙
釋》P256）

按：僅據字形以定其正譌，未能必當。當以「惔」為正字。典出《世說
新語・言語》：「竺法深在簡文坐，劉尹問：『道人何以游朱門？』答曰：『君
自見其朱門，貧道如遊蓬戶。』」劉惔嘗為丹陽尹，故稱「劉尹」。《世說新
語・德行》劉孝標注引《劉尹別傳》：「惔字真長，沛國蕭人也……歷司徒左
長史、侍中、丹陽尹，為政務鎮靜信誠，風塵不能移也。」《會稽志》卷 15：
「劉惔見于簡文坐中，嘲曰：『道人亦游朱門乎？』潛曰：『君自見朱門耳，
貧道以為蓬戶。』」

（45）憿，《宋高僧傳》卷 7：「愴然憿悅之間，杳無蹤跡。」按：「憿
悅」為連綿詞，可作「惱悅」、「敞悅」，「憿」既有可能是「敞」
字，也有可能是「惱」字。《漢語大字典》（2520）據《正字通》
以「憿」同「惱」，可洪以「憿」同「敞」。（《彙釋》P271～272）

按：「憿悅」亦作「敞（惱）罔」、「憿惘」、「懞慌」、「憿恍」、「儻恍」、「敞
芄」。字源是「敞」，空大貌，引申則為失意貌，分別字作憿、惱、懞。

（46）懥，《禪林僧寶傳》卷 14：「起坐忪懥沒兩般，有問又須向伊道。」
按：「懥」乃「諸」。《沙彌律儀要略述義》卷 2：「起坐忪諸，動他
心念。」《溈山警策句釋記》卷 1：「忪諸者，心意躁動，情不安隱，
舉止非常也。」此外，「懥」又用於「愩懥」一詞，中心不快貌。
《字彙補》：「懥，音住，見《釋典》。」《永嘉禪宗集註》：「順情則
嬉怡生愛，違意則愩懥懷瞋（愩懥，中心不快貌）。」（《彙釋》P275）

按：所引《僧寶傳》「忪懥」，《古尊宿語錄》卷 26 同，又卷 6、24 亦作
「忪諸」。說「懥」乃「諸」，然則「忪諸」何得有心意躁動之義？僅僅比對
異文，而未探詞源，則不能明其所以然也。「懥」是「儲」分別字，指鬱積
不快於心也。「諸」則省借字。「愩懥」亦即「淤儲」的分別字。《說文》：「菸，
鬱也。」「菸」、「鬱」一音之轉，「鬱邑（悒）」音轉作「於邑（悒）」、「菸邑」、
「菸菢」〔註56〕，是其證也。血積曰瘀，泥積曰淤、垎，草積曰菸，心中積
怨曰愩，其義一也。湯志彪《三晉文字編》卷 10 載戰國人名「高愩」、「馬

〔註56〕參見蕭旭《「抑鬱」考》，收入《群書校補（續）》，花木蘭文化出版社 2014 年
版，第 2511～2512 頁。

愀」〔註 57〕，此另一字。

（47）稴，《玉篇》：「稴，粟稴也。」《集韻》：「稴，穮禾也。」《漢語大字典》（2621）引之，無用例。按：《圓覺經大疏釋義鈔》卷 2：「法華如收獲，涅槃如捨稴。」《法華經知音》卷 4：「法華如收獲，涅槃如捨穗。」「捨稴」即「捨穗」，脫禾穗之義。《廣韻》：「稴，禾稴。」（《彙釋》P304）

按：《圓覺經大疏釋義鈔》CBETA 校記：「捨，疑『拾』。稴，異作『䅸』。」佛經用例，當作「拾穗」。「穗」古字作「采」，形誤作「柔」，因復誤作「稴」。《大方廣佛華嚴經隨疏演義鈔》卷 8 正作「拾穗」，《華嚴經疏鈔玄談》卷 5、《圓覺經疏鈔隨文要解》卷 5 作「拾䅸」，「䅸」同「穗」。至於《篇》、《韻》之「稴」，當從禾踩省聲，會意兼形聲字，謂碾禾脫粒。

（48）攦，《見如元謐禪師語錄》卷 1：「覷破古人消息子，拿雲攦浪總為緣。」按：「攦」疑「攫」或「攓」字。《無明慧經禪師語錄》卷 3：「破提婆宗，拿雲攦浪。」《五燈全書》卷 117：「拿雲攫浪奮空拳，於今撒手還鄉去。」《雲門匡真禪師廣錄》卷 2：「忽遇拏雲攓浪來，又作麼生。」《祖庭事苑》卷 1：「攓浪，一攫切，手取也。」從意義看，「攦」中的構件「瓜」應為「爪」，與構件「扌」義近。（《彙釋》P309～310）

按：說構件「瓜」應作「爪」，「爪」與「扌」同，是也。①所引《匡真禪師廣錄》卷 2「拏雲攓浪來」，其中「攓」字，《法演禪師語錄》卷 3 作「攦」，《宗門統要正續集》卷 17 作「攦」，字正從「爪」。「攦」可能是「攫」省形，同「攓」。《禪宗頌古聯珠通集》卷 36：「攦浪拏雲處，風高天地寒。」卷 19 同句「攦」作「攦」。《禪宗頌古聯珠通集》卷 26：「攦浪拏雲勢莫猜，漁翁倚掉傍巖隈。」卷 13 同句「攦」作「攦」。《禪宗頌古聯珠通集》卷 24：「驀然跳出洪波裡，攦霧拏雲宇宙低。」卷 12 同句「攦」作「攓」。②在同類的句子中，字亦作「攪」、「攦」，「攦」也有可能是「攪」省形，同「攓」。《續古尊宿語要》卷 2：「拏雲攪浪數如麻，點著銅睛眼便花。」《五燈會元》卷 16 同，《嘉泰普燈錄》卷 2 同句「攪」作「攓」。《法演禪師語錄》卷 1：「法眼雖不拏雲攪霧，爭奈遍地清風。」《五燈會元》卷 8：「學人拏雲攦浪，上來

〔註 57〕湯志彪《三晉文字編》，吉林大學 2009 年博士論文，第 663 頁。

請師展鉢。」《景德傳燈錄》卷 23 同句「攧」作「攪」。《禪宗頌古聯珠通集》卷 8：「竿頭絲線釣鯨波，攧浪拏雲猶是鈍。」《拈八方珠玉集》卷 3：「這僧曾不攧霧拏雲，頭角潛露。」《禪宗頌古聯珠通集》卷 10：「珠在浪花深處白，拏雲攧霧志悠哉。」卷 20 同句「攧」作「攉」。③「攪」、「攧」形近，必有一誤。當以「攪」字為正，《字彙補》：「攧，與『攪』同。」其說是也。鄭氏於「攧」、「攉」、「攧」三條謂即「攪」字（《彙釋》P226、310），而此條卻謂「攧」即「攬（獲）」，失於照應，為字形所惑也。「拏」當作「挐」，俗作「拿」。「攪」、「挐（拿）」義近，《說文》：「攪，挬也。」又「挬，從上挹〔取〕也。」〔註58〕又「挐，持也。」連言曰「攪挐（拿）」或「挐攪」，《文選‧魯靈光殿賦》：「奔虎攪挐以梁倚。」李善注：「攪挐，相搏持也。《羽獵賦》曰：『熊羆之挐攪。』李尤《辟雍賦》：『萬騎躑躇以攪挐。』」又《解嘲》：「攪挐者亡。」又《西京賦》：「熊虎升而挐攪，猨狖招而高援。」李善註：「挐攪，相搏持也。挐，奴加切。攪，居碧切。」墨海金壺本《古文苑》卷 6《王孫賦》：「上觸手而挐攪，下值足而登跮。」《龍谿精舍叢書》本作「挐攪」，《初學記》卷 29 引同。宋陸游《南唐書‧劉高盧陳李廖列傳》：「刻木為猛獸攪拿狀，飾以丹碧，立陣前，號捷馬牌。」《景德傳燈錄》卷 22：「拏雲不假風雷便，迅浪如何透得身？」《五燈會元》卷 8 同。「迅」當作「挬」，即「攪」字義。

（49）痸，《漢語大字典》（2856）引《集韻》：「痸，病也。」無例證。
　　　按：佛典有「痸」字。《解脫道論》卷 7：「如是眼痛、耳痛……疥癩、痲痸、寒病等。」（《彙釋》P311～312）

　　　按：所引「痲痸」，宋、元、明、宮本作「痲祕」，《可洪音義》卷 20 引作「淋祕」。《字彙》：「痸，音祕，病也。」《重訂直音篇》同。「痸」是「祕（祕）」分別字，「痲」是「淋」分別字，「淋祕」指小便病。宋陳言《三因極一病証方論》卷 3：「小便淋祕。」宋陳直《壽親養老新書》卷 1 有「食治老人五淋祕」方，宋陳自明《婦人大全良方》卷 23 有「治諸產前後淋祕」方。

（50）痆，《龍龕手鏡》：「痆，俗，正作浼。」按：今佛經中有「痆」，乃「跇」字。《涅槃經疏三德指歸》卷 2：「具無痆傷者，痆正應作跇，烏臥反。《通俗文》：『足跌傷曰跇。』」《慧琳音義》卷 55《太子本起瑞應經》卷上：「跇傷：烏臥反。《通俗文》：『足跌傷

曰蹳。』《蒼頡篇》：『挫足為蹳。』《史記》：『蹳人不忘起。』是也。經文作疺，非體也。」（《彙釋》P313）

按：《慧琳音義》卷55乃承用《玄應音義》卷13，所引《史記》見《韓王信列傳》，「蹳」作「瘻」。「疺」當是「跒」分別字，「跒」是「蹳」改易聲符的異體字（見《集韻》），玄應、慧琳謂「疺」字非體，失考也。《重訂直音篇》：「疺，烏臥切。」又「瘀、癙：烏臥切。」考《字彙補》：「癙，烏臥切，音涴，義同『痼』。」「痼（癙）」亦「疺」異體字，「瘀」必是「疺」形譌。

（51）𪋿，《集韻》：「𪋿，獸皮有文貌。」《漢語大字典》（2950）引之，無用例。按：佛典中有「𪋿」字。《掃黑豆集》卷8：「如舉世盡寒，𪋿裘不亦燠乎？」（《彙釋》P322）

按：佛典中與《集韻》的「𪋿」字不是同一字。佛典中「𪋿」是「鹿」增旁字。「𪋿裘」即「鹿裘」，指鹿皮之裘，貧者所服。《六韜・文韜・盈虛》：「（帝堯）鹿裘禦寒，布衣掩形。」

（52）𧝄，《舍利弗阿毘曇論》卷29：「但思惟平等如地，如磔牛皮、釘布，平地無有福皺。」按：福，宮本作「𧝄」。《四分比丘戒本疏》卷2：「五細福，謂遶腰福皺。」「𧝄」即「福」。（《彙釋》P323）

按：《慧琳音義》卷73：「福皺：福猶福疊也，亦細福。」「𧝄」、「福」皆「攝」的分別字，卷屈、折疊義，實是「摺」借字。《四分律》卷19：「細福者，繞腰福皺。」聖乙本「福」作「攝」。又卷30：「象鼻多羅樹葉細攝皺。」宋、元、明、宮本「攝」作「福」。字亦作㲲、儑，或省作疊〔註59〕。

（53）蚅，《佛說輪轉五道罪福報應經》卷1：「後生豬蚅、蜣蜋之中。」按：《佛說罪福報應經》卷1：「後墮豬豚、蜣蜋中。」「蚅」乃「豚」的新造形聲字。（《彙釋》P330～331）

按：《法苑珠林》卷68引《輪轉五道經》作「豬胐」，《慈悲道場懺法》卷3作「豬㹠」。「蚅」乃「㹠」、「胐」異體字，皆「豚」俗字。

（54）蜪，《玉篇》：「蜪，蟲也。」《漢語大字典》（3059）引之，無用例。按：佛典中有「蜪」字，與「螺」連用。《釋鑑稽古略續集》卷2：

〔註59〕參見蕭旭《馬王堆漢簡〈十問〉校補》。

「物產金銀、琥珀……細絹、花布、螺蚏、漆器……交市華人。」
「螺蚏」之「蚏」意義不詳，是否為「蚌」字，待考。（《彙釋》
P332）

按：佛典「蚏」是「蚌」或「蜯」改易聲符的異體字。《玉篇》「蚏，蟲也」
者，朝鮮本《龍龕手鑑》同。《字彙》：「蚏，音朋，蟲名。」

（55）蹉，《律抄》：「五百萬世墮豬豚蹉䖃中。」按：「蹉」乃「蟯」字
　　　之訛。CBETA 電子佛典以「蹉」為「蟯」，是。（《彙釋》P334）

按：《律抄》所據底本乃中村不折藏敦煌寫卷 018 號，檢圖版作「▩」字
〔註60〕，本就是「蟯」字，S.5431《開蒙要訓》：「蚰蜒▩䖃。」S.799《隸古定
尚書》：「及庸、蜀、羌、髳、微、盧、彭、濮人。」S.05454《千字文》：「臣伏
戎羌。」「羌」、「羌」乃「羌」字（《書·牧誓》「羌」作「羌」）。字形可以比
勘。大正藏本誤錄，鄭氏未檢正，據誤字說耳。

（56）蔘，《禪林類聚》卷 12：「雕蚶鏤蛤，不蔘之泥，勞君遠至。」按：
　　　「蔘」乃「滲」或「燥」字。《禪宗頌古聯珠通集》卷 16、《五燈
　　　全書》卷 7 作「不滲」。「不蔘之泥」即「不滲之泥」，意義為水未
　　　乾涸之泥。又《祖庭事苑》卷 7：「不蔘，正作燥，音嫂，乾也。
　　　俗作燥（引者按：原書實作「熮」），由形近之譌也。蔘，書無此
　　　字。」以「蔘」為「燥」，亦通。（《彙釋》P335～336）

按：《拈八方珠玉集》卷 3 亦作「不蔘」，《禪宗頌古聯珠通集》卷 8、《宗
鑑法林》卷 19 亦作「不滲」，《介石智朋禪師語錄》卷 1 作「不糝」。《祖庭事
苑》所釋，即《拈八方珠玉集》之文，其說及鄭說皆非也。上文「雕蚶鏤蛤」
言飲食之侈。佛典此字當作「滲」，謂滲金，以金粉或金箔裝飾其表面。西魏
《巨始光等造像碑》：「妙狀熙怡，若恒河之滲金容；彤文瑩飾，則昱離朱之
目矣。」滲金容謂以金粉裝飾的佛像。「雕蚶鏤蛤，不滲之泥」言雕蚶鏤蛤，
不以滲金之泥飾之也。

（57）蜍，《龍龕手鏡》：「蜍，舊藏作瘷，蘇到反，疥蜍。」《漢語大字
　　　典》（3091）引之，未考。按：「蜍」乃「瘙」字。《可洪音義》卷
　　　20：「疥蜍：下蘇到反，正作瘙。」「瘷」即「瘙」，與「瘙」同。

〔註60〕《中村不折舊藏禹域墨書集成》卷上，東京二玄社 2005 年版，第 106 頁。

《龍龕手鏡》：「瘯，皮上起小癢瘡，今作瘯，同。」（《彙釋》P337）

按：《玄應音義》卷7：「疽燥：下蘇倒反。燥，乾也。經文作『疢瘯』，非也。」《慧琳音義》卷28：「疼瘯：下蘇倒反。瘯，皮上癢起小瘡也，正作瘯。經作瘯，俗字，非也。」玄應已明其語源。

（58）蟲，《字彙補》：「蟲，爛也。出釋典（引者按：原書作「釋藏」）『群』字函。僧真空曰：『考詳經義，恐是蝸字。』」《漢語大字典》（3104）引之，無例證。按：《眾經撰雜譬喻》卷下：「眾臣白王：『唯當有人蟲能卻之。』即勅吏往呼人蟒。遙見師子徑往住前，毒氣吹，師子即死，蟲爛消索，國致清寧。」蟲爛消索，揣摩經義，「蟲」當為「蝸（融）」字，與「爛」意義相同。不過，「人蟲」之「蟲」似乎不是「蝸（融）」，可能是「蟒」。（《彙釋》P338）

按：鄭說是也。《經律異相》卷14引《譬喻》作：「眾臣白王：『唯當有人蟒能卻。』勅使往喚人蟒。人蟒逢（遙）見師子，至往住其前，毒氣吹，師子即死，國致清寧。」正作「人蟒」，未引「蟲爛消索」四字。「融爛」是佛典成語。《增壹阿含經》卷24：「形體融爛。」又卷36：「形體煙出，皆融爛。」

（59）㟼，《高僧傳》卷6：「叡風韻㟼流，含吐彬蔚。」㟼流，宋、元、明、宮本作「窪隆」。按：「㟼」即「窪」字之訛。《歷朝釋氏資鑑》卷2作「窪隆」。（《彙釋》P339）

按：《歷代三寶紀》卷8作「注隆」，宋、元、明、宮本「注」作「窪」。《法苑珠林》卷53作「窪流」。「窪」、「注」亦「窪」形誤。「窪隆」猶言高低、凹凸。《慧琳音義》卷89《高僧傳》卷4：「有窪隆：《廣雅》云：『窪，猶下也。』郭注《爾雅》云：『隆，中央高也。』鄭注《禮記》云：『隆，盛也。』」又《高僧傳》卷6：「窪流：《廣雅》：『窪，下也。』前第四卷已具釋。」是慧琳所見本正作「窪」字。

（60）艒，《廣韻》：「艒，䑴艒，海船名。」《漢語大字典》（3268）引之。按：《楞嚴經勢至圓通章疏鈔》卷1：「其猶䑴艒，直過大海。」（《彙釋》P339）

按：《初學記》卷25引《埤蒼》：「海中舩曰䑴艒。」注：「郎、鄒二音。」

《廣雅》：「䑩艒，舟也。」P.2011《切韻》：「艒，䑩艒。」又「䑩，海中舡。」「艒」是「艒」俗字。音轉亦作「䑩艘」，唐崔致遠《上太尉別紙五首》：「泛䑩艘而不滯，指渤澥而非遙。」

（61）裯，《康熙字典》（增訂版）：「裯，《春秋考異郵》：『承石取鐵，玳瑁吸裯。』裯，芥也。」《古微書·春秋考異郵》卷 10：「承石取鐵，玳瑁吸啫（吸，自至也。啫，養也，音若）。」《康熙字典》以「裯」訓芥也，對應異文作「啫」，訓養也。「取鐵」與「吸裯」對舉，裯訓芥，名詞，更符文法。當以作「裯」為是。（《彙釋》P351）

按：①二書所引《春秋考異郵》，皆轉引自《御覽》卷 807 引《春秋考異郵》：「承石取鐵，玳瑁吸裯。」注：「類相致也。裯，芥也。裯，音若。」字從示作「裯」，《字典》誤從衣，《古微書》更是臆改從口。「裯」當作「蝼」，《路史》卷 6：「承石取鐵，毒冒噏蝼。」（《古微書》卷 23 引《路史》亦誤作「啫」）。「蝼」同「蠱」，指蟲毒。《論衡·亂龍》：「頓牟掇芥，磁石引針。」又「劉子駿掌雩祭，典土龍事，桓君山亦難以頓牟、磁石不能真是，何能掇針取芥？子駿窮，無以應。」《御覽》卷 515 引《魏略》虞翻《與客書》：「琥珀不取腐芥，磁石不受曲針。」《化書》卷 2：「琥珀不能呼腐芥，丹砂不能入焦金，磁石不能取戇鐵。」陸佃《埤雅》卷 15：「芥，似菘而有毛，其子如粟。《傳》曰『磁石引鍼，琥珀拾芥』，即此是也。或曰草謂之芥，琥珀所脅謂草爾，故《類從》以為琥珀脅草也。」又引《本草經》亦云「磁石引鍼，琥珀拾芥」。《俱舍論疏》卷 27：「如琥珀拾芥，磁石引鐵，作用各別。」《本草綱目》卷 37 李時珍曰：「琥珀拾芥，乃草芥，即禾草也，雷氏言拾芥子，誤矣。」古醫書多記載玳瑁（玳瑁）有解百毒的功用，故云「玳瑁吸蠱」。《御覽》舊注云「裯，芥也」，是誤混「玳瑁（頓牟）」與「琥珀」為一物矣。「頓牟」、「玳瑁」一聲之轉，其功用是「吸蠱」；「琥珀」另是一物，其功用是「拾芥」。王充謂「頓牟掇芥」，未可據也。②《呂氏春秋·精通》：「慈石召鐵。」《玉篇殘卷》「礠」字條、《慧琳音義》卷 31、51 引作「礠」，《意林》卷 2、《御覽》卷 988 引作「磁」。《鬼谷子·反應》：「其察言也不失，若磁石之取鍼。」《淮南子·覽冥篇》：「磁石之引鐵。」《淮南子·說山篇》：「慈石能引鐵。」《漢書·藝文志》引《醫經》：「至齊之德，猶慈石取鐵，以物相使。」《董子·郊語》：「慈石取鐵。」《御覽》卷 813 引作「蒸石」。「承」當

是「蒸」音誤，「蒸」又「慈（磁、礠）」形誤〔註61〕。

（62）襆，《法華靈驗傳》卷1：「君襆內有五百錢，家中有牛，可直千五百。」按：「襆」乃「襆」字，《弘贊法華傳》卷10作「襆內」。草寫近似。（《彙釋》P351）

按：鄭說是也。P.2491《燕子賦》：「脊上擔箇襆子，髩鬢亦（欲）高尺五。」「襆」亦是「襆」，其左旁誤從示。S.2614《大目乾連冥間救母變文》：「灰塵襆地。」「襆」即「撲」。S.0343《禪師》：「渾金襆玉，諒屬其人。」「襆」即「撲」，借作「璞」。P.2524《語對》：「渾金璞玉。」「璞」即「璞」。黃徵指出：「『撲』字右半作『莫』，敦煌俗字頗為常見。」〔註62〕

（63）叛，《隆興編年通論》卷5：「是歲謝靈運以謀叛棄市。」按：「叛」乃「叛」字之訛。《紹興重雕大藏音》卷2：「叛，畔音。」《佛祖歷代通載》卷8作「謀叛」。（《彙釋》P353）

按：《續高僧傳》卷4：「有犯王法乃至叛逆罪應死者，遠斥邊裔。」《可洪音義》卷27所見本作「叛送」，指出「上音畔，正作叛」。

（64）粖，《龍龕手鏡》：「粖，莫結反，麋也。又音末。」按：「粖」音莫結反，即「糱」字。「粖」音末，則為「末」字。（《彙釋》P354）

按：無此分別。《說文》作「糱」，云：「涼州謂鬻為糱。粖，糱或省從末。」末、糱一聲之轉。「末」為語源，言以細末以作麋也。字或作坺，窺基《妙法蓮華經玄贊》卷7：「《玉篇》：『粖者，粥麋也。』碎香如麋，故作粖；碎香如細壞土，應作坺。」字亦作酥、䬼、䬽，此為「粖香」之專字。字亦省作茷，《玄應音義》卷12：「如麵：言其碎末如麵也，經文作『茷』，聲之誤也。」「麵」則音轉字，玄應必以「麵」為本字，斯未達其源也。字又省作面，P.2133《妙法蓮華經講經文》：「恰如粉面一般，和水渾流不止。」《校注》引蔣禮鴻說「面」是「麵」的省字〔註63〕。

（65）糲，《集韻》：「糲，白米。」《漢語大字典》（3363）引之，無用例。

〔註61〕以上參見蕭旭《呂氏春秋校補》，花木蘭文化出版社2016年版，第150～152頁。
〔註62〕黃徵《敦煌俗字典》，上海教育出版社2005年版，第308頁。諸字形亦引自此書。
〔註63〕黃徵、張涌泉《敦煌變文校注》，中華書局1997年版，第735頁。

按：《古宿尊禪師語錄》卷5：「饑餐糯糨金牛飯，渴飲清香趙老茶。」「糯」為精米，「糨」為白米，兩者意義近似。（《彙釋》P356）

按：《玉篇》：「糨，白米也。」胡吉宣曰：「糨之言暍也。暍，白也。」〔註64〕胡氏說明其語源，是也。字亦作髢，《儀禮・士喪禮》：「髢豆兩。」鄭玄注：「髢，白也。」《廣雅》：「髢，闠也。」髢蓋謂白色毛布。白色毛布曰髢，白米曰糨，其義一也。

（66）狭，《玉篇》：「狭，小鳥飛也。」《漢語大字典》（3564）引之，無用例。按：《紫竹林頤愚衡和尚語錄》卷18：「自問心不住，下山如鳥狭。」（《彙釋》P369）

按：當指小鳥疾飛，字亦作翔，蔣斧印本《唐韻殘卷》、P.2011《切韻》並云：「翔，小鳥飛。」《龍龕手鏡》：「狭、翔：小鳥飛也，二同。」字亦作決，《廣韻》：「決，《莊子》云：『決起而搶榆枋。』決，小飛兒。」《集韻》：「翔，小鳥飛兒，或作決。」《正字通》：「決，與『狭』通。《莊子》：『決起而飛。』」胡吉宣曰：「小鳥飛者，《切韻》同，通作『決』。《莊子・逍遙遊》『鳩決起而飛』是也。李頤注：『決，疾兒。』又《齊物論》：『麋鹿見之決驟。』崔譔曰：『疾走不顧為決。』」〔註65〕馬疾行曰駃（趹、趹、趹），鳥疾飛曰狭（翔），水流快曰決，風疾曰颴，其義一也。

（67）紏，《漢語大字典》（3598）引《集韻》：「紏，絲黃色，他口切。」無例證。按：《慧琳音義》卷54：「黗羅𠜱吒國：古文作紏、黗二形，同，他口、吐口二反。」「紏」乃「黗」的古文。（《彙釋》P370）

按：《玉篇殘卷》：「紏，他口反。《字書》：『亦黗字也。』」黗，黃色也。早於《慧琳音義》。《篆隸萬象名義》本《玉篇》，云：「紏，他口反，『黗』字，黃色。」

（68）緘，《玉篇》：「緘，織緘。」《漢語大字典》（3615）引之。按：《可洪音義》卷8《寶網經》卷1：「織緘，音成。」《佛說寶網經》卷1：「以金縷織成衣，其價無數，奉上如來。」我們懷疑《玉篇》「緘」也很可能就是「成」字。（《彙釋》P371）

〔註64〕 胡吉宣《玉篇校釋》，上海古籍出版社1989年版，第3002頁。
〔註65〕 胡吉宣《玉篇校釋》，上海古籍出版社1989年版，第5149頁。

按：胡吉宣曰：「『織絨』本作『織成』，《廣韻》、《集韻》並不錄『絨』字，上『緄』下引《說文》『織成帶也』。」〔註66〕胡氏早已及之。《說文》：「緄，織帶也。」王筠補「成」字，云：「依《七啟》注引補。《玉篇》『絨』下云『織絨也』，『絨』雖俗字，足徵『織成』是名目也。」〔註67〕王氏補「成」字是也，《玉篇殘卷》、《後漢書·南匈奴傳》李賢注引並有「成」字（《宋本玉篇》「帶」誤「章」），緄之言混成也，故當有「成」字；而以「織成」為專有名詞，則非是。

（69）緛，《佛說鴦掘摩經》：「隨婬著色，慢犯非宜，如蛇緛體服毒褒（宋、元、明本作『喪身』）。」緛，元、明本作「緩」。按：《可洪音義》卷13：「虵緛：宜作緛，於蹇反。」《慧琳音義》卷54：「偃體：孔注《論語》云：『偃，仆也。』賈注《國語》云：『偃，息也。』《廣雅》云：『偃，仰也。』經從糸作緛，誤也。」從經文文意看，「緛」應為「緛」字。（《彙釋》P374）

按：當以「緛體」成詞，「蛇緛」不可成詞。緛讀作緓，音轉亦作嫛、纓，纓繞也。《酉陽雜俎》卷1：「漢木主，緛以桔（皓）木皮，置牖中，張緜絮以障外，不出時（室）。玄堂之上，以籠為俑人，無頭，坐起如生時。」此緛亦讀作緓，緓繞也。《後漢書·禮儀志》劉昭注引《漢舊儀》作「緾以皓皮」，《通典》卷79、《通志》卷45引同，易作同義字耳。《左氏春秋·僖公元年》「公敗邾師于偃」，《公羊傳》「偃」作「緛」。清華簡（五）《封許之命》簡5「羅緛」，整理者讀緛作纓〔註68〕，甚確。上博楚簡（二）《容成氏》簡2～3「瘞者」，又簡37「瘞」，整理者讀瘞作瘦〔註69〕，亦甚確。《大戴禮·帝繫》「女匽」，《漢書·古今人表》作「女營」，《御覽》卷135引《帝王世紀》作「女瑩」。《公羊傳·襄公十四年》「晉荀偃」，徐彥疏：「解云舊本作荀偃，若作荀營者誤。」此均其音轉之證。

（70）繂，《漢語大字典》（3677）引《集韻》：「繂，繂繠，惡絮也。」無用例。按：佛典中有「繂繠」一詞，《虛堂和尚語錄》卷10：

〔註66〕胡吉宣《玉篇校釋》，上海古籍出版社1989年版，第5449頁。
〔註67〕王筠《說文解字句讀》，中華書局1988年版，第522頁。
〔註68〕《清華大學藏戰國竹簡（五）》，中西書局2015年版，第118頁。
〔註69〕《上海博物館藏戰國楚竹書（二）》，上海古籍出版社2002年版，第252、279頁。

「餓狗繀縿古調新，年來奏入胡笳曲。」（《彙釋》P375）

按：P.2011《切韻》：「縿，繀縿，惡絮。」《集韻》：「縿，繀縿，惡絮，通作繚。」「繀縿」的語源是「牽離」。《釋名》：「〔煮〕繭曰〔莫。莫〕，幕也〔註70〕，貧者著衣，可以幕絡絮也，或謂之牽離，煮熟爛牽引使離散如綿然也。」也作「牽繚」、「繀繚」，《御覽》卷 819 引《說文》：「絓，一曰牽繚。」（今本脫）。S.617《俗務要名林》：「牽繚，惡絮。上苦賢反，下力之反。」S.5464《開蒙要訓》：「綿絮繀繚。」P.2578 作「繀絖（縿）」。《王氏農書》卷 21：「彼有擣繭為胎，謂之牽繚者。」桂馥曰：「馥謂『牽繚』、『牽離』、『繀縿』一也。」〔註71〕音轉又作「繫縿」，《說文》：「繫，繫縿也，一曰惡絮。」段玉裁曰：「一曰猶一名也。『繫縿』讀如谿黎，疊韻字，音轉為『繀縿』。《廣韻》十二齊、一先皆曰：『繀縿，惡絮。』是也。《釋名》云云（引者按：段氏引『綿』誤作『絮』）。」〔註72〕音轉又作「縗縿」〔註73〕，《集韻》：「繫，《說文》：『繫縿也。』今惡絮，或作縗。」《集韻》：「虒，虒奚，縣名。」《後漢書·郡國志》漁陽郡有「傂奚」（《漢書·地理志》作「厗奚」），「虒（傂）奚」即「縗縿」倒言，蓋取惡絮之義為地名。音轉又作「縗纚」，《類聚》卷 64 引束哲（晳）《近遊賦》：「貫雞縠於歲首，收縗纚縗於籾年。」音轉又作「牽黎」、「牽犁」、「繀縲」，「縲」乃「黎」增旁字，「黎」是「縿」音轉字。鄭氏《彙釋》第 377 頁謂「縲」乃「縿」字，僅僅簡單的比對異文，所發現的只是表象。《類聚》卷 35 引宋晁道元《與天公牋》：「冬則兩幅之薄被，心有牽黎與敝絮，撤以三股之絲絰，袷以四升之麤布。」牽黎亦敝絮也，《緯略》卷 2 誤作「牽綿」，《宋文紀》卷 18 誤作「牽縣」，蓋不得其誼而妄改耳。《淨土五會念佛誦經觀行儀》卷 2：「憶受畜生相食噉，刀光捨命復牽黎。」《淨土五會念佛略法事儀讚》卷 1 作「牽犁」。《列祖提綱錄》卷 13：

〔註70〕脫字據《御覽》卷 819 引補。

〔註71〕桂馥《說文解字義證》，齊魯書社 1987 年版，第 1119 頁。

〔註72〕段玉裁《說文解字注》，上海古籍出版社 1981 年版，第 659 頁。

〔註73〕《淮南子·本經篇》高誘注：「傒，繫囚之繫。」《治要》卷 41 引「傒」作「繫」。陸璣《毛詩草木鳥獸蟲魚疏》卷上：「故里語曰：『斫檀不諦得繫迷，繫迷尚可得駁馬。』『繫迷』一名『挈櫨』，故齊人諺曰：『上山斫檀，挈櫨先殫。』」《爾雅》：「魄，榽櫨。」郭璞注引齊人諺曰：「上山斫檀，榽櫨先殫。」《詩·將仲子》孔疏「繫迷」作「槃迷」，《齊民要術》卷 10 引《廣志》作「繫彌」，《事類賦注》卷 24「榽櫨」作「奚櫨」。「繫（槃）迷（彌）」即「挈櫨」，亦即「榽（奚）櫨」。此奚聲、繫聲相轉之證。

「餓狗喫牽黎。」又卷 27 作「縴纊」，《宗門統要正續集》卷 20 作「縴縴」，《宗門拈古彙集》卷 20、《宗鑑法林》卷 22 誤作「縴纏」。又作「牽籬」，《駢雅》卷 3：「牽籬，蟹幕也。」音轉又作「溪黎」，四庫本《御覽》卷 819「牽離」條引王隱《晉書》：「洛中歌何德真，三人共披一幡溪黎，奈何左校令成夔以為德真將死也？」美國國會圖書館藏本同，嘉慶仿宋刻本作「牽離」（景宋本脫此條）。音轉又作「絓繨」，古圭聲、奚聲相通也。《說文》：「繨，繫繨也，一曰維也。」《集韻》「繨」、「繫」二字條引同，《玉篇殘卷》「繨」字條引「維」作「絓」，並有脫誤。王筠曰：「當依《玉篇》作『一曰絓繨也』，亦疊韻字，乃『繫繨』之轉語也。」王氏又曰：「『絓繨』即『繫繨』也。《廣韻》：『繫，縴繨，惡絮。』『縴繨』與『牽縴』、『牽離』亦非異語，其物相似，故其名通也。」〔註 74〕王說皆是。段玉裁曰：「此別一義，謂繨亦訓維系。」段氏未知《說文》有脫誤，諸家多已訂其說〔註 75〕。音轉又作「幱幟」、「閴蹎」、「赫蹏」、「赫虒（啼）」，《廣雅》：「幱幟謂之祚。」王念孫曰：「《廣韻》引《埤倉》云：『幱幟，赤紙也。』《漢書·外戚傳》：『赫蹏書。』應劭注云：『赫蹏，薄小紙也。』顏師古注云：『今書本赫字或作擊。』《說文》『繫』、『繨』二字注並云：『繫繨也。』『赫蹏』、『擊蹏』、『繫繨』並與『幱幟』同。」〔註 76〕朱駿聲曰：「《埤蒼》：『幱幟，赤紙也。』按亦作『赫蹏』。」〔註 77〕王、朱說是也，《廣韻》：「幟，幱幟，赤紙，出《埤蒼》。」〔註 78〕又「幱，幱幟，赤紙。」〔註 79〕《事類賦注》卷 15、《永樂大典》卷 10111 引《漢書》作「赫虒」，《墨池編》卷 20 引作「赫啼」。《漢書》鄧展注：「赫音兄弟閴牆之閴。」晉灼注：「今謂薄小物為閴蹎。」「幱」當是「閴」增旁字，「閴」實「閴」形譌，與「奚」同音；「擊」、「繫」亦一音之轉，故「幱」、「赫」、「擊」為同音異文。「幱幟」蓋謂擊絮所製的薄紙〔註 80〕，故薄小物

〔註 74〕王筠《說文解字句讀》，中華書局 1988 年版，第 527、516 頁。
〔註 75〕參見丁福保《說文解字詁林》所引諸家說，中華書局 1988 年版，第 12783 頁。
〔註 76〕王念孫《廣雅疏證》，收入徐復主編《廣雅詁林》，江蘇古籍出版社 1992 年版，第 599 頁。
〔註 77〕朱駿聲《說文通訓定聲》，武漢市古籍書店 1983 年版，第 519 頁。
〔註 78〕據《鉅宋廣韻》本，澤存堂本同，巾箱本「幟」誤作「幟」。
〔註 79〕據《鉅宋廣韻》本，澤存堂本同，覆宋本重修本、巾箱本「幟」誤作「幟」。
〔註 80〕《初學記》卷 21 引服虔《通俗文》：「方絮曰紙。」（據南宋紹興刻本，《御覽》卷 605 引同，古香齋本《初學記》『曰』誤作『白』）。《說文》：「紙，絮一苫也。」桂馥曰：「『苫』當為『箈』，本書：『箈，蔽絮簀也。』」「蔽絮」即「潎

稱作「闃踙」。《漢書》孟康注：「踙猶地也，染紙素令赤而書之，若今黃紙也。」孟康說望文生義，顏師古已指出其誤。郝懿行曰：「赫踙，《西京雜記》作『薄踙』。又《玉篇》：『匾匼，薄也。』《方言》：『物之薄者曰匾匼。』是則『踙』、『匼』音義同。」〔註81〕郝說傅會，不足信也，謂《西京雜記》作「薄踙」，亦未見所出。「幘」字《玉篇》音許格切，《篆隸萬象名義》音乎格切，《廣韻》音呼格切，《集韻》音郝格切、馨激切、田黎切。鄧展「赫」音閱（闃），《增韻》卷5音許激切。諸音讀皆曉母，韻則鐸部、錫部相轉〔註82〕。又作「㦎㤴」，《集韻》：「㦎」、「㤴」二字並曰：「楚人謂憨曰㦎㤴。」《駢雅》卷2：「㦎㤴，憨悚也。」宋李洪《石碣傳》：「上方用㦎㤴無邊幅。」此薄義之引申。《玉篇》「㦎」同「愶」，音許激切；《廣韻》「㦎，惶恐」音之訓許激切；《集韻》「㦎㤴」之㦎音郝格切，又音田黎切，又「㦎，憨也」之訓音馨激切。同源詞又作「觟觡」，《太玄·難》：「角觟觡，終以直之也。」角傾曰觟觡，亦取牽離為義。同源詞又作「胇胅」，乃「結絓」、「觟觡」之倒言。《集韻》「胇」字條引《埤倉》：「胇胅，腹胅也。」P.2011《切韻》：「胇，胇胅，胅腹。胅字胡稽反。」故宮博物院藏王仁昫《刊謬補缺切韻》同，又「胅，胇胅。」《玉篇》：「胅，胇胅。」又「胇，胇胅，胅腹也。」《廣韻》：「胇，胇胅，胅腹。胅音奚。」《集韻》：「胅，胇胅，腹大。」又音轉作「倜儻」，《玉篇》、《廣韻》：「儻，倜儻。」《集韻》：「倜，倜儻，困劣皃。」又「儻，倜儻，困劣皃。」P.2011王仁昫《刊謬補缺切韻》：「儻，倜〔儻〕。」

（71）繰，《大宋僧史略》卷1：「《考工記》中：『三入為繰，五入為緅，七入為緇。』」按：「繰」乃「纁」字。《釋氏要覽》卷1：「《考功記》云：『三入為纁……』」（《彙釋》P375）

　　按：其書明引《考工記》文，自當引《考工記》「鍾氏染羽……三入為纁，五入為緅，七入為緇」為證，但引佛典異文，非能探本也。

（72）赵，《龍龕手鏡》：「赵、越，二俗，音麨。」按：《大般涅槃經》

　　　　絜」，謂於水中擊絜也。《廣韻》：「箈，漂絮簀也。」「漂」、「潎」一聲之轉。
　　　　桂馥《說文解字義證》，齊魯書社1987年版，第1142頁。
〔註81〕郝懿行《證俗文》卷7，收入《郝懿行集》第3冊，齊魯書社2010年版，第
　　　　2418頁。
〔註82〕鐸部、錫部音轉之證，參見王引之《經義述聞》卷24，江蘇古籍出版社1985
　　　　年版，第579頁。

卷 22：「為出膿血，蘇麨塗拊。」麨，宋本作「趒」。根據異文，「趒」即「麨」字。構件「麥（麦）」與「走」俗寫易混。（《彙釋》P378）

按：《慧琳音義》卷 26 亦作「蘇麨」。早稻田大學藏本、四庫本《龍龕手鏡》「音麨」誤作「音麴」。《新修絫音引證群籍玉篇》：「趒，音秒。」「趒」字鄭氏未說，當是「秒」之誤，同「麨」，從米從麥一也，或作「炒」、「飹」，皆「鬻」俗字。《慧琳音義》卷 13 引《埤蒼》：「炒米麥為麨。」「蘇」同「酥」。《涅槃經會疏》卷 20 作「酥麨塗傳（傅）」。

（73）趏，《智者大師別傳註》卷 2：「弟子基承積善，生在皇家，庭訓早趏，彝教夙漸。」按：趏，大型字典失收，乃「趍（趨）」字。《國清百錄》卷 2、《隋天臺智者大師別傳》卷 1 作「庭訓早趨」，《續高僧傳》卷 17 作「庭訓早趍」。（《彙釋》P378）

按：大型字典如《康熙字典》、《中華大字典》、《漢語大字典》、《中華字海》都收錄此字，鄭氏失檢。「趏」非「趍（趨）」字。《玉篇》：「趏，走也。」「趏」是「投」的分別字，即趨走義。《世說新語·排調》：「千里投公。」

（74）趀，《玉篇》：「趀，胡谷切，走也。」《漢語大字典》（3721）引之，無用例。按：《古音王傳》卷 1：「來山環，返水曲，莫使迷頭顛趀。」（《彙釋》P379）

按：《龍龕手鏡》：「趀，俗，音造。」《集韻》：「造、遭、艁、迠、趀：作也，或從草，古作艁、迠、趀。」胡吉宣曰：「元刊作『走言也』。以告為說，則當同『造』。」〔註83〕早稻田大學藏和刻本《玉篇》釋文亦作「走言也」。「趀」乃「造」分別字。

（75）獌，《廣韻》：「獌，求子豬也。」《漢語大字典》（3858）引之，無用例。按：《新修科分六學僧傳》卷 5：「果見老獌引七豘至，逐之，獌走而豘得。」（《彙釋》P384）

按：「獌」是「婁」分別字，字亦作「獌」、「貗」。《左傳·定公十四年》：「野人歌之曰：『既定爾婁豬，盍歸吾艾豭？』」杜預注：「婁豬，求子豬。」

〔註83〕胡吉宣《玉篇校釋》，上海古籍出版社 1989 年版，第 2070 頁。

《釋文》：「嫛，《字林》作『變』。」嫛之言摟，曳聚也〔註84〕。

（76）贖，《成唯識論疏抄》卷12：「帝釋斫小兒身兩段，死生在場，便乞錢贖小兒命。」按：「贖」疑即「責」字的增旁俗字，索求之義。（《彙釋》P388）

按：「贖」疑「贖」形譌字。

（77）規，《寺沙門玄奘上表記》卷1：「何以仰稱天規？」按：「規」乃「規」字之訛。《五經文字》：「規，從夫，作『規』，訛。」（《彙釋》P389）

按：「規」乃「規」古字，俗譌從夫〔註85〕。「矩」亦從矢，是其比也。「規」從矢從見會意，《說文》謂「從夫見聲」，非也。馬王堆帛書《相馬經》作「𢧵」，從矢。《玉篇殘卷》中皆作「規」字，猶存古字，如「準」字條引《世本》：「倕作矩規准繩。」唐人猶存此形，如敦煌寫卷Φ096《雙恩記》：「汝莫傷歎，此蓋常規。」《五經文字》乃陋說，《廣韻》引《字統》：「丈夫識用必合規矩，故規從夫也。」《祖庭事苑》卷2引同，其誤同也。

（78）跂，《玉篇》：「跂，急行。」《龍龕手鏡》：「跂，行皃也。」《漢語大字典》（3950）引之，無用例。按：《廣福山勝覺寺密印禪師語錄》卷12：「偶聞訃音，不憚時炎，遂跂而至突見，不逭次年。」（《彙釋》P392）

按：胡吉宣曰：「《集韻》、《類篇》注云：『行急。』本書『迖，走也。』『趨，走也。』走者，奔也，亦急行也。『迖』、『趨』並與『跂』同。」〔註86〕胡說是，「趨」是改易聲符的異體字。佛典中「跂」又為「跡」形誤字。《可洪音義》卷5《等集眾德三昧經》卷中：「行跂：子昔反，蹤也。正作『跡跂』（引者按：此『跂』字當是衍文）。」大正藏本《三昧經》作「行跡」。《易林·震之否》：「蜉蝣戴盆，不能上山。搖推跂跛，頓傷其顏。」此據津逮秘書本（即汲古閣本）、四庫本，道藏本作「跌跛」，元刊本、士禮居叢書本、龍谿精舍叢書本、學津討原本、百子全書本作「跌跛」，《復之萃》作「跛蹶」，《御覽》卷

〔註84〕 參見朱駿聲《說文通訓定聲》，武漢市古籍書店1983年版，第346頁。
〔註85〕 參見何琳儀《戰國古文字典》，中華書局1998年版，第739頁。
〔註86〕 胡吉宣《玉篇校釋》，上海古籍出版社1989年版，第1115頁，又第1438、2065頁說同。

947 引作「趺蹋」。當作「跌跋」為是〔註87〕，此「跤」又是「跌」形譌。

（79）踤，《法苑珠林》卷 21：「婬人曳踵行，患者斂指步。愚者足踤地，斯跡天人尊。」踤，宋、明、宮本作「踏」。《諸經要集》卷 7：「愚者足踤地。」踤，宋、元、明本作「蹴」，宮本作「蹋」。根據經文文意，「踤」應該與「踏」、「蹴」同義，皆「踩踏」之義。（《彙釋》P393）

按：「愚者足踤地」之「踤」，《六度集經》卷 4 作「築」，《佛說優填王經》卷 1 作「躘」（元、明本作「蹴」），《佛說義足經》卷 1 作「踝」（宋、元、明本作「蹋」），《經律異相》卷 40 作「蹶」（宋、元、明、宮本作「蹋」）。《玄應音義》卷 12《義足經》卷上：「蹶地：《說文》：『蹶，僵也。』《廣疋》：『僵，臥也。』經文作『蹴』，千六反，《說文》：『蹴，蹋也。』」《慧琳音義》卷 55 錄作：「蹶地：《說文》：『蹶，僵也。』《廣雅》：『僵，仆也。』蹶，走也，亦行遽之貌也，又跳也。經文作『蹴』，千六反，《說文》：『蹴，蹋也。』」《可洪音義》卷 2《優填王經》：「足躘：七六反，踏也，正作『蹴』也。經意謂佛行時足不到地也。《六度集》云『愚者足築地』，《諸經要集》云『愚者足踏地』，並是也。《解脫道論》云『癡人起腳摩地，亦摩下以腳觸腳行』，即《六度集》云『愚者足築地』是也。言佛行足迹平穩，不跋地。下腳，抽腳也。」《可洪音義》卷 13《義足經》卷上：「踝地：上他合反，著地也，正作『踏』也。《諸經要集》云『愚者足踏地』，《六度集》云『愚者足築地』，《優填王經》云『愚者足蹴地』，《解脫道論》云『癡人起腳摩地，亦摩下以腳觸腳行』即此經云『癡人足踝地』是也。或作『踡』，他合反，又經音義作『蹴』，以『蹶』字替之，居月、居衛二反，非也。郭氏作烏板反，亦非也。今定作『踏』。」《可洪音義》卷 23《經律異相》卷 40：「踝地：上他合反，著地也……《六度集》云『愚者足築地』，《諸經要集》云『足踏地』，《優填王經》云『愚者足蹴地』，並一義也。正作『踏』，或作『踡』，二形也。郭氏作烏板反，非。又《優填王經音義》應和尚以『蹶』字替之，居衛反，非也。」是可洪所見《諸經要集》作「踏」，與諸本又不同；所見《優填王經》有作「躘」、作「蹴」二本，與今所見者同。①作「踝」、「踝」者，蓋「踤」形譌。②築亦蹴也，踏也，躘也。③蔣斧印本《唐韻殘卷》：「踤，恭踤，出《音譜》。」《玉篇》：

〔註87〕《悲華經》卷 1：「毘籃跛他。」宋本「跛」作「跋」，此二字相譌之例。

－2269－

「蹖、踛：二同，行皃。」民國十九年《嘉定縣續志》卷 5：「踛，俗言登也。《玉篇》：『踛，行貌。』音祿。《吳下諺聯》：『黃狼踛雞棚上。』『踛』亦作『蹖』。」所引《吳下諺聯》見卷 1。「踛」與「蹖」同，小心行走貌。字亦作「逯」，《方言》卷 12：「逯，行也。」《說文》：「逯，行謹逯逯也。」④作「蹶」者，《經律異相》同，並非沒有根據。蹶亦踏（蹹）也〔註88〕，玄應、慧琳、可洪說皆誤。《清淨道論》卷 20：「蹶地，是再舉足時一足踏緊於地。」⑤作「蹖」者，蓋「礱」借字，磨也。「足蹖地」即《解脫道論》卷 3「腳摩地」之義，摩謂接觸摩擦。

（80）蹸，《布水臺集》卷 13：「馬駒是育，血染霜蹄。蹸蹸一蹹，四海
　　　平夷。」《林野奇禪師語錄》卷 8 同。《集韻》：「踜，踜蹸，竦立
　　　也，行不進。」「蹸」為「踜」的聲旁繁化字。（《彙釋》P394）

　　按：也作「降蹸」，元胡天游《給四江韻賦海棠》：「我來咨嗟久降蹸，對花壓酒如流淙，玉壺錦瑟聲鏘鏘。」「踜蹸」疊韻連綿詞，也作「栙雙」、「栙雙」、「踜蹸」、「觡觸」、「筆簍」、「膙肛」、「膙肛」、「膙肛」、「胮肛」、「觡肛」、「觡肛」等形，倒言則作「江降」、「肛降」、「江絳」、「魟鼿」，脹大之義，各易偏旁以立名，胥同源也〔註89〕。

（81）踢，《法華經三大部補注》卷 13：「體心踢心。」按：「踢」即「踏」字之訛。《摩訶止觀》卷 5 作「體心踏心」。《可洪音義》卷 7：「踢普：上徒盍反，正作『蹹』，古經作『蹹副』。蹹普，同上此正。」「踢」同「蹹」，而「蹹」即「踏」字。（《彙釋》P394）

　　按：鄭說是也，還可補證。《可洪音義》卷 23：「上徒盍反。正作『踢軡』也。」《首楞嚴經義海》卷 16：「步步踢佛階梯，日用何曾遠離？」《五家語錄（選錄）》卷 2 作「蹹」，《圓悟佛果禪師語錄》卷 5 作「踏」，《溈山警策註》卷 1、《證道歌註》卷 1 作「蹈」。

（82）躞，《漢語大字典》（3983）引《集韻》：「躞，行捷也。」按：佛

〔註88〕例證參見《故訓匯纂》，商務印書館 2003 年版，第 2231～2232 頁。
〔註89〕參見蕭旭《「狼抗」轉語記》，收入《群書校補（續）》，花木蘭文化出版社 2014
　　　年版，第 2343～2344 頁。

經中，「趮」乃「趮」字。《瑜伽論記》卷 8：「威儀寂靜，言語敦
肅，而無趮動等。」趮，金陵刻本作「趮」。（《彙釋》P395）

按：《集韻》「趮，行捷也」者，字或作趨，《集韻》：「趨，競走也。」本
字為趨，《說文》：「趨，疾也。」字亦作趮，《廣雅》：「趮，疾也。」《慧琳音
義》卷 5 引《考聲》：「趮，疾走也。」《五經文字》卷上：「趨、趮：二同，子
到反。」古聲巢、喿相通，「趮（趨）」是「趮（趨）」改易聲符的俗字。疾行
與趮動，義本相因。

（83）踏，《修行本起經》卷下：「今當足踏地，感動中外人。」按：踏，
　　　宋、元、明本作「蹋」。「踏」即「蹋」的換聲旁俗字。《龍龕手鏡》：
　　　「踏，都合反，跛行也。」此別為一字。（《彙釋》P395～396）

按：佛典「踏」是「搭（搭）」俗別字，猶言接觸。《本起經》下文云「四
神接舉足，令腳不著地」，「著」字是其誼。「踏」同「踏」，也可作「蹋」異
體字。《方言》卷 1：「踏，跳也。」郭璞注：「踏，古『蹋』字，他匣切。」
《龍龕》「踏，跛行也」者，蔣斧印本《唐韻殘卷》：「踏，跛行，惡（惡）兒。」
《廣韻》：「踏，跛行貌。」《集韻》：「踏、踏：跳也，跛也。或從荅。」訓跳
亦「蹋」異體字。考《說文》：「踏，跋也。」又「跋，進足有所擷取也。」
《玉篇》：「踏，踏跋也。」「踏」、「跋」是聲訓，古音及、合相通。「踏」亦
言搭也，「跋」猶言跋鞋。今吳方言有「拖鞋搭腳」之語。踏訓跋鞋而行，是
行不正，故又訓跛行。段玉裁曰：「『跋』當作『跳』。《方言》：『踏，跳也，
自關而西秦晉之閒曰跳，或曰踏。』」王筠從段說[註90]。其改字非也，《集
韻》引《說文》亦作「跋也」。

（84）蹿，《明覺禪師語錄》卷 6：「春色依依籠遠樹，卷衲揹藤蹿輕
　　　屩。」按：「蹿」乃「蹜」字。《祖庭事苑》卷 4：「蹿，正作『蹜』，
　　　足輒切，蹈也。」（《彙釋》P396）

按：《祖庭事苑》原文「蹈」誤作「蹈」，鄭氏徑正（CBETA 已正），是也；
「足」是「尼」形誤。「蹿」、「蹜」形聲俱遠，不得為異體字，《祖庭事苑》說
不足信也。「蹿」當是「踳」改易聲符的俗字，古春（暜）聲、舛聲相通。《說
文》：「舛，對臥也。踳，楊雄說：舛從足春。」《文選·魏都賦》李善注引《莊

〔註90〕段玉裁《說文解字注》，王筠《說文解字句讀》，並收入丁福保《說文解字詁
　　　林》，中華書局 1988 年版，第 2745 頁。

子》司馬彪注：「蹖，讀曰舛。」今《莊子・天下》作「舛」。《淮南子・泰族篇》：「趣行蹖馳。」（從道藏本）又《說山篇》：「分流舛馳。」《玉篇》「僢」字條引作「分流僢馳」，《慧琳音義》卷96「蹖淪」條指出《淮南》「蹖」作「僢」。皆其相通之證。《集韻》：「蹖，踔也。」〔註91〕《龍龕手鏡》：「蹖，蹖踔也。」然從春無踔義，字當作「踔」為正。「踔」形誤作「蹖」，又改易聲符作「踔」，此歧之又歧者也。考《集韻》引《博雅》：「蹖，踔也。」（今《廣雅》各本訛作「踖」）。《慧琳音義》卷91引《博雅》：「蹖，踔跳也。」P.2018《唐韻》：「蹖，踔。」《玉篇》、《廣韻》、《篆隸萬象名義》並曰：「蹖，踔也。」

（85）躒，《集韻》：「躒，足所經踐。」《漢語大字典》（3995）引之，無用例。按：《玄沙師備禪師廣錄》卷3：「肩橫榔標，躒眾壑以無辭。心注芙蓉，涉重江而罔滯。」又「熟詳履躒之規，可紀隆崇之德。」根據「躒」的讀音與意義，我們懷疑「躒」即「歷」字的增旁俗字。「歷」有經歷、遊歷之義。（《彙釋》P397）

按：「躒」的核心義是踐，當是「轢」俗字，古音歷、樂相通。《說文》：「轢，車所踐也。」字亦作轣，S.388《正名要錄》：「轢、轣：右字形雖別，音義是同，古而典者居上，今而要者居下。」《集韻》：「轢，《說文》：『車所踐也。』或作轣。」車所踐曰轢（轣），人所踐曰躒，其義一也。字亦作躒、躒，《字彙》：「躒，踐也。」又「躒，踐也。」

（86）軀，《集韻》：「軀，軀軀，倮也。」《漢語大字典》（4065）引之，無用例。按：《頻吉祥禪師語錄》卷7：「直教通身膿滴滴地，赤軀軀地。」《五燈全書》卷79：「個裏須是寸絲不掛，赤軀軀漢。」（《彙釋》P399）

按：屈大均《廣東新語》：「裸體曰軀軀，音赤歷。」李調元《南越筆記》卷1、光緒五年刻本《廣州府志》卷15、光緒刻本《茂名縣志》卷1同。「軀軀」即「赤歷」音轉，「赤歷」是「赤歷歷」省言，猶言透明貌，故指裸體，此宋、元人俗語詞。蘇軾《東坡志林》卷：「公昔遺余以晾肚餅，其直萬錢。我今報公亦以晾肚餅，其價不可言。中空而無眼，故不漏；上直而無耳，故不懸；以活潑潑為內，非湯非水；以赤歷歷為外，非銅非鉛；以念念不忘為項，不解不縛；以了了常知為腹，不方不圓。」元龐居士《誤放來生債雜劇》

〔註91〕明萬曆刻本及正德刻本《五音集韻・諄韻》形誤作「躇」，成化刻本不誤。

第 3 折：「赤歷歷那電光掣一天家火塊，吸力力雷霆震半壁崩崖。」《徹庸和尚谷響集》卷 8：「坐斷命根時，渾身赤歷歷。」《金剛經註解鐵鋑鋿》卷 2：「頓見如一團清水相似，赤歷歷，隱在虛空之中。」《御選語錄》卷 13：「方是本體赤歷自身也。」

（87）驣，《石溪心月禪師語錄》卷 2：「海雲老凍驣，把不定輥在千波萬浪中。」按：「驣」乃「朧」字。《大慧普覺禪師語錄》卷 7：「這老凍朧，畢竟有鄉情在。」（《彙釋》P399～400）

　　按：以異文定字，全未探源，不能得也，「凍朧」又何義？也作「凍驤」，《密菴和尚語錄》卷 1：「以至從上老凍驤，全提半提。」《景德傳燈錄》卷 24：「遮老凍驤，作恁麼語話？」又作「凍儂」，《佛國禪師語錄》卷 2：「盡天下老凍儂，向什麼處出氣去也？」《閱經十二種》卷 13：「多寶老凍儂，也是個魂不散的死漢。」《列祖提綱錄》卷 12：「兩箇老凍儂，各長三尺啄（喙）。」（《了菴清欲禪師語錄》卷 2 作「凍朧」）。也作「凍醲」，《林間錄》卷 2：「若不是這兩箇老凍醲，埕殺尿床鬼子。」也作「凍濃」，《費隱禪師語錄》卷 11：「與祖佛老凍濃一鼻出氣。」諸字都是記音，疊韻連綿詞，乃「儱倲」、「儱倲」倒言。《玉篇》：「倲，儱倲，儜劣皃。」《廣韻》：「倲，儱倲，儜劣皃，出《字諟》。倲，上同。」《集韻》：「倲，儱倲，劣也，或作倲。」又「儱，儱倲，劣也。」又作「籠東」、「瀧凍」、「壠東」、「隴東」等形，形容潦倒笨累之狀〔註 92〕。音轉作「惏戀（倲）」，P.3696《箋注本切韻》、P.2011《切韻》並云：「惏，惏戀，愚。」《集韻》：「戀，惏戀，愚皃，或作倲。」同源詞又作「弄棟」、「栙棟」、「弄揀」，《漢書·地理志》益州郡有「弄棟」縣，《後漢書·郡國志》作「栙棟」，《御覽》卷 789 引《南夷志》作「弄揀」，地名蓋取義於愚劣之義。吳語謂愚弄人曰「弄送」，即「惏倲」之轉語。《北史·李穆傳》：「籠東軍士。」「籠東」與佛典用法相同。

（88）轢，《圓覺經道場修證儀》卷 5：「懺悔刀輪火地獄，擗轢罪報。」按：「轢」乃「轢」字。《佛說佛名經》卷 30 作「擗轢」。（《彙釋》P400）

　　按：鄭說未得其源。《佛說佛名經》卷 11、26 作「劈轢」，《慈悲水懺法》

〔註 92〕 參見蕭旭《「郎當」考》，收入《群書校補（續）》，花木蘭文化出版社 2014 年版，第 2378 頁。

卷 3、《慈悲道場水懺法隨聞錄》卷 3、《慈悲道場水懺法科註》卷 3 作「劈礰」。疊韻連綿詞，乃「霹靂」音轉，指雷霆。《華嚴經海印道場懺儀》卷 12：「如遭霹靂，罪報懺悔。」正作「霹靂」。字亦作「辟歷」、「礔礰」、「礔礰」，音轉又作「敝裂」、「棘裂」。朱起鳳曰：「敝轉入聲，即為霹字。」〔註93〕亦作「劈歷」，《說文》：「震，劈歷振物也。」《法苑珠林》卷 7 引作「震，霹靂震動也」。又音轉作「辟析」，《釋名》：「震，戰也，所擊輒破若攻戰也。又曰辟歷，辟折（析）也，所歷皆破折（析）也。」〔註94〕

（89）逶，《可洪音義》卷 6：「相逶，音違。」按：逶音違，乃「違」字。《可洪音義》卷 13：「逶犯，音違。」又卷 28：「小逶，音違，乖也。」（《彙釋》P403）

按：《可洪音義》卷 3、20「不逶」條，卷 11、19「相逶」條，卷 10、11「見逶」條，卷 14「敢逶」條，卷 21「能逶」條，卷 22「有逶」條，卷 29「小逶」條，亦並曰「音違」；《可洪音義》卷 9「不逶」條下云「正作違」，《可洪音義》卷 10「逶越」條下云「正作違越」。此「逶」乃六朝以來俗寫字，東魏《崔混墓誌》：「分逶聖善。」隋《寇遵考墓誌》：「糾察非逶。」S.388《正名要錄》：「違、逶：右正行者正體，註腳訛俗。」S.6659《太上洞玄靈寶妙經眾篇序章》：「玄科有制，不敢逶命。」甘博 037《究竟大悲經》卷 4：「臣當時欲道，具（懼）逶王意，不敢出言。」俱作此字形。《解深密經疏》卷 1：「然則存不違遣，唯識之義彌彰；遣不違存，無相之旨恒立。」BD03416V 二「違」作「![字形]」。疑「逶」字當從夌作「逶」。《慧琳音義》卷 6：「不相違：準經義，合是『違』字也，經文從夌作『逶』，不成字，不堪用。」慧琳所見正作「逶」字。P.2481V「峻節![字形]雲」，P.2883「![字形]波濤之萬里」，「![字形]」、「![字形]」即「凌」字。P.3967V「![字形]冬走馬」，「![字形]」即「凌」字。敦煌寫卷「峻」譌作「![字形]」，「菱」譌作「![字形]」，「陵」譌作「![字形]」，「綾」譌作「![字形]」，「凌」譌作「![字形]」，「麦」譌作「![字形]」〔註95〕；《龍龕手鏡》「錂」譌作「![字形]」，「勆」譌作「![字形]」，「崚」譌作「崚」；《隸釋》卷 3《楚相孫叔敖碑》「南郡江南郡江陵縣」，《古文苑》卷 19「陵」作「陵」。《玉篇殘卷》「訨」字條引《爾雅》郭璞注：「賢者陵替，姦黨

〔註93〕 朱起鳳《辭通》卷 24，上海古籍出版社 1982 年版，第 2652 頁。

〔註94〕 《御覽》卷 13 引作「霹靂，〔辟〕析也。震，戰也。所擊輒破若攻戰也」。「折」為「析」形誤。

〔註95〕 參見黃征《敦煌俗字典》，上海教育出版社 2005 年版，第 249～250、263 頁。

熾盛。」「陵」即「陵」。《御覽》卷 598 引王褒《僮約》:「掄麥窖芋。」注:
「掄麥，種麥也。」《御覽》卷 30 引《荊楚歲時記》引《玉燭寶典》:「今日悉
為大麦粥，研杏仁為酪，別餳沃之。」《初學記》卷 4 引作「大麥」。《吳越春
秋·王僚使公子光傳》:「父來，持麥飯、鮑魚羹、盎漿。」《御覽》卷 1000 引
誤作「麦飯」。皆是其比。「㥄」是「麦」、「陵」的俗字，《梵網古跡抄》卷 4:
「㥄越所受其㥄越戒而懺悔。」陵者，侵犯也，故有違犯義，俗讀音違，音訓
字也。張涌泉亦僅錄「違」的異體「㥄」，未分析其緣由〔註96〕。

（90）㥄，《成唯識論俗詮》卷 1:「如大般若㥄迦等經。」按:「㥄」疑
　　　為「楞（棱）」字。「㥄」又可為「違」字。（《彙釋》P404）

　　　按:「㥄」又是「麦」、「陵」的俗字，另詳上條。

（91）誤，《廣韻》:「誤，誤詬，巧言才也。」《漢語大字典》（4255）
　　　引之，無用例。按:「誤詬」即「契詬」、「喫詬」……本為黃帝
　　　之臣，後用來代表言辯。正因如此，「契」增口旁或言旁作「喫」、
　　　「誤」。（《彙釋》P414～415）

　　　按:鄭說愼矣，「誤詬」本是巧辯之義，黃帝之臣善辯，故用作其名。「誤
詬」音轉又作「契溝」、「誤詬」、「奠詬」、「謨詢」、「謨詢」、「謨响」、「解垢」、
「解詬」、「儶詬」、「解遘」、「邂遘」等形〔註97〕。

（92）謑，《字彙》:「謑，同『詫』。」《漢語大字典》（4258）引之，無
　　　用例。按:《慧琳音義》卷 43:「和詫:字又作謑，同。丑嫁反，
　　　婆和詫者，比丘名也。」《人天寶鑑》卷 1:「先佛遺規末世當行，
　　　非謑事也。」（《彙釋》P415）

　　　按:所引《慧琳音義》，轉錄自《玄應音義》卷 4，乃《華手經》卷 1《音
義》，檢經文作「婆私詫」。「和」乃「私」形譌〔註98〕。「謑」作「詫異」用，
中土文獻亦見用例。朱熹《木耳》:「蔬腸久自安，異味非所謑。樹耳黑垂聃，
登盤今亦乍。」「誇」字不入韻，《記纂淵海》卷 90、《事文類聚》後集卷 22 引

〔註96〕張涌泉《敦煌俗字研究》（第二版），上海教育出版社 2015 年版，第 828～829
　　　頁。
〔註97〕參見蕭旭《淮南子校補》，花木蘭文化出版社 2014 年版，第 53～60 頁。
〔註98〕徐時儀《一切經音義三種校本合刊》失校，上海古籍出版社 2008 年版，第 82、
　　　1255 頁。

作「諗」，《全芳備祖》後集卷 26 引作「詫」。據《說文》，「夅」乃「奓」篆文，故「詫」異體作「諗」，亦可作「諸」，《玄應音義》卷 1：「尸任：又作詫、諸二形，同。」《慧琳音義》卷 17 轉錄同。

（93）諪，《漢語大字典》（4262）引《篇海類編》：「諪，調諪，唐丁切。」按：「諪」乃「諄」字之訛。《陰持入經》卷 1：「因緣瞋瞋恚發評諪。」《陰持入經註》卷上：「因緣瞋瞋恚發評諪。評諪。由評彈瞋恚之忿，繳兒氣泄出，為謗訕矣。」諪，宋本作「諄」。（《彙釋》P415）

按：不得據「諄」偶誤作「諪」，因謂「諪乃諄字之訛」。《篇海類編》「諪」音唐丁切，明非「諄」字之訛。《龍龕手鏡》：「諪，音亭，調諪。」《正字通》：「諪，唐寅切，音亭，調諪，亦作『調停』。」「調停」是中古俗語詞，不煩舉證。也作「調亭」，《華嚴五十要問答》卷 2：「欲行此五法，唯須調亭。」敦煌寫卷 S.2748a《本業瓔珞經疏》卷上：「以其始除覺觀，未得縱任調亭，故無捨。」倒言也作「停調」，《九橫經》卷 1：「不應飯者，名為不可意飯，亦為以飽腹不停調。」《治禪病祕要法》卷 1：「如按摩法停調諸節。」《佛本行經》卷 2：「手執持老弓，甚強停調利。」宋、元、明本「停」作「淳」，《玄應音義》卷 20《佛本行讚經》卷 2：「淳調：淳，善也，美也，大也。經文作『諪』，告曉也，罪也，『諪』非字義。」《可洪音義》卷 21《佛本行讚》卷 2：「淳調：上市軟反，淳樸也，《經音義》作『諪』，以『淳』字替之，是也。《川音》作『諪』，音亭，非也。」玄應、可洪說皆非是，《川音》作「諪調」，大正藏本作「停調」，均不誤。蘇轍《再論分別邪正箚子》：「欲以此調亭其黨。」「諪」是「亭」增旁俗字，亭，平也，均也。「停」是借字。停調，猶言均調、和調。

（94）譃，《佛說菩薩投身飴餓虎起塔因緣經》卷 1：「妃前扶頭理太子髮，心肝摧碎，啼哭聲譃。」譃，宋、元、明、聖本作「噎」。按：「譃」乃「噎」字。《可洪音義》卷 10：「譃曰：上音闇、鍩二音。」以「譃」讀「闇、鍩二音」二音，不知所指。（《彙釋》P416）

按：可洪所見亦是「譃」字，當有所本。「譃」當是「嗜」異體字。嗜亦噎也，《集韻》：「嗜，聲也。」謂聲噎。「嗜」是「喝」借字，「喝」音於介切（yè，非「喝水」之喝），音轉亦作「啞」。《玉篇》：「喝，嘶聲也。」《廣韻》：「喝，嘶聲，於犗切。」《文選·子虛賦》：「榜人歌，聲流喝。」李善注：「喝，

於邁反。郭璞曰：『聲喝，言悲嘶也。喝，一介切。』」又《宋孝武宣貴妃誄》
李善注引《廣雅》：「喝，嘶喝也。」字亦作嗳，《集韻》：「嗳，聲也，或作喝。」
聲喝，猶言聲嘶，與宋本等作「聲噎」義近。《玄應音義》卷 3：「嘶喝：又
作『噎』，同，乙芥反。」《慧琳音義》卷 8：「誓喝辯：上先賫反，經從口作
『嘶』，俗字也。下乙芥反，《考聲》云：『聲噎也。』字書或作『噎』，或作
『歇』，皆古字也。」《可洪音義》卷 17：「暗噎：下烏介反，歡傷聲也，正作
『噎』、『呝』、『喝』、『嗳』四形，俗。」慧琳引《考聲》「喝，聲噎也」，尤
其確證。玄應、慧琳、可洪又說「喝」亦作「噎」或「歇」，皆即「諎」字異
體。凡此之類，以聲求之則通達，以形求之則拘隔。「諎」從害得聲，讀鐋音
固其宜也；害、盍聲轉，又雙聲轉作舀聲，故又讀閻音。《詩·十月之交》：
「豔妻煽方處。」《漢書·谷永傳》：「閻妻驕扇日以不臧。」顏師古注：「《魯
詩·小雅·十月之交篇》曰：『閻妻扇方處。』」此盍聲、舀聲相轉之證。

（95）霙、霿，《玉篇》：「霙，雨也。」又「霿，雨聲。」《漢語大字典》
　　　（4326、4328）引之，無用例。按：《古宿尊禪師語錄》卷 6：「一
　　　陣霿霙雨，漁樵繼踵過。寒螿沿碱鬧埜雀遍山歌。」根據佛典文
　　　義，「霿霙」指大雨聲。（《彙釋》P421～422）

　　按：說「霿霙」指大雨聲，無有所據。《龍龕手鏡》：「霿（霿）霿：上
音蓬，下音聾。《玉篇》：『雨聲。』」胡吉宣曰：「《水部》『瀧』下引《說文》：
『雨瀧瀧也。』疑『霿』與『瀧』同。」〔註99〕霿訓雨聲，與「霿霙」不同。
「霂霿」即「豐隆」、「靈靈」音轉，北大漢簡（五）《節》作「豐龍」、「酆
龍」，指雲師，故為雨聲。「霿霙」疊韻連綿詞，「瀧凍」之音轉。《廣韻》：
「瀧，瀧凍，沾漬。」指沾漬衣服之小雨。

（96）靁，《玉篇》：「靁，大雨也。」《漢語大字典》（4351）引之，無用
　　　例。按：《古雪哲禪師語錄》卷 15：「是其惠靁仁飆，溢播於方之
　　　外者，固深大若是矣。」（《彙釋》P426）

　　按：《正字通》：「靁，俗『濯』字，舊註『音濁，大雨靁靁』，泥。」胡
吉宣曰：「《廣韻》云：『大雨靁靁。』靁之言濯也，大雨淋漓如瀿濯也。」
〔註100〕胡氏說靁之言濯，是也，但非瀿濯義。《方言》卷 1：「濯，大也。荊、

〔註99〕胡吉宣《玉篇校釋》，上海古籍出版社 1989 年版，第 3894 頁。
〔註100〕胡吉宣《玉篇校釋》，上海古籍出版社 1989 年版，第 3900 頁。

吳、揚、甌之郊曰濯。」錢繹曰：「《釋詁》：『濯，大也。』……枚乘《七發》：『血脈淫濯。』《玉篇》：『靈，大雨也。』『靈』與『濯』通。」〔註101〕錢說亦是也，但《七發》「淫濯」乃「淫躍」之借，指邪氣隨血氣遊行，專字作「淫瘤」〔註102〕。大雨貌曰靈，故字從雨從濯，會意兼形聲字。

（97）隂，《六度集經》卷 2：『母故掘隂，其坫容人，二兒入中，以柴覆上。』隂，宋、元、明本作「隂」。按：「隂」即「蔭」字之訛。《可洪音義》卷 6《六度集經》卷 2：「握蔭，上宜作窟、掘，二同，苦骨反。下宜作窨、蔭，二同，於禁反。窟窨，地室也。又上烏角反，下音除，並非義也。」「隂」與「蔭」形體近似，據可洪所論，「隂」、「蔭」即「蔭」字。（《彙釋》P428）

按：掘隂，宋本《六度集經》引《須大拏經》作「握隂」，《經律異相》卷 31 引《須大拏經》作「掘隂」（宋、元、明、宮本作「握蔭」）。《慧琳音義》卷 79《經律異相》卷 31：「掘隂臽：或作陷，《廣雅》：『臽，坑也。』《說文》：『小阱也。』」《可洪音義》卷 23《經律異相》卷 31：「握蔭，上苦骨反，下於禁反，正作『窟蔭』也。又上烏角反，下音除，並非義也。」此二字當作「掘隂」為正，「掘」是挖掘義，動詞，可洪以為名詞，非也；「隂」借為「窨」，地穴也，可洪說是。

（98）鈗，《改併四聲篇海》引《川篇》：「鈗，音亢。」《漢語大字典》（4499）引之，義未詳。按：佛經中有「鈗」字，乃「砧」字之俗。《十誦律》卷 49：「有人著黑衣，奔頭捉鐵鈗著肩上。」《正法念處經》卷 13：「閻魔羅人，置鐵鈗上，鐵椎打之，如鍛鐵師椎打鐵塊。」鈗，宋、元、明、宮本作「砧」。《可洪音義》卷 13：「鐵鈗：知金反，正作椹、碪二形，又直林反，非也。」「鈗」《川篇》音亢，蓋俗讀。（《彙釋》P430～431）

按：所引《十誦律》，宋、元、明、宮本「鈗」作「碪」，不知鄭氏何以不舉？鄧福祿、楊寶忠等指出「鈗」是「鈗」形誤〔註103〕，是也。《玄應音義》

〔註101〕錢繹《方言箋疏》，上海古籍出版社 1984 年版，第 90 頁。
〔註102〕參見蕭旭《呂氏春秋校補》，花木蘭文化出版社 2016 年版，第 97～100 頁。
〔註103〕鄧福祿、韓小荊《字典考正》，湖北人民出版社 2007 年版，第 435 頁。楊寶忠《疑難字續考》，中華書局 2011 年版，第 296 頁。

－2278－

卷 15《十誦律》卷 48：「鐵砧：又作椹、皷二形，同。鈇砧也。律文作『鈗』。」
《玄應音義》卷 11《正法念處經》卷 9：「鐵砧：又作椹、斀（皷）二形，同。
鈇砧也。經文作鈗，雷屬也，『鈗』非此義。」玄應所見本《十誦律》、《正法
念處經》皆作「鈗」，正足證大正藏本作「鈗」是形謁字也。從語源來說，「鈗」
是「扰」的分別字。《說文》：「扰，深擊也。」擊之曰扰，所以受擊之物亦曰
扰。古尤聲、甚聲、占聲相通（侵、談旁轉），故名詞義之字或作「椹」、「碪」、
「砧」。或從木從石從金者，受擊之物材質之異也。《玄應音義》卷 4《觀佛三
昧海經》卷 5：「鐵砧，又作椹、皷二形，同。鈇砧也。經文作碪、鈗二形，非
體也。」宋、元本與玄應所見本同，大正藏本作「鐵碪」。

（99）鉫，《龍龕手鏡》：「鉫，尼主、而遇二反。」按：「鉫」音「尼主
　　　反」、「而遇反」，來源不明。《賢愚經》卷 4：「寒地獄中，受罪之
　　　人，身肉冰燥，如焦豆散，腦髓白爆，頭骨碎破，百千萬分，身
　　　骨劈裂，如炰箭鉫。」鉫，宋、元作「鉫」。「鉫」即「枷」字，
　　　而「鉫」乃「鉫」字之訛。《龍龕手鏡》「鉫」音「尼主反」、「而
　　　遇反」，懷疑是俗讀。（《彙釋》P433）

　　　按：所引《賢愚經》，宋、元本作「如剖箭鉫」，明本作「如剖箭栝」，金
藏廣勝寺本作「如刨箭鉫」。「鉫」當為「鉫」形誤。《龍龕手鏡》、《改併五音
類聚四聲篇海》並云：「鉫，音加，又古荷反。」四庫本《龍龕手鏡》「古荷反」
作「古禾反」。皆失載其義。鉫音加者，是「枷」俗字。「鉫」音古荷（禾）反
者，當是「笴」俗字。箭笴，箭幹也。明本作「箭栝」者，蓋不得其字而臆改。
「炰」當作「炰」，同「炮」。「剖」為「刨」形誤，借作「炮」。《龍龕手鏡》
「鉫」字，當指熟鐵，字本作鋢，《說文》：「鋢，鐵之耎也。」字或作鑐、濡，
《集韻》：「鑐，金鐵銷而可流者，通作濡。」又「鋢，或作鑐。」〔註104〕

（100）錆，《菩薩處胎經》卷 7：「吾為馬槍刺腳。」槍，宮本作「錆」，
　　　　知本作「鏘」。按：「錆」即「槍」、「鏘」字。《玄應音義》卷 4：
　　　　「槍刺：且羊反。經文作鏘，玉聲也。又作錆，非也。」《龍龕
　　　　手鏡》：「錆，七羊反，精也。」「錆」音七羊反，與「槍（鏘）」
　　　　讀音正同。不過，「錆」釋義為「精」，來源不明。（《彙釋》P433）

〔註104〕以上參見蕭旭《〈龍龕手鑑〉「鉫」字考》，收入《群書校補（續）》，花木蘭文
　　　　化出版社 2014 年版，第 1915～1921 頁。

按：①佛典「錆」是「鎗」改易聲符的俗字，「鎗」同「槍」、「鏘」。古音青聲、倉聲相轉，《集韻》「蒼」或作「箐」，是其比也。郭店楚簡《老子》：「梟（燥）勅（勝）蒼（滄）。」今本作「躁勝寒」。《說文》：「滄，寒也。」又「清，寒也。」「滄」、「清」聲轉。《呂氏春秋·離俗》：「而自投於蒼領之淵。」高誘注：「蒼領，或作『青令』。」《莊子·讓王》、《淮南·齊俗篇》作「清泠」。朱駿聲曰：「蒼領，猶清泠也。」〔註105〕許維遹曰：「『蒼領』與『清泠』同。《中山經》亦作『清泠』。」〔註106〕馮振曰：「滄、清一聲之轉，領、浪亦一聲之轉。或作『滄浪』，或作『清泠』，或作『青令』，或作『蒼領』，其實一也。」〔註107〕《呂氏春秋·審時》：「穗閱而青零。」孫詒讓曰：「青零、倉狼，一聲之轉。」〔註108〕《淮南子·泰族篇》「生以青苔」，《文選·雜詩》、《直中書省詩》李善注引「青」作「蒼」。皆其音轉之證。②《龍龕手鏡》：「錆，俗。鎗，正。七羊反，精也。」《五音集韻》：「鎗，千羊切，精也。錆，俗，上同。」其音「七（千）羊反」者，即「鎗」異體字。又訓精者，另一音義，是「精」字異體，蓋指金屬之精者。③佛典中「錆」又可是「錯」形譌〔註109〕。大谷大學藏天保七年寫本《說無垢稱經疏》卷5：「舊經亦有色界天者，錆也。」《卍續藏經》本「錆」作「錯」，此乃「錯誤」之錯。《本生經》卷9：「使彼無憂而滿足，如酸之剡落銅錆，如蓮葉之滾落水滴。」此「錆」是「錯」形譌，用其本義「金涂」。銅錯，猶言銅飾，指鍍銅。《佛說施餓鬼甘露味大陀羅尼經》卷1：「腹脹麁錆，青黃脈現。」此「錆」是「錯」形譌，乃「皵」借字，謂皮皴，紋理麁糙。《正法念處經》卷66作「腹脹麁大」，義稍有別。《爾雅》：「大而皵楸。」郭璞注：「老乃皮麁皵者為楸。皵音舄，又音錯。」

（101）鋊，《別譯雜阿含經》卷7：「如兩鋊鉤鉤取於魚，既不得吐，又不得嚥。」鋊，宋本作「鎩」，元、明本作「鑐」。按：「鋊」、「鎩」即「鑐」字。《可洪音義》卷13：「兩鎩：相朱反，如鑠

〔註105〕朱駿聲《說文通訓定聲》，武漢市古籍書店1983年版，第902頁。

〔註106〕許維遹《呂氏春秋集釋》，中華書局2009年版，第510頁。

〔註107〕馮振《呂氏春秋高注訂補（續）》，《學術世界》第1卷第10期，1935年版，第90頁。

〔註108〕孫詒讓《札迻》卷6《呂氏春秋高誘注》，中華書局1989年版，第205頁。

〔註109〕鄭州大學《漢字漢語研究》審稿人2017年12月16日來函指出：佛經「錆」又為「錯」字俗訛，與《疑難字三考》說暗合。楊寶忠《疑難字三考》，中華書局2018年1月版，第646頁。

中逆鑐也，正作『鑐』字也。又相居反，鉤也，《說文》：『取水具也。』正作『揟』。」《廣韻》：「鑐，鎖牡也。」《龍龕手鏡研究》曾以「鑐」為「鑐」之借，不妥。「鑐」即「鑐」的換聲旁俗字，而「鍓」乃「鑐」字之訛。（《彙釋》P435）

按：《玄應音義》卷 12《別譯雜阿含經》卷 15：「兩須：謂鎖須也。經文作『鍓』，《三蒼》：『悉於反，鍓黎也。』『鍓』非此義也。」莊炘曰：「『鍓』當是『鉏』之譌，字書無『鍓』字，不知所從。」〔註110〕莊說非是，《慧琳音義》卷 52 轉錄，三「鍓」並作「鑐」字，是也。玄應、慧琳認為「鑐」當作「須」也。《玄應音義》卷 15《十誦律》卷 58：「須鑐：息于反，鎖須也。」《慧琳音義》卷 58 轉錄同。《可洪音義》卷 15《十誦律》卷 55：「鬚鑐：上相朱反，下羊略反，正作『鑐鑐』也。上又音剃，非也。」大正藏本《十誦律》卷 56 作「鑐鑐」。古音須聲、胥聲通，「須」乃「鍶」之省，「鑐」同「鍶」。《集韻》：「鑐，鎖牡也，或作鍶。」「鬚」亦「鍶」之借字。

（102）鎯，《漢語大字典》（4242，引者按：當是「4569」）引《玉篇》：「鎯，函也。」按：《萬松老人評唱天童覺和尚頌古從容庵錄》卷 6：「莊子任公子為大鉤巨緇，五十犗以為餌。蹲乎會稽，投竿東海，旦旦而釣，期年不得魚。已而大魚食之，牽巨鉤，鎯沒而下，驚揚而奮鬐，白波若山，海水震蕩，聲侔鬼神，燀赫千里。」根據文意，「鎯沒」乃「陷沒」。《玉篇》「鎯」訓函，不詳。（《彙釋》P436）

按：①「莊子」二字是書名，當作「《莊子》」。佛典「鎯」是「鎐」俗譌字。佛典乃引《莊子·外物》文，北宋本、南宋蜀刻趙諫議本、宋碧虛子《章句音義》本、道藏白文本作「鎐沒」，王雱《新傳》本作「陷沒」，《纂圖互注》本、日本松崎慊堂舊藏本、日本萬治四年《注疏》本作「陷（陷）沒」，覆宋本、道藏《注疏》本、道藏林希逸《口義》本、道藏褚伯秀《義海纂微》本、明世德堂本、日本高山寺寫本作「鎐沒」（高山寺寫本「鎐」字左側旁注「陷」字）。《釋文》：「鎐，音陷（陷），《字林》：『猶陷（陷）字也。』」宋碧虛子《章句音義》：「鎐，音陷。」林希逸曰：「鎐，與『陷』同。」宋刻本《錦繡萬花

〔註110〕孫星衍校本玄應《一切經音義》，清道光二十五年海山仙館叢書本，收入《續修四庫全書》第 198 冊，上海古籍出版社 1996 年影印，第 135 頁。

谷》別集卷 18 引作「銘沒」（明刻本作「鎾沒」），《文選・七里瀨》李善注引作「陷（陷）沒」，又《七啟》李善注引作「陷沒」。「陷」是「陷」俗譌字。《玉篇殘卷》：「陷，野王案：陷，猶墜入也。《楚辭》：『陷滯而不濟。』王逸曰：『陷，沒也。』《說文》：『高下也，一曰隨（墮）也。』或為『銘』字，在《金部》。」《玉篇》：「銘，古作『陷』」《玄應音義》卷 13：「陷（陷）此：古文『銘』，同。陷，猶墜入也，亦沒也。《說文》：『陷，高下也，一曰墮也。』」《慧琳音義》卷 57 轉錄作「陷此」。②影澤存堂本《宋本玉篇》及《大廣益會玉篇》並作「銘，吐刀切」，無釋義，《新修絫音引證群籍玉篇》同；元至正二十六年南山書院刊本、元延祐二年圓沙書院刻本、早稻田大學藏和刻本《大廣益會玉篇》始補釋義「函也」二字。《字彙》、《正字通》並曰：「銘，他刀切，音滔，函也，通作『韜』。」《重訂直音篇》：「銘，音叨，函也。」胡吉宣曰：「『銘』與『鋯』聲相近，函謂之銘，猶劍衣謂之韜，弓衣謂之弢，韋韜謂之揝。《廣韻》、《集韻》注均無『銘』字。」〔註111〕銘，函藏也。韜訓劍衣，字亦作綯、弢，引申則訓藏。《慧琳音義》卷 64 引《考聲》：「韜，藏也。」所製材質不同，因各易義符以別之。③《龍龕手鏡》：「銘，苦感反，鎖連鐶也。」此「銘」亦「銘」形誤。《集韻》：「銘，苦感反，連鐶也。」

（103）鐑，《天界覺浪盛禪師語錄》卷 1：「鋸鐑秤錘，易決擇生死，難石上栽花。」按：「鐑」乃「解」字之俗。《空谷道澄禪師語錄》卷 15：「八苦交煎，鋒刀鐑體時，要作得主宰。」《萬松老人評唱天童覺和尚頌古從容庵錄》卷 2：「箭鋒相拄則且致，鋸解秤錘時如何？」《古雪哲禪師語錄》卷 4：「鋸解秤錘分兩段，驢拖三腳到深宮。」「鐑」即「解」。「解」蓋受「鋸」的影響類化增旁從金而作「鐑」。當然亦有可能是「解」指分解，需刀、鋸等金屬工具為之，故俗增金旁而作「鐑」。《漢語大字典》（4593）「鐑」音 gǎi，訓「鋸開（木料）」，不知「鐑」即「解」之俗，應音 jiě。（《彙釋》P438）

按：說「鐑」是「解」俗字，是也，但批評《漢語大字典》則非也。「鋸」有名詞、動詞二種用法，用以分解的工具謂之鋸，分解亦謂之鋸。「鐑」是明、清人所製分別字，亦有名詞、動詞二種用法，分解謂之鐑，用以分解的工具亦

〔註111〕胡吉宣《玉篇校釋》，上海古籍出版社 1989 年版，第 3369 頁。

謂之鐍。古書「解」字讀古賣反或古買反，今吳語「解」作動詞「解開」，音gǎi，此「jiě」讀音之變；吳語「鐍」作動詞「鋸」義讀去聲，音gài。明·楊寅秋《雜著》：「浮橋上漫板應預於猁狼等一帶近便處所，令匠役伐樹鐍造，長一丈五尺，厚一寸，寬一尺二寸板。」佛典「鋸鐍（解）秤錘」四字皆名詞。「鐍體」之鐍是動詞。《元潔瑩禪師語錄》卷 6：「燋煩爆燥者是火坑油鍋，語言學解者是刀割鋸鐍。」此例「鋸」是名詞，「鐍」是動詞。下面考察「鐍」的動詞義。字本作「解」，《淮南子·說林篇》：「解門以為薪，塞井以為臼。」「解門」猶言鋸門。《世說新語·賞譽》：「胡毋彥國吐佳言如屑，後進領袖。」劉孝標注：「言談之流，靡靡如解木出屑也。」《晉書》卷 49 作「吐佳言如鋸木屑，霏霏不絕」。「解木」即「鋸木」，「解」、「鋸」皆動詞。《御覽》卷 421 引《續齊諧記》：「不復解樹。」「解樹」即「鋸樹」。S.2073《廬山遠公話》：「十月滿足，生產欲臨，百骨節開張，由（猶）如鋸解。」唐·慧覺《華嚴經海印道場懺儀》卷 35：「如鋸解其體。」《修行道地經》卷 3：「以鋸解之，從頭至足令百千段，譬如木工解諸板材。」三例「鋸」是名詞，「解」是動詞。S.6631V《和菩薩戒文》：「不見言見詐虛言，鐵犁耕舌并解鋸。」此例「鋸」、「解」同義連文，並為動詞。字或作界、戒，敦煌寫卷 S.617《俗務要名林》：「界，鋸木，音介。」張小豔指出「界」的本字當是「解」，字也作戒，敦煌寫卷 P.3875《丙子年修造及諸處伐木油面粟等破曆》：「麁麵陸斗，都知團戒木三日造食用。」〔註 112〕其說是也。俗字亦作鐍、剠。民國年石印本《始興縣志》卷 4：「剠板蛇。」西南官話、粵語謂「分割」、「割開」為「剠」，西南官話、徽語謂「鋸開」為「鐍」〔註 113〕。今吳方言亦有「鐍板」、「鐍鋸」、「鐍樹」、「鐍木頭」之語〔註 114〕。

（104）鏴，《篇海類編》：「鏴，金路，蓋周輅。」《漢語大字典》（4592）引之，無用例。按：「鏴」乃「露」或「路」字。《觀濤奇禪師語錄》卷 3：「鳥道玄路展手，生鐵鍋鏴著鈕。」《朱子語類》卷 73：

〔註 112〕 張小豔《敦煌寫本〈俗務要名林〉字詞箋釋（一）》，復旦古文字網 2008 年 2月 26 日；又載於《語言研究集刊》第 5 輯，上海辭書出版社 2008 年版，第304 頁。

〔註 113〕 參見許寶華、宮田一郎《漢語方言大詞典》，中華書局 1999 年版，第 5480、7402 頁。

〔註 114〕 以上參見蕭旭《敦煌變文校補（一）》，收入《群書校補》，廣陵書社 2011 年版，第 1180～1181 頁。

「如鑪鞲相似，補底只是錮露。」《指月錄》卷 20：「錮，鑄銅鐵以塞隙也，又禁錮，重繫也。鏴，音路。」「錮鏴」即「錮露」。《漢語大詞典》：「錮露，亦作『錮路』。」（《彙釋》P438～439）

按：《篇海類編》「鏴，金路」者，乃承用元刊本《玉篇》（宋本僅注音「力故切」，無釋義），「鏴」是「路」分別字，車名，專字作「輅」，與所舉佛典用例無涉。「露」與「路」迥別，孰為正體？單純比較異文，惑於字形，而於音、義則二失之。錮鏴，指用熔化的金屬堵塞金屬器物的漏洞。朝鮮本《龍龕手鏡》：「鏴，錮鏴。」《新修絫音引證群籍玉篇》同。《禪宗頌古聯珠通集》卷 40：「陪卻三斤鉎，只因看錮鏴。」《續古尊宿語要》卷 6：「打破從教重錮鏴，休言鈍鐵費鉗鎚。」此二例是補塞漏洞之義。補塞漏洞之物，因亦稱作「錮鏴」。《禪宗頌古聯珠通集》卷 17：「君看大冶精金，終不墮群錮鏴。」「錮鏴」即大冶精金所製成的補漏之物，又作「錮路」：《東京夢華錄》卷 3「其錮路、釘鉸，籤桶。」《夢粱錄》卷 13：「喚錮路、釘鉸，修補鍋銚、籤桶。」本字當作「錮漏」，宋張邦基《墨莊漫錄》卷 1：「一日坐宮門，見釘鉸者，亟呼之，命僕取弊履，令工以革護其首。工笑曰：『非我技也。』公乃愧，曰：『我謬也，誤呼汝矣，適欲喚一錮漏（俗呼骨路）者耳。』」《札樸》卷 9《鄉里舊聞》：「補斛匠曰錮漏斛。」也作「骨路」，或云「骨路」是「錮」字緩讀。《說郛》卷 41 引陸游《老學菴續筆記》：「市井中有補治故銅鐵器者，謂之『骨路』，莫曉何義？《春秋正義》曰：『《說文》云：「錮，〔鑄〕塞也。」鐵器穿穴者，鑄鐵以塞之，使不漏，禁人使不得任（仕）宦，其事亦似之，謂之禁錮。』余按『骨路』正是『錮』字反語。」〔註 115〕《聯燈會要》卷 23：「明朝後日，錮鏴人家男女。」此「錮鏴」是禁錮義，正「錮」字緩讀。也作「錮鏴（鏷）」，宋陸游《齋居紀事》：「仍以厚紙錮鏷乃佳。」《永樂大典》卷 7239 引《潮州三陽志》：「論當者半之，決甕錮鏷，礛墨薶殘。」又卷 5345 引作「錮鏷」。同源詞又作「圖露」，倒言則作「露圖」，指不洩漏的取魚具。《廣韻》：「圖，露圖，取魚具也。」又「露，露圖，取魚具也。」《集韻》：「露，圖露，取魚具。」

（105）鞔，《淨土五會念佛誦經觀行儀》卷下：「善哉法將功能觀，覩見彌陀寶網鞔。」按：《南石和尚語錄》卷 4：「一僧緣結萬僧緣，善法堂前寶網懸。」「鞔」即「懸」字。「懸」或作「鞂」，「鞔」

與「轂」形體近似。（《彙釋》P441）

又「轂」字條說云：《淨土五會念佛誦經觀行儀》卷中：「七重行樹七重欄，寶蓋垂空寶網轂。」轂，正保五年刊宗教大學藏本作「懸」。《法華經指掌疏》卷4：「寶幔垂天，以為蔭覆。寶網懸空，以為遮防。」「轂」即「懸」字。「懸」或作「鞔」，「轂」與「鞔」形體近似。（《彙釋》P442）

按：鄭氏所引《觀行儀》卷下，底本是敦煌寫本 P.2963《淨土五會念佛誦經觀行儀》卷下釋法照《西方極樂讚》，圖版作「」，確是「鞔」字；所引《觀行儀》卷中，底本是敦煌寫本 P.2066c《淨土五會念佛誦經觀行儀》卷中釋淨遐《阿彌陀經讚》，據圖版作「」，原卷是「鞔」字，《大正藏》誤錄作「轂」。鄭氏據誤字「轂」與「鞔」循環互證，其說非是。「鞔」是「鞔」形訛，《觀行儀》卷下《淨土五字讚》「淨刹壇金樹，其間寶網鞔」，《厭苦歸淨土讚》「金樓寶網鞔，摩尼幢上蓋」，二「鞔」字亦同誤。「鞔」同「幔」、「縵」，一聲之轉，猶言覆蓋，《厭苦歸淨土讚》「鞔」、「蓋」對舉同義。佛經習見「覆以寶網」、「以寶網覆上」語，不煩徵引。《法華經大窾》卷4：「又有寶香薰天，妙華覆地，幔以寶網，綴以寶鈴。」正作「幔」字。《大正藏》第47冊大谷大學藏德川時代刊本《淨土五會念佛略法事儀讚》卷2「七重行樹七重欄，寶蓋垂空寶網轂」，宗教大學藏正保五年刊本「轂」作「懸」。「轂」亦是「鞔」形訛，或是《大正藏》錄文誤，甲本不解其義而妄改，不可為據。

（106）鞅，《無量壽經記》卷1：「劫者，秦云分別時節也。鞅亦央。梵阿僧祇，此云『無鞅數』。」按：「鞅」乃「鞅」之訛。《注維摩詰經》卷7：「謂為眾生無鞅數劫以煩惱受身深入生死。」（《彙釋》P441）

按：「鞅」同「鞅」，《集韻》「怏」或作「悇」，「鉠」或作「鐌」，是其比也。《集韻》：「煐，闕，人名，《南史》有張煐。」「煐」當是「焣」異體字。女人美稱曰「媖」（《玉篇》），女人自稱曰「姎」（P.2011《切韻》、《玉篇》），當亦一字異體。佛典「鞅（鞅）」乃「央」借字，盡也。《大智度論》卷7：「無央數劫。」又卷30：「變化無央數身。」二例宋、宮本「央」作「鞅」。《法苑珠林》卷35引《海龍王經》：「而分作無鞅數百千萬段。」元、明本「鞅」作「央」。《玄應音義》卷6：「無央：梵言阿僧祇，此言無央數。央，盡也。經文作鞅。《說文》：『頸靻。』非此義。」字或作眏，《廣韻》：「眏，無貲量，謂無限極也。」（《鉅宋廣韻》「限極」作「極限」）。《集韻》：「眏，無貲也。」

（107）鞳，《篇海類編》：「鞳，履根。」《漢語大字典》（4632）引之，
　　　無用例。按：《布水臺集》卷 12：「師曰：『吾有艸鞵在。』主人
　　　曰：『艸鞵鞳斷時如何？』」正是「履根」之義。（《彙釋》P442）

　　按：「鞳」訓履根，乃「鞅」改易聲符的俗字，「鞳鈔」音轉作「鞅沙」，
是其證也。P.2011《切韻》：「鞅，履根。」《篆隸萬象名義》、《龍龕手鏡》同。
音轉又作「鞈」，古音盍聲、合聲相通。《廣韻》：「鞈，履根。」《五音集韻》：
「鞅，履根。鞈，上同。」

（108）頸、頭，《紫竹林顓愚衡和尚語錄》卷 11：「頤頤頸頸，古古怪
　　　怪。脛似枯枝，頭如土塊。」按：「頤頤頸頸」為何義？《篇海
　　　類編》：「頤，面折不平。」《集韻》：「首巾謂之帽，或作頸。」
　　　「頸」同「帽」放于文中意義不達。今疑「頤頤頸頸」即「頤頤
　　　頭頭」，「頸」為「頭」字之訛。《玉篇》：「頤頭，面折。」「頤頤
　　　頸頸」為臉凹不平的樣子。（《彙釋》P445）

　　按：《玉篇》：「頤頭，上烏鉤切，下奴兜切，面折。」《正字通》：「頭，
『頭』字之訛。」胡文英曰：「頤頭（音漚摳）：《玉篇》：『頤頭，面折。』案：
頤頭，面凹入也，吳中凡眼面之類折入皆曰『頤頭』。」〔註116〕胡吉宣校《玉
篇》，依《集韻》改「頭」作「頸」，改「奴兜切」作「都侯切」，云：「《集韻》
云：『頤頸，面折。』本書《目部》：『䁖䁖，目深也。』面折者，面凹窊若中
折也。目深者，謂目深陷也。義相近。『頤頸』疊韻，倒言之為『䁖䁖』。䁖
從區，區者曲也。䁖從睭，睭者深腹酒器也。」〔註117〕「頭」不成字，胡吉
宣說是也，而猶未盡。「頸」亦是「頸」形譌誤。《集韻》：「頤，烏侯切，頤
頸，面折。」又「頸，當侯切，頤頸，面折。」《新修絫音引證群籍玉篇》同。
古音睭聲、俞聲、臾聲相通，「頤頸」是「甌匬」、「甌臾」、「隃窬」音轉，深
下貌。《說文》：「匬，甌〔匬〕，器也。」〔註118〕指窊下之器。楊倞、王筠、
朱駿聲、錢坫、戚學標並謂「甌匬」與《荀子·大略》「流丸止於甌臾」之「甌
臾」同聲通假〔註119〕。楊倞注：「甌臾，窊下之地。」《集韻》：「隃，隃窬，

〔註116〕胡文英《吳下方言考》卷 6，收入《續修四庫全書》第 195 冊，上海古籍出
　　　　版社 2002 年版，第 51 頁。
〔註117〕胡吉宣《玉篇校釋》，上海古籍出版社 1989 年版，第 747 頁。
〔註118〕「匬」字據《說文繫傳》補。
〔註119〕王筠《說文解字句讀》，朱駿聲《說文通訓定聲》，錢坫《說文解字斠詮》，戚

深下貌。」其同源詞甚多，此略〔註120〕。

（109）飥，《布水臺集》卷 13：「有典座自取常住麵，作飥飥供師。」
按：《北夢瑣言》卷 3：「食飪飥麵不過十八片。」「飥」即「飥」。
（《彙釋》P448）

按：《金華子》卷下、《四時纂要・秋令》卷 4 亦作「飥飥」。「飥飥」、「飪
飥」即《玉篇》「餺飥」音轉，音轉亦作「餺飥」、「餺飥」、「勃託」、「餺飥」、
「餺飥」、「不托」、「沒飥」〔註121〕。

（110）鍮，《可洪音義》卷 17：「鍮石：上他侯反，正作『鍮鉐。』」按：
「鍮」為「鍮」字之訛。「鍮」又可為「餘」字。《佛說太子和休
經》卷 1：「菩薩憙布施，不貪惜餘者、不亡財物。」餘，宮本
作「鍮」。（《彙釋》P449～450）

按：P.3391《雜集時用要字》、Д x.2822《雜集時用要字》、S.617《俗務要
名林》並有「鍮石」。《慧琳音義》卷 89 引《埤蒼》：「鍮石，似金者。」又引
《考聲》：「鍮石似金，西國以銅鐵雜藥合為之。」也作「鍮鉐」，蔣斧印本《唐
韻殘卷》、《玉篇》、《廣韻》並云：「鉐，鍮鉐。」《集韻》：「鉐，鍮鉐，以石藥
治銅。」鍮之言偷也，故似金者謂之鍮，非真金也。《慧琳音義》卷 15：「鍮
石：案偷石者，金之類也，精於銅，次於金上好者，與金相類，出外國也。」
吐魯番73TAM 507：012／3《唐殘書牘》：「且帶偷石腰帶。」《書鈔》卷 55 引
《山公啟事》：「衛翠為少府丞，甚有頓益，後坐賣偷石事免官。」又卷 99 引
《任子》：「有黃金，則偷石口；有明珠，則魚眼興。故一真起而萬偽動，一利
立而萬詐生也。」皆正作本字「偷」。可洪說「正作『鍮鉐』」，非是。吐魯番
59TAM305：8《缺名隨葬衣物疏》：「鍮鉐釵一雙。」「鉐」是「鉐」形訛。

（111）饘，《集韻》：「饘、噇，食無廉也。」《漢語大字典》（4766）引
之，無「饘」用例。按：《宗鑑法林》卷 15：「汝等諸人盡是饘
酒糟漢。」（《彙釋》P450）

學標《說文補考》，並收入丁福保《說文解字詁林》，中華書局 1988 年版，第
12444 頁。
〔註120〕參見程瑤田「果臝」轉語記，收入《續修四庫全書》第 191 冊，第 517～
524 頁。又參見蕭旭《麵食「餺飥」、「餶飿」、「蝌餅」名義考》。
〔註121〕參見蕭旭《麵食「餺飥」、「餶飿」、「蝌餅」名義考》。

按：所引《宗鑑法林》乃清代文獻。宋陳造《謝韓幹送絲糕》：「腐儒口實長作累，饊饘之名定不磨。」

（112）髫，《大方廣圓覺修多羅了義經序》：「噫巴歌和眾，似量騰於猿心，雪曲應稀，了義匿於龍藏，宗密髫專魯誥。冠討竺墳。」按：「髫」乃「髫」字之訛。《大方廣圓覺經略疏序》作「髫專」。（《彙釋》P451）

按：說「髫」乃「髫」字之訛，是也，但有二個問題：「噫」字當一字為句，嘆詞；「巴歌和眾，似量騰於猿心」與「雪曲應稀，了義匿於龍藏」是對句，「宗密髫專魯誥」下原文有「冠討竺墳」四字，亦當出引，「髫專魯誥」與「冠討竺墳」亦是對句。又所引作「髫專」的文獻是唐宗密的《大方廣圓覺經大疏》，而不是唐裴休的《大方廣圓覺經略疏序》。「髫」指幼年束髮之時，《圓覺經略疏序注》卷1：「束髮時習魯國仲尼之誥，弱冠後究竺土瞿曇之文。」

（113）髭，《雨山和尚語錄》卷2：「直須如獅子兒，牙髭髿地咬人火急始得。」按：「髭」乃「吒」字之俗。《元叟行端禪師語錄》卷6：「輒勿鹵鹵莽莽，直須吒吒髿髿。」《正法眼藏》卷3：「直須箇箇如師子兒，吒髿地哮吼一聲。」「吒」蓋受「髿」的影響類化增髟旁而作「髭」。（《彙釋》P452）

按：「髭髿」、「吒髿」，也作「吒沙」、「吒呀」。《圓悟佛果禪師語錄》卷5：「吒吒沙沙，歷歷落落。」《法演禪師語錄》卷1：「如今箇箇口吒呀，問著烏龜喚作鼈。」《虛堂和尚語錄》卷8：「上堂，吒吒呀呀，如獅子兒。」音轉又作「吒嗄」，胡適藏本《降魔變文》：「眉鬱翠如青山之兩崇（重），口吒嗄猶江海之廣闊。」S.6551V《佛說阿彌陀經講經文》：「他家淨土人端正，釋迦世界瘦吒嗄。」音轉又作「查沙」、「髽髿」、「渣沙」、「觰沙」、「鰭沙」、「夎沙」等形，張開貌，參差不齊貌。

（114）騤，《漢語大字典》（4845）引《玉篇》：「騤，音夷，馬名。」無例證。按：佛典中，「騤」乃「駛（使）」字。《釋摩訶衍論序》：「遣騤奉迎。」《玉篇》「騤」音夷，乃俗讀。訓「騤」為馬名，蓋以形體從馬而釋之。《正字通》根據「銕」或作「鐵」推測「騤」為「驖」字，可備一說。（《彙釋》P452）

按：根據佛典中偶爾形誤之字，因而懷疑《玉篇》之誤，很是危險。《正字通》改字，亦不足信。《集韻》：「騦，馬名。」《類篇》、《龍龕手鏡》、《五音集韻》、《新修絫音引證群籍玉篇》、《字彙》、《重訂直音篇》同。蛦、鵗為鳥名，鮧為魚名，羠為羊名，狋為獸名，梎為木名，黄為草名，然則騦為馬名，庸何疑乎？

（115）鮎，《大乘密嚴經疏》卷 2：「夏熱之時，幻作樹蔭，就下鮎息。」
按：根據文義，「鮎」疑即「憩」字。（《彙釋》P456）

按：鄭賢章《漢文佛典疑難字箋識》一文補說云：「《可洪音義》卷 18：『鵠駕，上去例反，正作憩。』『憩』俗可作『鵠』，『鮎』與『鵠』形體近似。」〔註122〕「鮎」、「憩」形聲俱遠，不得為同字，以為形誤，證據亦不堅確。鮎，疑「苫」字，指草墊子。苫息，在草墊子上休息。

（116）鶻，《龍龕手鏡》：「鶻，舊經切胡骨反。」《字彙補》：「鶻，何骨切，音鶻，見釋典。」按：《漢語大字典》（4948）以「鶻」同「鶻」，是。《金光明最勝王經疏》卷 5：「竹黃（鶻路戰娜）。」《金光明最勝王經》卷 7：「竹黃（鶻路戰娜）。」鶻，西本作「鶻」。「鶻」即「鶻」字。《龍龕手鏡》：「鶻」，「鶻」的俗字。如此，「鶻」亦「鶻」字之俗。（《彙釋》P457～458）

按：此條以字形推論，所說固不誤。張涌泉也據《龍龕》指出「鶻」、「鶻」疑是「鶻」俗字，鄧福祿等為補書證〔註123〕。此當以音說之，古音勿（忽）聲、骨聲相通，故「鶻（鶻）」是「鶻」改易聲符的異體字。《書·益稷》：「在治忽。」《史記·夏本紀》作「來始滑」。高麗本《玄應音義》卷 11《正法念處經》卷 24：「歑歑：經文作『嗢嗢』，非也。」〔註124〕檢經文作「咽喉之中，嗢嗢出聲」，宋、元、明、宮本作「歑歑」。《妙法蓮華經玄義》卷 4：「咽喉忽忽出聲。」其字相通，玄應以為誤字，非也。《正法念處經》卷 66：「或漍漍作聲。」宋、元、明本作「歑歑」。《別譯雜阿含經》卷 5：「烟炎俱起，漍漍作聲。」又卷 13 作「滑滑」。水流曰作「滑滑」，或作「漍漍」。皆其音轉之證。

〔註122〕鄭賢章《漢文佛典疑難字箋識》，《賀州學院學報》2013 年第 1 期，第 71 頁。
〔註123〕張涌泉《漢語俗字叢考》，中華書局 2000 年版，第 1158～1159 頁。鄧福祿、韓小荊《字典考正》，湖北人民出版社 2007 年版，第 476 頁。
〔註124〕海山仙館叢書本、磧砂大藏經本、永樂南藏本「嗢嗢」誤作「嗢嗢」。《慧琳音義》卷 56 轉錄作「嗢嗢」，不誤。

《續傳燈錄》卷 28：「放出兩頭鷗鵾，咬殺佛殿脊。」《大慧普覺禪師語錄》卷3、《瞎堂慧遠禪師廣錄》卷 1 作「鷗吻」。「吻」乃「鵾」誤。

（117）鹹、鷼、鷼、鷳，《玉篇》：「鹹，音咸，鳥也。」《漢語大字典》（4951）引之，無用例。按：《指月錄》卷 9：「鹹，胡讒切，音咸，鳥也。」《禪宗頌古聯珠通集》卷 8：「鹹鹹鳥宿空池，魚從腳底過。」《徑石滴乳集》卷 4：「腳下魚行總不知，因憐鹹鹹亦何癡。」鷼，《宗範》卷下：「覿面若無青白眼，還如鷼鷼守空池。」「鷼」即「鹹」字。《指月錄》卷 9：「鷼，胡讒切，音咸，鳥也。」「鷼」又作「鷼」，《古尊宿語錄》卷 28：「鷼鷼鳥守空池，魚從腳下過，鷼鷼總不知。」鷳，《永嘉真覺禪師證道歌》（引者按：所引非《證道歌》正文，乃法泉頌語）：可憐鷳鷳心雖急，腳下魚行奈不知。」按：「鷳」乃「鷼」，與「鹹」同。《宗鑑法林》卷 36：「腳下魚行總不知，因憐鷳鷳亦何癡。」《五燈全書》卷104：「鷼鷼（引者按：鄭氏原引脫一『鷼』字）鳥，鷼鷼鷼鳥，終朝兀兀棲烟島，腳下魚行總不知。」（《彙釋》P458、460、461）

按：《永樂大典》卷 9762 引《字瀢博義》亦云：「鹹，胡讒切，鳥也。」「鹹」、「鷼」、「鷼」當是「雊（鵒）」異體字，古音咸聲、今聲相通。郭店楚簡《唐虞之道》：「六帝興于古，虙采（由）此也。」整理者曰：「虙，下部作含，從今聲，讀作咸。」〔註125〕《靈樞經·癲狂》：「骨癲疾者顑齒。」《鍼灸甲乙經》卷 11、《備急千金要方》卷 44「顑」作「頷」。《玉篇》、《廣韻》「瑊」或作「玪」。《集韻》「欯」或作「欽」，「妗」或作「欯」。「輱軻」亦作「砛軻」，「憾惝」、「憾惝」亦作「攲攲」、「忴惏」。皆其音轉之證。古音敢聲、今聲相通，故俗字又作「鷼」。《詩·澤陂》：「碩大且儼。」《說文》「嬐」字條引「儼」作「嬐」，《御覽》卷 368 引《韓詩》同。是其音轉之證。《說文》：「雊，鳥也，從隹今聲，《春秋傳》有『公子苦雊』。」《爾雅》《釋文》引《字林》：「鵒，句（勾）喙鳥。」P.2011《切韻》：「鵒，白啄（句喙）鳥。」又「雊，鳥。」《集韻》：「雊，鳥名，或作鵒。」雊（鵒）為鳥名，取義於啄食，《玉篇》：「鵒，鳥啄食。」字亦作鴿、鴂（歉），P.2011《切韻》：「鴿，鳥啄物。」又「鴿，苦咸反，鳥鴿物。又竹咸反，又或作鴂。」又「歉，口陷反，喙（啄），或作鴿，

又口咸反。」字亦作喊、啗，S.617《俗務要名林》：「喊啅，鳥食物也，上苦咸反，下丁角反。」P.3906《碎金》：「啗（啗）啄：知減反，下卓。」「喊啅」即「啗（鶐）啄」，同義連文。鶐之言或，刺也。鳥之銳觜啄食，如或刺也〔註126〕。此鳥或即鸕鶿，俗稱作水鴉。《玄應音義》卷19引《字林》：「鸕鶿，似鶩而黑，水鳥也。觜頭曲如鈎，食魚。」又卷5：「《爾雅》云：『鷀鶿。』郭璞云：『即鸕鷀也，觜頭如鈎食魚者也。』中國或名水鴉。」《百丈清規證義記》卷8：「鸕鶿偏愛守空池，鳳凰豈肯棲荊棘。」《石屋清洪禪師語錄》卷1同。

（118）鵬，《漢語大字典》（4977）引《廣韻》：「鵬，鵬鵴，鳥名，今俗呼郭公也。」無用例。按：《佛說地藏菩薩發心因緣十王經》卷1：「我汝舊裏（引者按：當作「里」）化成鵬鵴，示怪語，鳴別都頓宜壽（此鳥近吳語云『析家命鳴』）。」（《彙釋》P460）

按：《十王經》作「鵬鵴」。字源是「襤褸」、「襤褸」，衣破弊惡之義。《爾雅翼》卷15：「今有郭公鳥者名襤褸鳥，襤褸亦衣短禿之名，意相類也。」此鳥以毛羽短禿命名為「襤褸」，又名郭公鳥也。字亦作「藍縷」、「幨縷」、「藍蔞」、「藍縷」、「籃縷」、「繿縷」等形〔註127〕。

（119）䶎，《廣韻》：「䶎，䶎䶎，鼻息。」《漢語大字典》（引者按：5096）引之，無用例。按：《續古尊宿語要》卷4：「火爐天曉說法，燁燁爆爆。鼻孔夜半談禪，䶎䶎䶎䶎。」（《彙釋》P462）

按：蔣斧印本《唐韻殘卷》：「䶎，䶎䶎，鼻息。」P.2011《切韻》：「䶎，䶎䶎，鼻息。」又「䶎，呼洽反，䶎䶎，鼻息。」《玉篇》：「㚟，㚟䶎，鼻息。䶎，同上。䶎，㚟䶎。」「䶎」俗字亦作「㚟」，《玉篇》：「㚟，㚟䶎，鼻息。䶎，同上。䶎，㚟䶎。」《集韻》：「䶎、㚟：䶎䶎，鼻息，或從夾。」

（120）齵，《涅槃經疏私記》卷7：「上下牙，上下唇齵。」按：「齵」乃「齶（齶）」字。《菩薩善戒經》卷9：「上下牙，上下唇齶。」《龍龕手鏡》「齵，俗。齶，正。口中上齶也。」從形體上看，「齵」蓋源於「齶」的俗體「齵」之訛。（《彙釋》P462）

〔註126〕 以上參見蕭旭《「撿」、「嗛」二字音義考》，收入《群書校補（續）》，花木蘭文化出版社2014年版，第2048～2053頁。

〔註127〕 參見蕭旭《「襤褸」考》，收入《群書校補（續）》，花木蘭文化出版社2014年版，第2427～2431頁。

　　按：《妙法蓮華經文句》卷 8：「上下牙，上下唇齶。」字亦作「齶」。所引
《菩薩善戒經》，《玄應音義》卷 10《菩薩善戒經》卷 9：「脣齼：又作腭、咢
二形，同。」《慧琳音義》卷 45《菩薩善戒經》卷 9：「脣腭：《考聲》云：『腭，
齗也。』經從齒作『齼』，非也，字書無此字也。」是玄應所見本「齶」作「齼」，
慧琳所見本「齶」作「齼」。《玄應音義》卷 1《大方廣佛華嚴經》卷 34：「齗
齼：齼又作腭、咢二形，同。」大正藏本卷 32 作「齗齶」。玄應說「齼」同「齶」，
非也，二字形聲俱遠，無相為異體之理。「齼」當是「齼」形誤，慧琳所見本
作「齼」是也。《玄應音義》卷 22《瑜伽師地論》卷 49：「齼腭：下又作齼，
同。齼（齼）〔註 128〕，居也，齒所居也。腭，齒內上下肉垠咢也。」大正藏
本作「齼腭」。古音咢聲、虛聲相通，故「齶」俗作「齼」，「虛」俗字作「虗」，
故「齼」又作「齼」。《師地論》「齼腭」乃同字變音連文，其義一也。俗字亦
作「腒」，《法華經三大部補注》卷 9：「上下脣腒。」俗又訛作「齼」、「齼」，
《龍龕手鏡》「齼、齼，二俗。齶，正。」《字彙補》：「齼，與『齶』音義同。」
《可洪音義》卷 12《中阿含經》卷 20：「上齼：五各反。」大正藏本作「上
齶」，宋本作「上腭」。

　　本篇部分內容以《佛典疑難俗字補考》為題發表於《漢字漢語研究》2018
年第 3 期，鄭州大學出版社 2018 年 9 月出版，第 60～69 頁。

俗字探源舉例一

一、「吤」字探源

　　《集韻·怪韻》：「吤，居拜切，聲也。」又《箇韻》：「吤，居賀切，聲也。」「吤」字有二種用法：

　　1. 用同「齘」，指牙齒磨擦，亦指牙齒磨擦之聲。《玄應音義》卷15：「齘齒：《說文》：『齒相切也。』《三蒼》：『鳴齒也。』律文作吤，非也。」此為《十誦律》卷11音義，檢經文作「鼾眠齘齒」，玄應所見本作「吤」。《龍龕手鑑》：「吤，俗，正作齘，切齒怒也。」「吤」字亦作嗐、齛、齨、憂〔註1〕。

　　2.「吤」音戒，指用力喘氣之聲，字或省作「介」。《靈樞經·邪氣藏府病形》：「嗌中吤吤然數唾。」《太素》卷11同，《巢氏諸病源候總論》卷15、《備急千金要方》卷38作「介介」。楊上素注：「吤吤，謂閡咽嗌之中如有物閡也。」日人丹波元簡曰：「介、芥古通，乃芥蔕之芥。喉間有物，有防礙之謂。吤唯是介字從口者，必非有聲之義。」〔註2〕沈澍農謂「吤吤」、「介介」借作「哽哽」、「耿耿」，狀物之梗塞〔註3〕。三說皆非是。音轉亦作「喝」，《太素》卷6：「不病喘喝。」楊上素注：「喝，喘聲。」是也。《素問·生氣通天論》：「煩則喘喝。」王冰注：「喝，謂大呵出聲也。」王冰注非是。此

〔註1〕 參見蕭旭《〈慧琳音義〉「譏講」正詁》，提交「佛教文獻研究暨第八屆佛經語言學國際學術研討會」論文，南京師範大學2014年；《中國語學研究·開篇》第35卷，2017年2月日本好文出版，第289～296頁。
〔註2〕 丹波元簡《靈樞識》卷1，上海科學技術出版社1957年版，第44頁。
〔註3〕 沈澍農《中醫古籍用字研究》，南京師範大學2004年博士學位論文，第185頁。

「喝」與呵聲之「喝」同形，而音義全殊，非一字也。《靈樞經‧雜病》:「喘息喝喝然。」《鍼灸甲乙經》卷 9:「喉中喝喝如梗狀。」舊注:「《素問》則（作）『吤吤』。」今本《素問‧欬論》作「介介」，《太素》卷 29 同。楊上素注:「介介，喉中氣如哽也。」楊注亦誤。《文選‧子虛賦》:「榜人歌，聲流喝。」郭璞注:「言悲嘶也。」李善、顏師古「喝」並音一介切。《論衡‧氣壽》:「兒生號啼之聲，鴻朗高暢者壽，嘶喝濕下者夭。」《文選‧宋孝武宣貴妃誄》:「鏘楚挽於槐風，喝邊簫於松霧。」李善注引《廣雅》:「喝，嘶喝也。」〔註4〕字亦作「膶」，馬王堆帛書《足臂十一脈灸經》:「〔□□〕數膶（喝）。」音轉又作「怐」、「悒」，字亦省作「邑」。馬王堆帛書《陰陽十一脈灸經》甲本:「怐怐如喘。」馬王堆帛書整理者注:「如，用法與『而』字同。《靈樞‧經脈》作『喝喝而喘』，《太素》卷 8 與帛書同。」〔註5〕《太素》卷 8 作「喝喝如喘」，與帛書不同，整理者失檢。張家山漢簡《脈書》:「悒悒如亂。」馬繼興曰:「『悒悒』古又作『邑邑』，有憂慮、憂鬱之義。『怐』不見字書，當為『悒』之訛。『悒』又假為『喝』。『喝』字義為聲音嘶鳴，或大聲出氣。『悒悒如亂』與『喝喝而喘』症狀不同，未詳何者之義更古，可並存其說。」〔註6〕劉釗曰:「『悒悒』應讀為『喝喝』。『喝喝而喘』是說患者氣鬱噎塞，喘聲嘶嘶。」〔註7〕高大倫曰:「悒悒，當從甲本改作『怐怐』。怐，借為喝。」〔註8〕夏慶等曰:「悒，《說文》:『不安也。』『喝』應是『愒』之借字。愒，《說文》:『不息也。』《詩經》:『使我不能息兮。』傳曰:『憂不能息也。』《黍離》傳曰:『噎，憂不能息也。』悒、愒、怐三者基本意義相通，都有憂愁而不得息的意思。『喘』應是『亂』的借字。亂，反

〔註4〕「嘶喝」音轉亦作「嘶啞」、「嘶嗄」，皆謂用力之聲也。「嗄」字為楚音之變，《老子》第 55 章:「終日號而不嗄。」《莊子‧庚桑楚》:「兒子終日嗥而嗌不嗄。」《釋文》:「嗄，於邁反，本又作嗄，徐音憂。司馬云:『楚人謂啼極無聲為嗄。』崔本作喝，云:『啞也。』」「嗄」為形訛，徐音憂者，據誤字而說也。俗字作「沙」，《廣韻》:「沙，《周禮》曰:『鳥鷈色而沙鳴貍。』注云:『沙，嘶也。』」參見蕭旭《敦煌寫卷 P.2569〈春秋後語〉校補》，收入《群書校補（續）》，花木蘭文化出版社 2014 年版，第 1698～1700 頁。

〔註5〕《馬王堆漢墓帛書〔肆〕》，馬王堆漢墓帛書整理小組編，文物出版社 1985 年版，第 12 頁。

〔註6〕馬繼興《馬王堆古醫書考釋》，湖南科學技術出版社 1992 年版，第 259～260 頁。

〔註7〕劉釗《關於馬王堆和張家山出土醫書中兩個詞語解釋的辨正》，《古籍整理研究學刊》1994 年第 5 期，第 35 頁。

〔註8〕高大倫《張家山漢簡〈引書〉研究》，巴蜀書社 1995 年版，第 77～78 頁。

常，沒有秩序。如，形容詞詞尾。」〔註9〕諸說唯劉釗讀「悒悒」為「喝喝」
得之，然其說未盡，猶有可補者。夏慶說尤為大誤〔註10〕。《素問・刺瘧》：
「數便，意恐懼，氣不足，腹中悒悒，刺足厥陰。」《巢氏諸病源候總論》
卷11、《鍼灸甲乙經》卷7、《備急千金要方》卷91、《外臺秘要方》卷5並
同，《太素》卷25作「邑邑」。王冰注：「悒悒，不暢之貌。」其說亦非也。
「悒悒」、「邑邑」為腸鳴用力之聲，專字從口作「唈唈」，《普濟方》卷197
正作「腸唈唈」。《醫壘元戎》卷5作「腸中憪憪」，形之誤也。字或作「偈
偈」，《莊子・天地》：「偈偈乎耕而不顧。」「偈偈」即用力耕貌。「怐怐」當
讀為「劼劼」，與「悒悒」一音之轉。以用作用力喘氣之聲，故從口作「喝
喝」耳。《玉篇》：「劼，勤力也。」《廣韻》：「劼，力作劼劼。」《集韻》：「劼，
劼劼，用力聲。」字或作「偈偈」、「朅朅」，《莊子・天道篇》：「又何偈偈乎
揭仁義，若擊鼓而求亡子焉？」《路史》卷9作「朅朅」。《釋文》：「偈偈，
用力之貌。」成玄英疏：「偈偈，勵力貌。」范登脈謂「邑邑」、「悒悒」、「喝
喝」、「介介」、「怐怐」並聲轉義同，是也；而范君云「其義則氣鬱而不舒之
貌也，王冰注不誤」〔註11〕，則未得也。悒悒，用力之聲，亦為用力之貌，
語源是「乙乙」，音「軋軋」，亦省作「邑邑」。帛書用作用力喘氣之聲。《集
韻・點韻》：「叿，乙點切，鳥聲。」又《質韻》：「吃，億姞切，吃吃，聲也。」
《集韻》：「虬，蟲聲。」《類篇》：「虹，蟲聲。」楊寶忠曰：「『叿』與『吃』
同字。《篇海》引《餘文》：『吃，音乙，吃吃，聲也。又烏點切，鳥聲也。』
『吃』字當是從口，乞聲。《說文》：『乞，燕燕，乞鳥也，齊魯謂之乞，取其
鳴自謼，象形也。鳦，乞或從鳥。』『乙』本烏拔反，隸變之後，『乙』與甲
乙字同形，因讀于筆反。乞鳥得名，取其鳴聲，故鳥鳴之聲加口作『吃』，
初讀烏點切也。後音乙者，以『乙』由烏拔轉讀于筆。『鳦』為乙鳥加旁字，
本烏轄切，轉讀為于筆切。」〔註12〕鳥鳴乙乙，故名為乞（鳦）；魚聲乙乙，

〔註9〕夏慶、邢福軍、劉士敬《帛書〈陰陽十一脈灸經〉及簡本〈脈書・經脈〉對〈靈
樞〉有關文字的考證》，《甘肅中醫學院學報》1999年第3期，第54～55頁。
〔註10〕《詩》毛傳二「憂」字皆是「嚘」借字，而不是憂愁義；《黍離》傳應當「噎
憂」為詞，是「歐嚘」的借字；「息」是氣息，而不是休息義；「喘」不是「亂」
的借字，而應是「亂」是「喘」的音訛；「如」、「而」一音之轉，用為連詞，
而不是形容詞詞尾。
〔註11〕范登脈《〈黃帝內經素問〉疑難字詞校補》，廣州中醫藥大學2007年博士學位
論文，第184頁。
〔註12〕楊寶忠《疑難字考釋與研究》，中華書局2005年版，第137頁。

故名為虬；蟲聲乙乙，故名為虹（虹）；舟行之聲乙乙，故名為舤，其義一也，與「艸木出乙乙」之「乙（音軋）」正同源〔註13〕。

二、「鯦」字探源

「鯦」亦作「鰊」，或省作「鰆」。《集韻》：「鯦、鰊，仕限切，魚名。或從孝。」《六書故》卷20：「鰊，士限切〔註14〕，海魚之小者，決吻芒齒，不鱗而弱。亦作鯦、鰆。」《高峰龍泉院因師集賢語錄》卷12：「龍山尊宿，鯦水宗師。」

「鯦」為魚名，當取義於無鱗。《六書故》謂「不鱗而弱」，得失參半，其言「弱」者，蓋誤以為取屖弱義。明·馮時可《雨航雜錄》卷下：「鰊魚，身柔如膏，無骨，鱗細，口闊齒多，一作鯦。海上人目人弱者曰鰊。」〔註15〕明·屠本畯《閩中海錯疏》卷中：「鯦，長七八寸，骨柔無鱗，類錢之半，有五色文。」明·黃仲昭《八閩通志》卷25：「鯦魚，長七八寸，骨柔無鱗。唐李柔入閩，稱此魚為銀羹。」〔註16〕《浙江通志》卷105：「龍頭魚，《黃巖縣志》：『一名鯦，骨柔無鱗，身如膏髓。』」

考《管子·參患篇》：「甲不堅密，與俴者同實。」尹注：「俴謂無甲單衣者。」《鹽鐵論·散不足》：「古者庶人賤騎繩控，革鞮皮薦而已。」孫詒讓曰：「案『賤』疑當作『俴』，《詩·小戎》：『俴駟孔群。』《釋文》引《韓詩》云：『駟馬不著甲曰俴駟。』俴騎，蓋謂不施鞍勒而徒騎，故用繩控也，與『俴駟』義略同。」〔註17〕《玉篇》：「躔，初產切，騎馬也。」胡吉宣曰：「《集韻》、《類篇》皆云『徒騎也』。徒騎，謂不加鞍也。」〔註18〕桂馥曰：「騎無鞍馬曰躔。」〔註19〕《字彙》：「驏，馬不施鞍轡為驏。」《正字通》：「驏，鉏版切，棧上聲，馬不施鞍轡為驏。《吹萬集》：『驏，不鞍而騎也。』令狐楚《少年行》：『少小邊州慣放狂，驏騎蕃馬射黃羊。』」翟灝曰：「驏，初限切，不鞍而騎也。」〔註20〕

〔註13〕 參見蕭旭《象聲詞「札札」考》，收入《群書校補（續）》，花木蘭文化出版社2014年版，第2203～2212頁。

〔註14〕《六書故》據元刊本，四庫本「限」誤作「根」。

〔註15〕馮時可《雨航雜錄》卷下，寶顏堂秘笈本。

〔註16〕《八閩通志》卷25，明弘治刻本。

〔註17〕孫詒讓《鹽鐵論札迻》，收入《札迻》卷8，中華書局1989年版，第245頁。

〔註18〕胡吉宣《玉篇校釋》，上海古籍出版社1989年版，第1436頁。

〔註19〕桂馥《札樸》卷9〈鄉言正字·雜言〉，中華書局1992年版，第390頁。

〔註20〕翟灝《通俗編》卷36，收入《續修四庫全書》第194冊，上海古籍出版社2002

趙翼曰：「不鞍而騎曰驏馬。」〔註21〕俗字或作剗、剷、撾、鏟〔註22〕，《南寧府部雜錄》：「剗馬賊種出五山，一曰剗者，產也，五山為賊馬出產之處，人與馬狎習，不須鞍轡，而罄身光脊可騎；又曰剷而去之也。」〔註23〕惟「不須鞍轡」之說為得，餘說皆失之。丁惟汾曰：「剷馬，俴馬也。馬不著鞍謂之剷馬。剷字當作俴，《韓詩》、《管子》云云。」〔註24〕字亦省作產，脈望館本《尉遲恭鞭打單雄信》：「兀那廝爾風魔九伯產馬單鞭來意若何。」〔註25〕又考唐無名氏《醉公子》：「門外猧兒吠，知是蕭郎至，剗襪下香階，冤家今夜醉。」南唐·李煜《菩薩蠻》：「花明月暗籠輕霧，今宵好向郎邊去，剗襪步香階，手提金縷鞋。」沈兼士曰：「詳其詞意，知剗襪即徒跣而不納履之謂。今北平人謂不襪而箸衣履猶曰剗穿。」〔註26〕《周禮·春官·巾車》鄭玄注：「棧車，不革鞔而漆之。」「棧車」與「飾車」相對，即不飾之車，謂不革鞔不加漆的簡易之車〔註27〕。又音轉作「柴車」，《韓詩外傳》卷10：「駕馬柴車，可得而乘也。」《御覽》卷428引《新序》作「棧車」。屈守元曰：「《後漢書·趙壹傳》章懷注：『柴車，弊惡之車也。』《列子》作『怒（駑）馬稜車』，《釋文》云：『稜當作棧，《晏子春秋》及諸書皆作棧。棧車，謂編木為之。棧，士限反。』今《晏子春秋》無此語，唯《韓傳》有之，而字作『柴車』。《韓非子·外儲說左下》舊注：『棧車，柴車也。』章炳麟亦謂『棧』與『柴』通，見《太炎文錄》卷1《賓柴說》。」〔註28〕章說是也，《公羊傳·哀公四年》：「揾其上而柴其下。」《周禮·媒氏》、《喪祝》鄭玄注「柴」並作「棧」。《論衡·別通》：「亡國之社，

年版，第636頁。

〔註21〕 趙翼《陔餘叢考》卷43，中華書局1963年版，第976頁。

〔註22〕 參見顧學頡、王學奇《元曲釋詞（一）》，中國社會科學出版社1983年版，第223～224頁；王學奇、王靜竹《元曲釋詞》，花木蘭文化出版社2016年版，第167～168頁；胡竹安《水滸詞典》，漢語大詞典出版社1989年版，第52頁。

〔註23〕 《古今圖書集成·方輿彙編·職方典》卷1446《南寧府部雜錄》，中華書局民國影本。

〔註24〕 丁惟汾《俚語證古》卷12，齊魯書社1983年版，第264頁。引文中「云云」者，以其文字已見上文，故略去。下同。

〔註25〕 以上參見陳敏《〈西遊記〉俗語詞俗字研究》，廈門大學2012年博士學位論文。這裏有所補充。

〔註26〕 沈兼士《祖禰·但馬·剗襪》，收入《沈兼士學術論文集》，中華書局1986年版，第291頁。

〔註27〕 覆蓋為鞔，字亦作鞷。

〔註28〕 屈守元《韓詩外傳箋疏》卷10，巴蜀書社1996年版，第849頁。

屋其上柴其下。」《類聚》卷 39 引「柴」作「棧」。並其證也。又稱「棧輿」，見《詛楚文》。《鹽鐵論・散不足》：「古者椎車無柔，棧輿無植。」字亦作轈，《儀禮・既夕》：「賓奠幣于棧。」鄭玄注：「棧，謂柩車也。凡士車制，無漆飾。今文棧作轈。」

車不革鞔無漆飾謂之棧、轈、輚，人、馬不著甲謂之徤，馬不施鞍韅謂之徤、剗、賤、驏、劖、撚、鏟、躀、產，足不穿襪謂之劙〔註29〕，無鱗之魚謂之鰊、鯇、鯑，其義一也。「鯇（鯑）」是改易聲符的別字。《集韻》：「鯠，魚名。」《全宋詞》卷 166《南歌子》：「玉斝浮菖虎，金盤饋鯠魚。」疑「鯠」亦是「鰊」改易聲符的俗字。

三、「嗌」字探源

《集韻》：「嗌嗌，眾聲。」考《玉篇殘卷》「炭」字條引劉熙曰：「語者之聲炭炭然也。」敦煌寫卷 S.2614《大目乾連冥間救母變文》：「聲號叫天，炭炭汗汗；雷□□地，隱隱岸岸。」炭炭，形容語聲急迫。《隸釋》卷 3 漢《張公神碑》：「魚炭炭兮踊躍見，振鱗尾兮遊盰盰。」此「炭炭盰盰」即變文「炭炭汗汗」，狀魚躍動之聲眾盛。隋・灌頂《國清百錄》卷 2《天台山修禪寺智顗禪師放生碑文》：「嗷嗷炭炭，萬萬千千。鼓鰓掉尾，相望自然。」《廣雅》：「炭炭，盛也。」王念孫無說。錢大昭曰：「炭炭者，高之盛也。上文：『炭炭，高也。』此又為盛也。」〔註30〕盛貌謂之炭炭，眾聲之盛亦謂之炭炭，其義相因。俗加口旁作「嗌」。隋・灌頂《隋天台智者大師別傳》卷 1：「秋水一漲，巨細填梁。晝夜二潮，嗷嗌滿簹。髓骨成岳，蠅蛆若雷。」「嗷嗌」即上引《碑文》之「嗷嗷炭炭」也。「嗷」亦眾口聲。

四、「頇」字探源

《改併五音類聚四聲篇海》卷 13、《新校經史海篇直音》卷 9 並云：「頇，音冊。」明・楊慎《古音叢目・古音附錄》：「頇，音刪。考之字書無此字，字從頁，未詳。」《字彙補》：「頇，申間切，音刪。《呂氏春秋》：『太子之不仁，

〔註29〕參見蔣禮鴻《義府續貂》，收入《蔣禮鴻集》卷 2，浙江教育出版社 2001 年版，第 49～50 頁。蕭旭《鹽鐵論校補》，收入《群書校補（續）》，花木蘭文化出版社 2014 年版，第 944～945 頁。
〔註30〕錢大昭《廣雅疏義》，收入徐復主編《廣雅詁林》，江蘇古籍出版社 1992 年版，第 474 頁。

頣涿視，若是者倍反。」頣，又川責切，音冊，《海篇》讀。」皆是望形注音，
然可證字必從「冊」。金・邢准《新修絫音引證群籍玉篇》卷4：「頣，音遍。」
楊寶忠曰：「《類玉篇海》引《川篇》當是音遍……『頣』音遍，當是『頯』字
俗譌。《說文》：『頯，頭妍也。』至於《呂氏春秋》之『頣』，恐與《篇海》所
收之『頣』無關。《呂氏春秋・知士》：『太子之不仁，過頣涿視，若是者倍反。』
高誘注：『頣涿，不仁之人也。過，猶甚也。太子不仁，甚於頣涿。』方以智
《通雅》卷19：『頣，音冊。按《說文》有「聲」，即「瀆」字。又有「顪」字，
癡不聰明也，五怪切。「頣」其「聲顪」二字之訛乎？』事又見《戰國策・齊
策》：『太子相不仁，過頤豕視，若是者信反。』吳師道《補注》：『過謂豐頤過
人，豕多反〔註31〕。補曰：《呂氏春秋》：「過頤豕視。」注：「頤豕，不仁之
人。」其說未詳。劉辰翁云：「過頤即俗所謂耳後見腮。豕視，即相法所謂下
邪偷視。」』《呂氏春秋》『頣涿』，《戰國策》作『頤豕』，皆形近。陳奇猷《校
釋》：『頣當即頤之別體。過頣涿視，當係怪相，如劉辰翁所釋。』」〔註32〕方
以智所云「頣其聲顪二字之訛」，「頣」下當脫「涿」字，方氏疑「頣涿」是「聲
顪」形誤，《通雅》各本皆脫一字。方以智《通雅》卷20又曰：「顪音外，漢
北平侯顪，此即《說文》『聲』，與《呂覽》『頣涿』可以互推。」〔註33〕楊先
生改字恐未得。「頣，音遍」者，「遍」當是「冊」形譌。《正字通》卷11「顪」
字條取方氏前說。畢沅曰：「字書無『頣』字，注訓『頣涿』為不仁之人，不
知何據？《國策》作『過頤豕視』，劉辰翁云云。」王紹蘭曰：「『頣涿』乃『蔽
頯』之譌，『蔽頯』即『蒯瞶』。」繆楷曰：「《韓非子・喻老篇》：『倒杖而策銳
貫頤。』《列子・說符篇》、《淮南子・道應訓》『頤』並作『頤』。《呂覽・知士
篇》：『太子之不仁，過頣涿視。』《國策》『過頣』作『過頤』，『涿視』作『豕
視』。『頤』與『頣』皆『頤』之別體字。」〔註34〕朱起鳳曰：「字書無『頣』
字，即『頤』字之譌。『過頤』即今俗所謂『腦後見腮』者是也。」〔註35〕譚

〔註31〕引者按：此十字乃鮑彪注。
〔註32〕楊寶忠《疑難字續考》，中華書局2011年版，第332頁。楊氏引「瀆」誤作
「瞶」。
〔註33〕方以智《通雅》卷19、20，中國書店1990年影印康熙浮山此藏軒刻本，第
239、261頁。
〔註34〕繆楷《經餘隨筆》卷1，江陰陶社1934年出版；收入《叢書集成續編》第25
冊，新文豐出版公司1988年版，第33頁；又收入繆幸龍《江陰東興繆氏家
集》，上海古籍出版社2014年版，第1369頁。
〔註35〕朱起鳳《辭通》卷2，上海古籍出版社1982年版，第161頁。

戒甫曰：「《齊策》作『太子相不仁，過頤豕視』，按此『之』字疑『相』之誤。過當讀為喎，《說文》：『喎，口戾不正也。』『頤』有寫作『順』者，因誤為『頗』。喎頗者，頤顄斜戾不正也。又《說文》：『涿，流下滴也。』則『涿視』亦謂目光如流而斜下視之耳。倍反，《齊策》作『信反』，《御覽》引作『背反』〔註36〕，倍與背通，知『信』字誤也。」許維遹曰：「據《齊策》當作『太子之相不仁，過頤豕視』。」陳奇猷曰：「『之』下當補『相』字，『頗』當即『頤』之別體，冊、臣古音同隸之部，古從冊聲臣聲一也。過頗涿視，如劉辰翁所釋。高以『頗涿』為人名，又以『視』字屬下讀，非是。王氏附會為蒯瞶，尤謬。」〔註37〕「涿」是「豕」之誤，吳師道《補正》引《呂氏》正作「過頤豕視」。《永樂大典》卷13453引已誤同今本。「頤」形誤作「賾」〔註38〕，「賾」從「賾」得聲，與「冊」疊韻音轉〔註39〕，因又改作「頗」字。諸書「頗，音冊」或「音冊」者，望字生音，未得其實。譚戒甫謂是形誤，非是。譚氏引《說文》，殊誤。「涿」是水滴，名詞，不得有斜下之義。「頤」是「臣」篆文，「臣」古音隸錫部，與「冊」聲不能相轉，陳奇猷說非是。譚氏校為「過頤」，讀為「喎頤」是也，「喎」正字作「蠨」，《說文》：「蠨，不正也。」字亦作䮔、嚼、喝、瘑、喎，俗字作「歪」〔註40〕。過頤猶俗言歪下巴。高注解為「不仁之人」，是指此相貌之人不仁，並不是指為人名，陳奇猷未得其誼。《漢書·王莽傳》：「莽為人侈口蹶顄，露眼赤精，大聲而嘶。」顏師古曰：「侈，大也。蹶，短也。顄，頤也。」「短頤」者亦不仁人之相貌，是其比也。劉辰翁所謂「耳後見腮」者，宋人俗語。《五燈會元》卷17：「腦後見腮，莫與往來。」《宏智禪師廣錄》卷2：「腦後見腮兮人難觸犯，眉底著眼兮渠得便宜。」此相是很戾之人。

又疑《篇海》「頗」是「顛」改易聲符的異體字，《玉篇》：「顛，頭不正

〔註36〕《御覽》卷368引作「若是法背父」，譚氏失檢。

〔註37〕上引各說，未注明出處者，皆見陳奇猷《呂氏春秋新校釋》，上海古籍出版社2002年版，第501頁。

〔註38〕宋華強謂《齊策》「頤」應是「賾」字之誤，而未加解釋，又以「頤豕」連文，則皆誤。宋華強《新蔡葛陵楚簡初探》，武漢大學出版社2010年版，第172頁。

〔註39〕《釋名》：「冊，賾也，勅使整賾，不犯之也。」《御覽》卷606引下「賾」誤作「頤」。《易·繫辭上》：「聖人有以見天下之賾。」《釋文》：「賾，九家作冊，京作嘖。」

〔註40〕參見蕭旭《〈國語〉補箋》，收入《群書校補（續）》，花木蘭文化出版社2014年版，第213～216頁。

也。」《廣韻》：「顛，顛頗，頭不正皃。」蔣斧印本《唐韻殘卷》：「顛，𤺺，頭不正。」《新撰字鏡》卷 2：「顛，𤺺也，頭不正皃。」依據《廣韻》，「𤺺」疑是「癲」誤書，即「頗」的增旁俗字，連字頭「顛」成詞，以「顛癲」作釋語。附此待考。

此文刊於河北大學《近代漢字研究》第 1 輯，河北大學出版社 2018 年版，第 41～48 頁。

俗字探源舉例二

一、「眂」字探源

　　《龍龕手鑑‧目部》：「眂，俗，倉胡切。」〔註1〕又《皮部》：「皯，或作。皯，正，倉胡、七與二切，皴皮散（皵）裂也。」《改併五音類聚四聲篇海》、《新修絫音引證群籍玉篇》並云：「眂，倉胡切。」《字彙補》：「眂，倉呼切，音粗，義闕。」「眂」當是「眂」形誤，「散」當是「皵」形誤。其字既誤，《字彙補》因闕其義。P.2011 王仁昫《刊謬補缺切韻》：「眂，七與反，皴眂，皮裂。」《永樂大典》卷 2344 引陸法言《廣韻》：「眂，皮眂惡也。」〔註2〕字正作「眂」。

　　《鉅宋廣韻》：「眂，皴眂，皮裂，七與切。」覆元泰定本《廣韻》釋文「眂」誤作「眂」，澤存堂本、覆宋本重修本字頭及釋文皆誤作「眂」，符山堂藏板作「眂」，亦是「目」旁。《集韻》：「眂，此與切，皵皴也。」〔註3〕曹氏棟亭本、日本天保九年重刊顧廣圻補刻本、四部備要本「眂」誤作「眂」。趙振鐸曰：「方校：『案「眂」譌從目，據《廣雅‧釋言》正。』明州本、潭州本、金州本『眂』字正作『眂』，陸校、龐校、莫校同。」〔註4〕趙校未盡，寧波明州述古堂影宋鈔本、錢恂藏揚州使院本亦皆作「眂」，不誤；曹氏棟亭本作「眂」，四庫本作「眂」，亦是「目」旁。葛信益亦指出澤存堂本《廣韻》

〔註1〕四庫本作「倉古切」，早稻田大學藏本作「蒼胡反」。
〔註2〕《五音集韻》同。
〔註3〕南宋初明州刻本、寧波明州述古堂影宋鈔本「皵」誤作「眂」。
〔註4〕趙振鐸《集韻校本》下冊，上海辭書出版社 2012 年版，第 432 頁。

「皷」是「皴」誤〔註5〕。

《廣雅》：「皴、皵，皴也。」王念孫曰：「皴之言麤也，《玉篇》、《廣韻》並音麤。皴、皵一聲之轉。《釋名》云：『齊人謂草履曰搏腊，搏腊猶把鮓，麤貌也。荊州人曰麤。』腊與皵，麤與皴，並同義。」〔註6〕王說是矣，「皵」是「皴」音轉，古音且聲、昔聲相通〔註7〕，其語源是「粗」，亦借「麤」為之，俗字作「麁」。《玉篇》：「皴，千胡切，皴皴也，今作麁。」明‧蘭廷秀《韻略易通》卷下：「皴，皮皴皵也。」「皴皵」俗作「粗糙」〔註8〕。范寅《越諺》卷中：「麤皵：『粗糙』，不精光。《元典章》作『粗繰』，東坡《大慧真贊》作『麁糙』。」〔註9〕「皴」指皮膚粗糙開裂。字亦作「皵」，《集韻》：「皵、皴：利五切，《博雅》：『皴、皵，皵也。』或省。」南宋初明州刻本「皴」誤作「皮」，錢恂藏揚州使院本、曹氏棟亭本、日本天保九年重刊顧廣圻補刻本、四庫本字頭「皵」誤作「皵」，揚州使院本所引《博雅》「皵」誤作「皵」。P.3906《碎金》：「面皵風：支加反。」此「皵」特指鼻病。

《龍龕手鑑‧皮部》之「皮」，亦「皴」形誤，後世字書皆承其誤。《新校經史海篇直音》：「皮，音麁，皴皮散（皵）裂也。」宋濂《篇海類編》、李登《重刊詳校篇海》並云：「皮，音麁，皴皮散（皵）裂也，正作『皴』。」《集韻》「皴」字條引《博雅》：「皴、皵，皮也。」「皮」亦「皴」之誤，各本均誤，獨四庫本不誤〔註10〕。《四庫全書考證》：「刊本『皴』訛『皮』，今改。」〔註11〕《考證》與正文不合，「皴」是「皴」誤書。趙振鐸曰：「陳校：『皮』作『皴』。』方校：『『皴』訛『皮』，據《廣雅‧釋言》及《類篇》正。』」〔註12〕明‧蘭廷秀《韻

<hr/>

〔註5〕 葛信益《張氏澤存堂本〈廣韻〉異讀字形訛舉例》，收入《廣韻叢考》，北京師範大學出版社 1993 年版，第 77 頁。這條材料承張文冠博士檢示，謹致謝忱！

〔註6〕 王念孫《廣雅疏證》，收入徐復主編《廣雅詁林》，江蘇古籍出版社 1992 年版，第 358 頁。

〔註7〕 相通之例參見張儒、劉毓慶《漢字通用聲素研究》，山西古籍出版社 2002 年版，第 370 頁。

〔註8〕 蔣斧印本《唐韻殘卷》：「皵，米穀雜，出《埤蒼》，亦作糙。」《廣韻》：「皵，米穀雜。糙，上同。」《肯綮錄‧俚俗字義》：「米不佳曰皵，與『糙』同。」

〔註9〕 范寅《越諺》（侯友蘭等點注），人民出版社 2006 年版，第 195 頁。

〔註10〕 四庫本《集韻》，收入景印文淵閣《四庫全書》第 236 冊，臺灣商務印書館 1986 年初版，第 491 頁。

〔註11〕《四庫全書考證‧經部》卷 21，景印文淵閣《四庫全書》第 1497 冊，第 554 頁。

〔註12〕 趙振鐸《集韻校本》下冊，上海辭書出版社 2012 年版，第 178 頁。

略易通》卷下：「皶，皷皮。」「皷」亦誤。《正字通》：「皷，俗字，舊註同『䀨』，不知『䀨』亦譌文也。」張氏指出是誤字，是也，但未知是何字之誤。《五侯鯖字海・皮部》：「皷，音粗。䀨，音粗，皵䀨口（皵）裂也。」得其音義，而未指出正字。《五侯鯖字海・目部》：「䀣，目瞪也。䀨，同上。」《漢語大字典》據之云：「『䀨』同『䀣』。」〔註13〕「䀣」訓目瞪，未詳何據。

二、「孂」字探源

《龍龕手鑑》：「孂，女徒也。」「孂」即「孂」俗字。鄭賢章等曰：「女徒，《王仁昫刊謬補缺切韻》、《廣韻》作『女從』，『女徒』蓋『女從』之訛。」〔註14〕鄭說是也，但僅以《切韻》、《廣韻》早出而定之，似也未明其語源而達其得義之由。《五音集韻》亦作「女從」。「孂」是形聲兼會意字，贊之言兟，《說文》：「兟，進也。」《小爾雅》：「贊，佐也。」贊、佐一音之轉〔註15〕，乃聲訓。「孂」訓女從，即謂女子佐助順從男子也。《周易・雜卦》：「漸，女歸待男行也。」韓康伯注：「女從男也。」漸之言趲，《說文》：「趲，進也。」「趲」、「兟」音之轉耳，亦指趨進以順從男子也。「女徒」則指服勞役的女犯人，非其誼也。

三、「娋」字探源

《龍龕手鑑》：「娋，小娋，倫也。」各版本皆同。鄭賢章等曰：「《廣韻・肴韻》：『娋，小娋，偷也。』《玉篇》：『娋，小娋，侵也。』《字彙》：『娋，偷也。』《正字通》：『娋，舊注息弱切。音削，小侵也，偷也……舊注失考正。』根據《廣韻》、《字彙》、《正字通》，《龍龕》『倫也』疑為『偷也』之訛。」〔註16〕鄭說非也，比勘異同，不能必定其是非，當從字源分析其字義之由。「倫」、「偷」俱當作「侵」，《字彙》所據乃誤本，《正字通》不能辨其誤，兼收「小侵也」、「偷也」二說。《廣韻》卷2《肴韻》作「偷」（《五音集韻》卷4同），卷4《效

〔註13〕《漢語大字典》（第二版），崇文書局、四川辭書出版社2010年版，第2658頁。

〔註14〕鄭賢章、張福國《古代字書疑難注音釋義考》，《語文研究》2017年第1期，第47頁。

〔註15〕《周禮・酒正》鄭玄注：「盎猶翁也，成而翁翁然蔥白色，如今酇白矣。」《釋文》：「酇白，即今之白醝酒也，宜作醝。作酇，假借也。」《集韻》：「艖、䑢：艑艖，舟也，或從贊。」「差」從左得聲，此皆左、贊音通之證。

〔註16〕鄭賢章、張福國《古代字書疑難注音釋義考》，《語文研究》2017年第1期，第47頁。

韻》作「侵」（《五音集韻》卷 11 同），鄧顯鶴、黃侃未校〔註 17〕，趙少咸曰：
「『偷』當『偷』誤，《玉篇》：『小娟，侵也。』《三十六效》正作『侵』。此同
《手鑑》，彼同《玉篇》。」〔註 18〕周祖謨曰：「注段改作『小小侵』也。案《肴
韻》『娟』字注云：『小娟，偷也。』敦煌王韻作『小小侵』，與段校合。」〔註 19〕
余迺永曰：「《王一》、《全王》作『小小侵』，合《說文》。五〔代〕刊 P.2014 作
『小侵』，《玉篇》：『小娟，侵也。』娟，又通『稍』，此注『偷』字應作『侵』。」
〔註 20〕蔡夢麒亦據卷 4《效韻》、《玉篇》、《說文》校「偷」作「侵」〔註 21〕，其
書後出於余氏，而未及余氏詳贍。鄭君失檢諸說。余、蔡說是也。《說文》：「娟，
小小侵也。」《六書故》卷 29：「削，又與『稍』通。《周禮》曰：『家削之賦。』
又作娟，《說文》曰：『小小侵也。』」段玉裁曰：「侵者，漸進也。凡用『稍稍』
字，謂出物有漸；凡用『娟娟』字，謂以漸侵物也。」朱駿聲取段說。桂馥曰：
「小小侵也者，《玉篇》作『小娟，侵也』，《廣韻》同。《廣雅》：『娟，侵也。』」
趙宦光曰：『《詩敘》曰：「以侵娟。」』〔註 22〕通用『削』，《孟子》：『魯之削也滋
甚。』」王筠曰：「娟，案蓋以娟為侵削之專字……推其音則謂稍稍蠶食之也。
《廣雅》：『娟、犯，侵也。』」錢坫曰：「《國策》：『稍稍蠶食之。』此字也。《廣
雅》：『娟，侵也。』」馮桂芬曰：「案『娟』讀息約切，與『削』同意。」〔註 23〕
黃侃曰：「娟，由小木近稍削。」〔註 24〕馬敘倫曰：「《廣雅》：『娟，侵也。』然
『侵也』疑以聲訓。『娟』聲宵類，古讀宵歸幽，幽、侵對轉也。」〔註 25〕張舜

〔註 17〕鄧顯鶴《廣韻校刊札記》，道光東山精舍本。黃侃《黃侃手批廣韻》卷 2、4，
　　　　中華書局 2006 年版，第 161、473 頁。
〔註 18〕趙少咸《廣韻疏證》卷 2，巴蜀書社 2010 年版，第 992 頁，又卷 4 第 2892 頁
　　　　說同。
〔註 19〕周祖謨《廣韻校本》（下冊）卷 4，中華書局 2004 年版，第 449 頁。
〔註 20〕余迺永《新校互注宋本廣韻》卷 2，上海辭書出版社 2000 年版，第 153 頁。
　　　　余氏所稱「《王一》」指 P.2011 王仁昫《刊謬補缺切韻》，「《全王》」指故宮博
　　　　物院藏吳彩鸞書王仁昫《刊謬補缺切韻》。
〔註 21〕蔡夢麒《廣韻校釋》卷 2，嶽麓書社 2007 年版，第 313 頁。
〔註 22〕引者按：今《詩序》卷上《葛屨》、《園有桃》作「侵削」。陳啟源曰：「『削』
　　　　當作『娟』。」陳氏據《說文》說也。陳啟源《毛詩稽古編》卷 27，收入景
　　　　印文淵閣《四庫全書》第 85 冊，臺灣商務印書館 1986 年初版，第 735 頁。
〔註 23〕段玉裁《說文解字注》，桂馥《說文解字義證》，王筠《說文句讀》，朱駿聲《說
　　　　文通訓定聲》，錢坫《說文解字斠詮》，馮桂芬《說文解字段注考正》，並收入
　　　　丁福保《說文解字詁林》，中華書局 1988 年版，第 12214、17849 頁。
〔註 24〕黃侃《黃侃手批說文解字》，上海古籍出版社 1987 年版，第 789 頁。
〔註 25〕馬敘倫《說文解字六書疏證》卷 24，上海書店 1985 年版，本卷第 58 頁。

徽曰：「錢坫云云。《廣韻》音所教切，則義與『稍』通。惟『娋』既從女，其本義自謂侵犯人。蓋娋之言削也，謂其性刻削也。」〔註26〕王念孫曰：「《玉篇》云云。《趙策》云：『稍稍蠶食之。』『稍』與『娋』通。」〔註27〕王筠說「娋」是侵削義的專字，至確。各家說除張舜徽謂「其性刻削」稍失之，其餘說亦皆得之。娋之削也，稍也，弱也，猶言小小侵削、侵侮、侵犯。P.3906《碎金》：「人娋掠：捎音。」〔註28〕Д x 5260V《碎金》：「人娋掠：所交反。」《篆隸萬象名義》：「娋，小侵（「侵」字有殘損），削末為娋。」《集韻》：「娋，《博雅》：『侵也。』謂人所侵侮。」今中原官話猶謂「侵犯」、「抽打」為「娋」〔註29〕。字或作稍，《釋名》：「日月虧曰食，稍稍侵虧如蟲食草木葉也。」又「稍，削也。」乾道本《韓子·外儲說右下》：「人主之所以自淺娋者，巖穴之士徒也。」道藏本同。「淺娋」即「小娋」，侵侮也。此用為被動詞，言人主好於虛名，則為巖穴之士所欺侮。一本不知「淺娋」之義，妄改作「羽翼」。

四、「聱」字探源

高麗本《龍龕手鏡》：「暇聱、聲、聲、聳，四俗。聉，俗，通，丁果反，耳聉也。」其中「聱」、「聳」二字各本同，《康熙字典》引《龍龕》誤從埶作「聲」，《中文大辭典》、《漢語大字典》皆承其誤〔註30〕；「聲、聲」二字，《續古逸叢書》影印宋本同，光緒壬午年樂道齋本作「聲、聲」，朝鮮本作「聲、聲」，早稻田大學藏本、四庫本作「聲、聲」。《龍龕》「聲」、「聲」二字上部所從疑是「韧」字形譌，古音韧、埶相轉，同為月部，見母、疑母聲通。《集韻》：「楔、樧、槸：《說文》：『槸也。』蜀人從殺，《周禮》從埶。」〔註31〕《說文》：「槸，楔也。」又「楔，槸也。」段玉裁曰：「今俗語曰楔子。《考工記》曰：『牙得則無槷而固。』注曰：『鄭司農云：槷，槸也。蜀人言槸曰

〔註26〕張舜徽《說文解字約注》，華中師範大學出版社 2009 年版，第 3078 頁。
〔註27〕王念孫《廣雅疏證》，收入徐復主編《廣雅詁林》，江蘇古籍出版社 1992 年版，第 358 頁。
〔註28〕P.2058、S.6204、S.619V 並同。
〔註29〕參見許寶華、宮田一郎《漢語方言大詞典》，中華書局 1999 年版，第 5216 頁。
〔註30〕《中文大辭典》，華岡出版有限公司出版 1979 年版，第 11651 頁。《漢語大字典》（第二版），崇文書局、四川辭書出版社 2010 年版，第 2986 頁。
〔註31〕《集韻》據述古堂影宋鈔本，南宋初明州刻本、潭州宋刻本、金州軍刻本同，錢恂藏揚州使院本、曹氏棟亭本、日本天保九年重刊顧廣圻補刻本「埶」誤作「執」，方成珪《集韻考正》卷 9 已訂正，收入《續修四庫全書》第 253 冊，上海古籍出版社 2002 年版，第 347 頁。

槷。玄謂槷讀如涅。』按，槷、橬皆假借字，橬即楔之假借也。」承培元、朱駿聲、章太炎亦謂「槷（橬）」即「楔」借字〔註32〕。故「𪗾」、「𪗽」是「𦻀」改易聲符的異體字。敦煌寫卷中「勢」字俗書作「𫝆」、「𫝆」〔註33〕，亦是改易聲符的異體字。當然亦有形譌的可能，「𪗾」、「𪗽」二字上部是「埶」形譌。「𦻀」字上部不成字，未詳其理據，待考。《新修絫音引證群籍玉篇》：「𦻀，音睡。𦻀，音睡。」《改併五音類聚四聲篇海》、《五侯鯖字海》、《新校經史海篇直音》並云：「𦻀，音睡，義同。」《字彙補》：「𦻀，同『睡』。」

「睡」是形聲兼會意字，指耳垂，耳的下端，取下垂為義。「耳睡」即今言耳朵。「𦻀」是「睡」改易聲符的異體字，其字當從「執」，取下垂為義；從「埶」無義理可說。從「執」之字多有下義，霜雪下降謂之霜，地面下降謂之墊，房屋下降謂之竀、墊，蟲之下伏謂之蟄、墊，下降謂之墊、摯，車前重而低下謂之𦤉、墊，心之下服謂之慹，汗水下流謂之漐，語源皆同〔註34〕。

在唐代寫卷中發現「𦻀」字。敦煌寫卷上圖006《妙法蓮華經馬明菩薩品第三十》卷1：「當須彌山半腰於四□上作四天王宮……東方天王宮舍治須彌山半腰黃金□上……南方天王宮舍治須彌山半腰瑠璃□上……西方天王宮舍治須彌半腰白銀□上……北方天王宮舍治須彌山半腰水精□上。」〔註35〕「四□」、「水精□」之「□」從「執」，敦煌文獻中構字部件「九」、「丸」常混，「𡙉」即「執」省書一點而成的俗譌字〔註36〕，故「□」當認作「𦻀」；「黃金□」「白銀□」、「瑠璃□」正作「𦻀」字。此字S.2734b作「□」，S.3051作「□」〔註37〕，不甚可辨。敦煌寫卷甘博038《樓炭經》：「東方天王治黃金□

〔註32〕段玉裁《說文解字注》，承培元《廣說文答問疏證》，朱駿聲《說文通訓定聲》，並收入丁福保《說文解字詁林》，第6011～6012頁。章太炎《新方言》卷6，收入《章太炎全集（7）》，上海人民出版社1999年版，第102頁。段玉裁說又見《周禮漢讀考》卷6，收入《皇清經解》卷639，第4冊，上海書店1988年版，第218頁。
〔註33〕參見黃征《敦煌俗字典》，上海教育出版社2005年版，第368頁。
〔註34〕參見蕭旭《〈說文〉「霸」、「蘜」二字疏證》，提交「黃侃誕辰130週年學術研討會」論文，武漢大學2016年10月22～23日。又參見蕭旭《說文》疏證（二則），臺灣藝文印書館《中國文字》2019年冬季號（總第二期），第81～88頁。
〔註35〕《上海圖書館藏敦煌吐魯番文獻》第1冊，上海古籍出版社1999年版，第57、61～62頁。
〔註36〕隋《牛諒墓誌》「執」正作「□」形，轉引自臧克和《漢魏六朝隋唐五代字形表》，南方日報出版社2011年版，第229頁。
〔註37〕S.2734b、S.3051分別收入黃永武主編《敦煌寶藏》第22、25冊，新文豐出版公司1982年初版，第665、414頁。

宮舍……西方天王治白銀𡋲宮舍……北方天王治水精𡋲宮舍……南方天王治
琉璃𡋲宮舍。」〔註38〕「𡋲」上部所從「㚔」，既可以認作「執」，亦可以認作
「埶」〔註39〕。據上圖藏寫卷，「𡋲」當定作「𡍺」字。

上圖、甘博的「𡍺」字，即「埵」，寫卷中用作「埵」的借字，亦作「堆」、
「垛」、「隒」、「塠」等異體。BD8431V《難字雜寫》有「𡍺」字，其旁小字
注「埵」。P.2172《大般涅槃經音》卷42：「四𡍺：埵。」〔註40〕言四大天王
分別居住在水精堆、琉璃堆、黃金堆、白銀堆上的宮舍中。《法華經義記》卷
1：「四天王天，此則倒列欲界第一天，即是須彌四埵頭首，亦各有眷屬也。」
《經律異相》卷1：「四天王居須彌四埵，皆高四萬二千由旬。」《金光明經
文句》卷5：「四天王者……居半須彌，東黃金埵，王名提頭賴吒……南瑠璃
埵，王名毘留勒叉……西白銀埵，王名毘留博叉……北水精埵，王名毘沙門。」
《維摩經文疏》卷9：「四天王在須彌山半四埵住。」皆正作「埵」字。《玄
應音義》卷3：「輪埵：丁果反，小累也，今取其義。經文從耳從玉作『𦔳』、
『瑅』二形，非也。」《慧琳音義》卷4：「輪埵：下當果反。《通俗文》作『垛』，
亦通也。」

五、「𦂳」字探源

《龍龕手鏡》：「𦂳，俗，直容反，直也。」《改併五音類聚四聲篇海》、
《新修絫音引證群籍玉篇》並云：「𦂳，直容切，直也。」《新校經史海篇直
音》、《校訂音釋五侯鯖字海》並云：「𦂳，音崇，直也。」鄧福祿、韓小荊
曰：「《字彙》：『𦂳，直容切，音重，直也。』行均明言『𦂳』為俗字，則當
有正字。《正字通》：『𦂳，俗字。舊注「直容切，音重，直也」，泥。』張自
烈指出了舊注（《字彙》）不知『𦂳』為俗字的缺陷，但他自己亦不明『𦂳』

〔註38〕《甘肅藏敦煌文獻》第4冊，甘肅人民出版社1999年版，第276頁。
〔註39〕S.85《春秋左傳杜預注》：「齊人執之，又執子叔姬。」「執」即「執」，唐《燕
　　　君妻姜墓誌》「執」亦作「𡙁」形（轉引自臧克和《漢魏六朝隋唐五代字形
　　　表》，第229頁）。「㚔」是「執」省書一點而成的字。武威漢簡「執」字作
　　　「𡙁」。漢碑「藝」作「蓺」、「𧄠」、「𧆝」等形，參見顧藹吉《隸辨》卷4，
　　　收入景印文淵閣《四庫全書》第235冊，臺灣商務印書館1986年初版，第
　　　597頁。S.388《正名要錄》：「勢、勢：右正行者揩（楷），腳註稍訛。」此二
　　　字是「勢」，右字上部所從是「埶」，是「埶」譌變而成。二寫卷收入《英藏
　　　敦煌文獻（漢文佛經以外部分）》第1冊，四川人民出版社1990年版，第
　　　39、173頁。
〔註40〕此二例乃于淑健教授檢示，謹致謝忱！

之正字為何。今考『纑』為『傭』的俗字。佛經有『纑』字用例。唐輸波迦羅譯《蘇婆呼童子請問經》卷 2：『脛臂纑圓。』『纑圓』即『傭圓』，『纑』即『傭』字。《說文》：『傭，均直也。』『傭圓』為平直圓潤貌，佛經習見。《佛說觀佛三昧海經》卷 3：『頸傭圓相如琉璃筒。』」〔註41〕《漢語大字典》取其說，云：「纑，同『傭』，均直。」〔註42〕

　　《說文》「傭」訓均直者，「均」謂齊等，「直」同「值」，指價值。均直謂隨其力而均其值，今言按勞付酬也。鄧福祿未達《說文》之誼。《玄應音義》卷 21：「傭圓：敕龍反。《爾雅》：『傭，均也。』謂齊等也。或作膭，俗字也。」《慧琳音義》卷 4：「傭圓：癡龍反。《考聲》：『上下均也，大也。』《韻英》：『庸，直也。』經文有從肉作膭，俗字也。《說文》：『均直也。』」慧琳引《說文》亦未得，玄應引《爾雅》「傭，均也」以解「傭圓」則是。

　　鄧福祿謂「纑為傭俗字」，證據不足。「纑」有直而圓大之義，字亦作「軀（軀）」，《龍龕手鏡》：「軀，俗。軀，古文，直也。」複言則曰「軀軥」、「軆衕」、「儱侗」等形。《集韻》：「軀，軀軥，身不端。」又「軆，軆衕，直行。衕，軆衕，直行。」《類篇》：「袴之兩股曰襱裯。」《龍龕手鑑》：「儱侗：未成器也。下又直也，一曰長大。又音通，大也。」《祖庭事苑》卷 1：「懵統，當作『儱侗』。」又卷 4：「儱侗：未成器也。又直也，一曰長大也。」明·陳士元《俗用雜字》：「直行曰軆衕，未成器曰儱侗，身不端曰軀軥，衣寬曰襱裯。俱音籠桶。」〔註43〕1935 年《蕭山縣志稿》：「物直而胖大者曰儱侗。」〔註44〕「軀軥」謂身體直而圓大，故為身不端。「襱裯」謂衣袴直而圓大，故為袴之兩股、衣寬。《玉篇》：「朧，肥貌。」亦指直而胖大之肥。

六、「酈犬」考

　　《逸周書·王會解》：「渠叟以酈犬。酈犬者，露犬也，能飛，食虎豹。」此據四部叢刊影明嘉靖刊本、抱經堂刊本，《容齋續筆》卷 13 引同。二「酈犬」，元至正刊本、漢魏叢書本上一個仍作「酈犬」，下一個作「獃犬」。方以

〔註41〕鄧福祿、韓小荊《字典考正》，湖北人民出版社 2007 年版，第 361～362 頁。
〔註42〕《漢語大字典》（第二版），崇文書局、四川辭書出版社 2010 年版，第 3698 頁。
〔註43〕陳士元《俗用雜字》，附於《古俗字略》卷 7，收入《歸雲別集》卷 25，《四庫存目叢書·經部》第 190 冊，齊魯書社 1997 年版，第 160 頁。
〔註44〕轉引自許寶華、宮田一郎《漢語方言大詞典》，中華書局 1999 年版，第 2724 頁。

智曰：「《王會》『渠叟鼩犬』，『鼩犬』即《山海經》馬成山之『露犬』，如白
犬而黑頭者，能逐虎，王融《曲水序》用『紲牛露犬』，是也。」〔註45〕盧文
弨曰：「案《廣韻》『鼩，比（北）教切，能飛，食虎豹』之屬，正此是也。
《說文》：『鼩，胡地風犬。』王本從李善注《文選》作『鼬』，云：『一作鼩，
之若切。』案鼬乃小鼠，李注或字譌，不可從。」〔註46〕盧氏所云「王本從
李善注《文選》作『鼬』」，王本指王應麟《玉海》卷152，李善注《文選》指
《文選‧王元長‧三月三日曲水詩序》李善注。檢《文選》宋淳熙八年池陽
郡齋刻本、四部叢刊影南宋版、嘉靖元年金臺汪諒刊本、慶長十二年活字印
本、寬永二年活字印本確實作「鼬」字，與王應麟所見相同；奎章閣本引上
一個作「鼬犬」，下一個仍作「鼩犬」；《文選集注》唐寫本李善注引二處都作
「![字]」〔註47〕，其字灼然從勹作「鼩」，可知宋人始誤「鼩」作「鼬」，元、
明人又或誤作「鼶」。《白氏六帖事類集》卷29引《瑞應〔圖〕》：「![字]犬：周
成王時，渠被（搜）國獻![字]犬，能飛，食虎。」〔註48〕馬縞《中華古今注》
卷下：「鼩犬：周成王時，渠搜國獻鼩犬，能飛，食虎豹。」《古今注》據四
庫本，《說郛》卷12引同；百川學海本作「鼢犬」。此皆據《逸周書》為說，
「![字]」、「鼢」皆「鼩」形誤〔註49〕。《博物志》卷10：「犬戎文馬，赤鬣身色，
目若黃金，名古（吉）黃之乘〔註50〕，復蓟之露犬也，能飛，食虎豹。」按
《逸周書‧王會解》又云：「犬戎文馬，而赤鬣縞身，目若黃金，名古（吉）
黃之乘。」〔註51〕《博物志》乃合《逸周書》二處文字為一，指海本《博物

〔註45〕方以智《通雅》卷46，收入《方以智全書》第1冊，上海古籍出版社1988年
　　　　版，第1380頁。所引《山海經》見《北山經》：「馬成之山……有獸焉，其狀
　　　　如白犬而黑頭，見人則飛，其名曰天馬，其鳴自訆。」
〔註46〕盧文弨《逸周書》（抱經堂校定本）卷7，本卷第12頁；又收入《叢書集成初
　　　　編》第3694冊，中華書局1985年影印，第247頁。
〔註47〕《唐鈔文選集注彙存》（二），上海古籍出版社2000年版，第825頁。
〔註48〕《白帖》在卷98。
〔註49〕楊寶忠已校「鼶」作「鼩」。楊寶忠《大型字書收錄傳世文獻漢字存在的問題》，
　　　　《漢字研究》第1輯，學苑出版社2005年版，第115頁。
〔註50〕《博物志》據指海本、士禮居叢書本，《初學記》卷20引同；古今逸史本、紛
　　　　欣閣叢書本《博物志》卷3同，百子全書本《博物志》卷3作「吉黃之乘」，
　　　　四庫本《博物志》卷3倒作「古之乘黃」。《說文》「駃」字條作「吉皇」。疑
　　　　「古」為「吉」誤。《御覽》卷896引《符瑞圖》「騰黃……或曰吉黃」，《初學
　　　　記》卷29引「吉黃」誤作「古黃」。《類聚》卷99引《瑞應圖》：「騰黃……一
　　　　名吉光。」《御覽》卷665引陶隱居曰：「天馬者，吉光騰黃之獸也。」
〔註51〕古黃，《山海經‧海內北經》作「吉量」，一本作「吉良」，《御覽》卷896引

志》卷 10 以「復薊」以下別為一條，錢熙祚校云：「此條有脫誤，《周書》云云。」〔註52〕其說是也。

　　王念孫曰：「王本『貙』作『貐』，云：『貐，權俱切。一作貐，之若切。』盧曰云云。念孫案：作『貐』者是也。《海內北經》曰：『蜪犬，如犬而青，食人從首始。』注曰：『音陶，或作蚼，音鉤。』亦以作『蚼』者為是。《說文》『蚼』字解曰：『北方有蚼犬，食人，從虫句聲。』（徐鉉音古厚切）即本於《海內北經》也。彼言海內西北陬以東，此言渠叟；彼言食人，此言食虎豹。地與事皆相近。彼作『蚼犬』是本字，此作『貐犬』是假借字。故李善引作『貐犬』，而盧以為字誤，則未達假借之旨也。『貐』、『貐』字形相似，故誤而為『貐』。『貐』是鼠屬，與『蚼犬』無涉。《說文》『貐，胡地風鼠，從鼠勺聲』，不云『風犬』。《廣韻》：『貐，鼠屬，能飛，食虎豹，出胡地。』其云『鼠屬，出胡地』，是也；而又云『能飛，食虎豹』，則惑於俗本《周書》之『貐犬』而誤。盧引《廣韻》『能飛，食虎豹』，而刪去『鼠屬』二字，又改《說文》之『風鼠』為『風犬』，以牽合『貐犬』，其失也誣矣。」〔註53〕《說文》「蚼」字條段玉裁曰：「《海內北經》：『蜪犬，如犬青，食人從首始。』郭注：『蜪音陶，或作蚼，音鉤。』按作『蚼』為是，正許所本也。《周書》：『渠搜以貐犬，能飛，食虎豹。』『貐』同『蚼』，借『玁貐』字為之耳。《大戴禮》作『渠搜貢虞犬』，『虞』亦音之轉也。今本《周書》作『貐犬』，依《文選・王融・曲水詩序》正。」〔註54〕段氏說略同王念孫，所引《大戴禮》「虞犬」見《少閒篇》盧辯注。戴震曰：「『虞』字誤，《逸周書》曰：『渠叟以貐犬。貐犬者，露犬也，能飛，食虎豹。』『虞』或當作『露』。」〔註55〕桂馥曰：「貐犬即貐鼠。」王筠從桂說。朱駿聲曰：「貐實犬類，能飛如蝙蝠肉翅也。疑即《爾雅》之『鼣鼠』，而與《易》之『鼫鼠』，《詩》、《爾雅》之『鼫鼠』，《廣雅》之『貐鼠，鼫鼠』皆別。」朱駿聲又曰：「《逸周書》：『渠叟以貐犬，能飛，食虎豹。』以『貐』為之（引者按：指『蚼』字）。」〔註56〕

　　《山海經》作「吉壇（注：『或作良。』）」，郭璞注引《周書》作「吉黃」。

〔註52〕指海本第 10 集《博物志》卷 10，本卷第 2 頁。

〔註53〕王念孫《逸周書雜志》，收入《讀書雜志》卷 1，中國書店 1985 年版，本卷第 41 頁。

〔註54〕段玉裁《說文解字注》，上海古籍出版社 1981 年版，第 673 頁。

〔註55〕戴震《再與盧侍講書（辛巳）》，收入《東原文集》卷 3，《戴震全書》第 6 冊，黃山書社 1995 年版，第 291 頁。

〔註56〕桂馥《說文解字義證》，王筠《說文解字句讀》，朱駿聲《說文通訓定聲》，並

　　《逸周書》此字當作「䶂」，而與《廣雅》「䶂鼠，鼮鼠」（即五技鼠）者不同。「䶂犬」又作「豹犬」，《白氏六帖事類集》卷 29 引《瑞應〔圖〕》：「豹犬：匈奴獻豹犬，錐口，赤身，四足（尺）。」〔註57〕《唐六典》卷 4 以「豹犬、露犬」等為大瑞。清華簡（七）《晉文公入於晉》簡 6「䶂旂」與「熊旂」相對，即「豹旂」，亦以「䶂」作「豹」〔註58〕。蔣斧印本《唐韻殘卷》：「䶂，都歷反，鼠名，又音灼，出《說文》。」又「䶂，普駁反，《玉篇》云：『鼠屬，能飛，食虎豹，出胡。』又音酌。」所引《玉篇》，當是顧野王原本《玉篇》。P.2011 王仁昫《刊謬補缺切韻》：「䶂，鼠。」《廣韻》：「䶂，鼠屬，能飛，食虎豹，出胡地。又音酌。」「䶂」當從豹省聲，俗字亦作「貖」。《本草綱目》卷 51：「《蜀圖經》所謂虎鼠，即貖鼠，亦蝟中一種也。孫恄云：『貖鼠，能飛，食虎豹。』《談藪》云：『虎不敢入山林而居草薄者，畏木上有趣（貗）鼠也。鼠見虎過，則咆噪拔毛投之，虎必生蟲瘡，潰爛至死。』貖、貗音相近耳。」此皆據《逸周書》說也。「䶂」音之若切、都歷反，或音酌、音灼者，誤以為從勺得聲，故有此讀。

　　「䶂」字從鼠，鼠乃指刺蝟而言。「蝟」亦作「猬」，本字作「彙」、「蝟」，其形似鼠，故有鼠名。《說文》：「彙，蟲似豪豬者。蝟，或從虫。」《爾雅》：「彙，毛刺。」郭璞注：「今蝟，狀似鼠。」《釋文》：「彙，本或作猬，又作蝟，亦作𧕄，同，音謂。」《山海經·北山經》郭璞注：「彙似鼠，赤毛如刺猬也。」《玄應音義》卷 18：「或蝟：又作彙，同。有兔蝟、鼠蝟等也。」《爾雅翼》卷 21：「彙之為獸小小耳，其狀似鼠而毛刺，大者如小狗，小者如爪，腳短〔多〕刺〔註59〕，尾長寸餘。」《埤雅》卷 4 引《炙轂子》：「蝟狀似鼠，性極獰鈍，物少犯，近則毛刺攢起如矢，《爾雅》所謂『彙毛刺』者，即此也。」《證類本草》卷 21 引《唐本〔草〕》注：「蝟極獰鈍，大者如小狗，小者猶爪大。」舊說蝟能伏虎，故云「䶂犬食虎豹」。《易林·豫之比》：「虎飢欲食，為蝟所伏。」《史記·龜策傳》《集解》引郭璞曰：「蝟能制虎，見鵲仰地。」《北戶錄》卷 1 龜圖注引《淮南子》：「蝟使虎申，蛇令豹止，物有所制也。」

　　　　收入丁福保《說文解字詁林》，中華書局 1988 年版，第 9851、13017 頁。
〔註57〕　《白帖》在卷 98，「足」作「尺」。
〔註58〕　楚簡多以「䶂」作「豹」，另詳劉信芳《楚簡帛通假彙釋》，高等教育出版社2011 年版，第 144 頁。
〔註59〕　「多」字據《證類本草》卷 21 引《圖經》補。

〔註60〕此說當出《淮南萬畢術》。

七、「鶼」字正誤及探源

《漢語大字典》：「鶼，音義未詳。明袁宏道《湘湖》：『蕭山、櫻桃、鶼鳥、蓴菜皆知名，而蓴尤美。』」〔註61〕

楊寶忠曰：「以語境可知，『鶼鳥』當是可食且味美之物。《會稽志》卷17：『蕭山湘湖之鯽珍美，為越中之冠。』《浙江通志》卷104引《嘉泰會稽志》同。『鶼鳥』或即『鯽魚』之誤，蓋『鯽魚』變作『䲭魚』，形近誤作『鶼鳥』也。」〔註62〕

楊先生改字未得。《御定佩文齋廣群芳譜》卷15、《古今圖書集成·博物彙編·草木典》卷65引袁宏道《湘湖記》作「鶼鳥」，《浙江通志》卷104、《重刊道藏輯要》吳秋士輯《天下名山記》引袁宏道《越中雜記·湘湖》作「鶼鳥」。「鶼」是「鷃」俗字，「鶼」當是「鷃」或「鶼」形譌。

考《玉篇》：「鷃，側八切，鳥雜毛色。」《廣韻》：「鷃，側八切，鳥雜蒼色。」《集韻》：「鷃，側八切，鳥名，似百舌，喙長。」《六書故》：「鷃，側八切，鳥似百舌，長喙，善𩾃（漁），越人謂之鵁鷃。」《新修絫音引證群籍玉篇》：「鷃，側八切，鳥雜毛色。」朝鮮本《龍龕手鑑》：「鷃，側八切，鳥雜毛也。」《字彙》：「鷃，側八切，音札，鳥雜毛色。」《重訂直音篇》：「鷃，音扎，鳥雜蒼色。」《本草綱目》卷47「鸕鷀」條《釋名》：「須蠃（《爾雅》），水鷃（音札，《正要》〔註63〕），鷧鳥（《日用》〔註64〕），刁鴨（《食療》〔註65〕），油鴨（俗）。時珍曰：『鸕鷀、須蠃，並未詳。鷃刁、零丁，皆狀其小也。油，言其肥也。』」字亦省作「扎」或「札」，《御覽》卷925引《南夷志》：「水扎鳥出昆明池，冬月遍于水際。」《蠻書》卷7：「西洱河，及昆池之南，接滇池，冬

〔註60〕《埤雅》卷3引同，《御覽》卷892、《本草綱目》卷51無「各」字，餘同。《記纂淵海》卷98引《淮南子》：「蝟使虎申，物有所制也。」又「蛇令豹止，物有所制也。」《路史》卷6：「彙使虎伸，虵令豹止。」

〔註61〕《漢語大字典》（縮印本），湖北辭書出版社、四川辭書出版社1992年版，第1920頁。2010年第2版第4933頁全同，未作修訂。

〔註62〕楊寶忠《大型字書收錄傳世文獻漢字存在的問題》，《漢字研究》第1輯，學苑出版社2005年版，第121頁。其說又見楊寶忠《疑難字考釋與研究》，中華書局2005年版，第626頁。

〔註63〕引者按：指元和斯輝《飲膳正要》。

〔註64〕引者按：指元吳瑞《日用本草》。

〔註65〕引者按：指唐孟詵《食療本草》。

月，魚鷹、鴨、丰雉、水扎鳥遍於野中水際。」《駢雅》卷7：「箴疵、水札、
屬玉，皆水鳥也。」

就語源來說，鴜（鴜）之言扎，「扎」即「札」，猶刺也。《六書故》說「越
人謂之鴰鴜」，鴰之言戛、或，亦刺也，指啄食。此鳥尖喙長頸，善鴰啄食物，
因以取名焉。李時珍云「鴜刁，狀其小也」，非是。別名「鷺鸕」者，此鳥之
嘴形如鵝鴨呈扁薄狀，故名鷺鸕也。

附記：近見張文冠博士論文，他也已經指出「鴜」是「鴜」形誤，字亦作
「鴜」、「扎」或「札」〔註66〕。本文側重在探其得名之由。

八、「鷾」字正誤及探源

宋本《玉篇》：「鷾，余制切，鳥名。」澤存堂本，元至正二十六年南山
書院刊本、元延祐二年圓沙書院刻本、早稻田大學藏和刻本作「鷾」，「鷾」
乃「鷾」俗字，《新修絫音引證群籍玉篇》承用《玉篇》，字作「鷾」。澤存堂
本《廣韻》：「鷾，余制切，鳥名。」符山堂本、巾箱本、覆元泰定本、龍谷
大學藏至正南山書院刊本作「鷾」，《鉅宋廣韻》同。《集韻》：「鷾，以制切，
鳥名，飛生也。」《類篇》承用《集韻》，字作「鷾」。《龍龕手鏡》：「鷾，音
曳，飛星（生）鳥也。」《重訂直音篇》：「鷾，音曳，鳥名。」《字彙》：「鷾，
以智切，音異，鳥名。」《正字通》：「鷾，鷾字之譌，舊注音異，汎云鳥名，
誤。」

「飛生」是「鼺鼠」別名，「鷾」作為其專名，當是「鼬」誤字。《玉篇》：
「鼬，余周切，鼺鼠也。」《篆隸萬象名義》云「鼬，余周反，似鼠」，未收
「鷾（鷾）」字，蓋原本《玉篇》無「鷾（鷾）」字。《廣韻》收在《祭部》，
而唐寫本《切韻》系列殘存《祭部》的韻書故宮博物院藏王仁昫《刊謬補缺
切韻》、P.2011王仁昫《刊謬補缺切韻》皆未收此字。字作「鷾」者，當是宋
人所誤，因此收入《玉篇》、《廣韻》、《集韻》，又依誤字製音「余制切」、「以
制切」。《正字通》認為「鷾」是「鷾」字之譌，「鷾」同「鴝」（見《說文》），
是八哥，不是鼺鼠，其說非是。

《爾雅·釋鳥》：「鼺鼠，夷由。」郭璞注：「亦謂之飛生，能從高赴下，
不能從下上高。」《釋文》：「由字或作鷾。」《類聚》卷95引作「夷鷾」，《慧

〔註66〕張文冠《疑難字考釋二十則》，《中國文字研究》第26輯，2017年版，第123
～124頁。

琳音義》卷 88 引作「夷鼬」，《文選・長笛賦》李善注引郭璞《爾雅注》：「鼺鼠，一名夷鼪。」「夷由」亦作「夷猶」，延行貌，徘徊貌，遲疑緩行貌。蕭統《七召》：「象折牙而陵遽，貊拉齒而夷由。」《後漢書・馬融傳》《廣成頌》：「或夷由未殊，顛狙頓躓。」李賢注：「夷由，不行也。《楚詞》曰：『君不行兮夷由。』」今《楚詞・九歌・湘君》作「夷猶」，王逸注：「夷猶，猶豫也。」李賢釋作「不行」，不準確。鼺鼠能飛不能上屋，其名「夷由」者，狀其飛行緩慢，不能升高貌。《集韻》：「鼪，鼪夷，鳥名。」又「鷂，鷂鼪，鳥名，飛生也，通作夷。」字正作「鼪」。《廣韻》：「鷂，鷂鼪，一名飛生。」趙少咸、周祖謨、余廼永皆據《集韻》及《爾雅釋文》校「鷂鷂」作「鷂鼪」〔註67〕，是也，黃侃則失校〔註68〕。《埤雅》卷 11：「《禽經》曰：『鷂鳥不登山，鶻鳥不踏土。』鷂鳥不能從下上高，然則鶻之製字從高，鷂之從夷，其義可知也。」其意蓋謂「鷂」從夷取平為義，與「高」相對，非也。李海霞曰：「鷂，即曳，拖長，鼺鼠尾巴拖很長。」〔註69〕此說未得其命名之由。

「夷由」倒言音轉亦作「由衍」、「由延」，《文選・長笛賦》：「由衍識道。」呂向注：「由衍，行貌。」《爾雅》：「蠸衒，入耳。」郭璞注：「蚰蜒。」《方言》卷 11：「蚰蜒，自關而東謂之蠸𧕉。」《集韻》：「蚰，蚰蜒，蟲名。」《周禮・考工記・梓人》鄭玄注：「卻行，蠸衍之屬；仄行，蟹屬。」《釋文》：「《爾雅》云：『蠸衍，入耳。』郭璞云：『蚰蜒也。』按此蟲能兩頭行，是卻行。劉云：『或作衍蚓，衍音延，今曲蟮也。』」此蟲狀如蜈蚣，多足，卻行，故稱作「由衍」，專名加義符「虫」作「蚰衒（蚰）」、「蚰蜒」，「蠸衍（𧕉）」亦其音轉。李海霞曰：「蚰猶悠、遊、鼬，延長。蚰蜒體、腳細長。蠸𧕉，猶引延，蚰蜒腳延長。」〔註70〕其說亦未得其命名之由。

「夷由」倒言音轉又作「逐夷」，蔣斧印本《唐韻殘卷》：「鮧，鮧鮧，本作『逐夷』。」S.2071《切韻箋注》：「鮧，鮧鮧。」《廣韻》：「鮧，鮧鮧。」又「鮧，鮧鮧〔註71〕，鹽藏魚腸，又魚名也。」《集韻》：「鮧，鮧鮧，魚名；

〔註67〕趙少咸《廣韻疏證》，巴蜀書社 2010 年版，第 179 頁。周祖謨《廣韻校本》下冊，中華書局 2004 年版，第 51 頁。余廼永《新校互注宋本廣韻》，上海辭書出版社 2000 年版，第 51 頁。

〔註68〕黃侃《黃侃手批廣韻》，中華書局 2006 年版，第 40 頁。

〔註69〕李海霞《漢語動物命名考釋》，巴蜀書社 2005 年版，第 33 頁。

〔註70〕李海霞《漢語動物命名考釋》，巴蜀書社 2005 年版，第 624～625 頁。

〔註71〕巾箱本《廣韻》「鮧」誤作「鮧」，《鉅宋廣韻》誤同。

一曰鹽藏魚腸，宋明帝蜜漬鱁鮧，一食數升。」所引宋明帝事，《南史‧宋本紀》、《太平廣記》卷 234 引《宋書》、《建康實錄》卷 14 作「鱁鮧」〔註72〕，《南史‧虞愿傳》、《南齊書‧虞愿傳》作「逐夷」，《夢溪筆談》卷 24 作「鱁鮧」。「遂」與「逐」形聲俱近，「鱁」乃「鱁」誤字。《齊民要術》卷 8《脯腊》「作鯉魚脯法」云：「至二月三月，魚成，生剋，取五臟酸醋浸，食之雋美，乃勝逐夷。」《爾雅》：「鱁，是鱁。」郭璞注：「鱁，鮓屬也。」《釋文》：「是，本或作鯷，非。鱁，音逐，本亦作逐。」鄭樵注：「樵又疑即鱁鮧也。鱁音忌。」王闓運曰：「既名是逐，他無所見。此承上下為文，記卵化之奇也……眾象子散之形，既散則有逐之者，故曰『是逐』。」尹桐陽曰：「今海豚也……鱁，《說文》作『逐』，『逐』從辵從豚省，《孟子》『如追放豚』，是其誼也。海豚因以名之。作『鱁』者，俗字耳。」江藩曰：「《玉篇》：『鱁，鮧也。』鮧，《說文》：『大鮎也。』鮧，《本草》陶弘景曰：『鯷即鮎也。』據此，經文『是』即『鯷』字，『是鱁』即鮧也，乃鮎之大者，非鮓屬也。弟不知『鱁鱁』為何字之譌耳。」黃侃曰：「『鱁』與『瀰』通，鱁即奔鮮。『是逐』之言『彳亍』也。『鱁鮧』即『是鱁』之語倒也。」〔註73〕鄭樵疑是「鱁鮧」，江藩說「是」乃「鯷」省，黃侃說「鱁鮧」即「是鱁」倒語，是也，其餘的說法都誤。故宮博物院藏王仁昫《刊謬補缺切韻》「鱁，鮧鱁」，亦作倒語。「鯷」乃「鮧」音轉字，《爾雅》「是鱁」即「鮧鱁」。《釋文》謂「鯷」字誤，非也。故宮博物院藏王仁昫《刊謬補缺切韻》、P.3696BV《切韻》、S.2055《切韻箋注》、S.2071《切韻箋注》並云：「蛦，蟓蛦。」《玉篇》、《集韻》並云：「蛦，蟓蛦，蟲名。」又《廣韻》：「蛦，蟓蛦，蟲名。」「蟓」乃「蟓」誤字〔註74〕。

　　鼠名夷由，鳥名鷾夷、鵋鷾，魚名逐夷、鱁鮧，蟲名蟓蛦，當皆取延行貌為義。

　　「鹽藏魚腸」也稱作「逐夷（鱁鮧）」者，蓋取鱁鮧魚的腸、肚、胞洗

〔註72〕《太平廣記》據明刻本、中華書局刊本（據談愷刻本為底本）、四庫本、進步書局石印本誤作「鱁鮧」。今《宋書》無此文。
〔註73〕王闓運《爾雅集解》，尹桐陽《爾雅義證》，江藩《爾雅小箋》，黃侃《爾雅音訓》，並收入《爾雅詁林》，湖北教育出版社 1996 年版，第 3959～3960 頁。
〔註74〕參見黃侃《黃侃手批廣韻》，中華書局 2006 年版，第 40 頁。趙少咸《廣韻疏證》，巴蜀書社 2010 年版，第 178 頁。周祖謨《廣韻校本》下冊，中華書局 2004 年版，第 51 頁。余迺永《新校互注宋本廣韻》，上海辭書出版社 2000 年版，第 51 頁。

淨加鹽作醬，因亦稱此法曰「逐夷（鮧鮧）」。《齊民要術》卷 8《作醬法》「作鮧鮧法」下注語：「昔漢武帝逐夷至於海濱，聞有香氣而不見物，令人推求，乃是漁父造魚腸於坑中，以至土覆之，香氣上達，取而食之，以為滋味。逐夷得此物，因名之，置魚腸醬也。」《本草綱目》卷 44 取其說。此傅會之說耳，明人王世貞已駁之云：「按武帝雖渡江至海，未嘗逐夷也，其名恐亦附會。」〔註 75〕《吳郡志》卷 50 引《吳地記》佚文：「闔閭十年……夷人聞王親征，不敢敵，收軍入海，據東洲沙上。吳亦入海逐之，據沙洲上，相守一月，屬時風濤，糧不得度，王焚香禱天，言訖，東風大震，水上見金色逼海而來，遶吳王沙洲百匝。所司撈漉，得魚，食之美，三軍踴躍；夷人一魚不獲，遂獻寶物，送降款，吳王亦以禮報之，仍將魚腹腸肚以鹹水淹（醃）之，送與夷人，因號逐夷。」此皆傅會之說，後人不得「逐夷」語源，因造為故事，未足信矣。

九、「跒」字探源

《集韻》：「跒，蹷也。」各本皆同，《類篇》、《五音集韻》亦同。《字彙》：「跒，蹶也。」《正字通》：「跒，俗字。舊注：『音分，蹶也。』誤。」徐文靖曰：「楚襄王大言曰：『并吞四夷，飲枯河海。跂越九州，無所容止。身大四海，愁不可長。據地跒天，迫不得仰。』跒訓蹶，本此。」〔註 76〕徐文靖所引，出《古文苑》卷 2 宋玉《大言賦》「據地跒天，迫不得仰」，章樵注：「跒，蹴也。」鈔本《渚宮舊事》卷 3 亦作「跒」，墨海金壺本、孫星衍校本、四庫本《舊事》俱形誤作「盼」，《文選補遺》卷 31 作「蹴」。「蹷（蹶）」必是「蹵（蹴）」形譌，趙振鐸《集韻校本》失校〔註 77〕。「蹵（蹴）」、「蹴」古通，《集韻》：「蹴，或作蹵。」跒之言扮也，《說文》：「扮，握也。」謂搏持也。足不可言握，故章樵注隨文釋作「蹴」，猶言蹬也，踏也，踢也。《慧琳音義》卷 64、76 並引《聲類》：「扮，擊也。」義亦相會。

十、「䠒」字探源

《慧琳音義》卷 75：「或䠒：此字諸字書並無，此字準義合是『剜』字，

〔註 75〕王世貞《弇州四部稿》卷 156，收入景印文淵閣《四庫全書》第 1281 冊，臺灣商務印書館 1986 年版，第 506 頁。

〔註 76〕徐文靖《管城碩記》卷 24，中華書局 1998 年版，第 442 頁。

〔註 77〕趙振鐸《集韻校本》，上海辭書出版社 2012 年版，第 268 頁。

烏桓反，從身作者，未詳。」《龍龕手鏡》：「躳：俗，一桓、於阮、烏臥三反。」
《可洪音義》卷 21「或躳：正作跪、腕二形也。跪，體屈也。跪，乖也，不媚
也，悞。」

　　張涌泉據《龍龕手鏡》「躳」讀一桓反，從慧琳說疑「躳」是「剜」俗字
〔註 78〕，其說非是。鄭賢章引《道地經》卷 1：「骨節不端正……或僂，或
躳。」疑「躳」是「跪」俗字，楊寶忠引《可洪音義》證之〔註 79〕，近是。
S.2683《切韻》：「跪，體屈。」

　　「躳」是身體婉曲的專字，即「宛」的增旁字。BD8230：「諸菩薩，莫
多嗔，多嗔定受奔（蟒）蛇身〔註 80〕，躳轉伏（腹）行無手足〔註 81〕，為緣
前世忿怒因。」其「躳」字，S.543V、BD6280、BD7805、BD8059、上圖 140
作「宛」，P.3241、P.4597、S.4662、S.5457、S.5557、S.5894、S.6631V、BD8374
作「婉」，S.4301 作「菀」。後漢安世高譯《佛說罪業應報教化地獄經》卷 1：
「復有眾生，身體長大，聾騃無足，宛轉腹行。」《妙法蓮華經》卷 2：「於
此死已，更受蟒身。其形長大，五百由旬，聾騃無足，宛轉腹行。」宋本「宛
轉」作「跪轉」；《慧琳音義》卷 27 作「蜿轉」，云：「案蛇無足能行，宛轉而
進，故經自云『宛轉腹行』。」

十一、「呧」字探源

　　用作佛經譯音字的「呧」，本文不作討論。

　　S.1497《小少黃宮養讚》：「目傷清面皺，脣呧耳屍陋。」S.6923V 同。
任半塘訂「呧」作「哆」〔註 82〕。甘博 003《佛說觀佛三昧海經》卷 5：「脣
呧面皺，語言謇（謇）吃。」高麗本《佛說觀佛三昧海經》卷 5 同，宋、元、
明本作「脣哆」。《經律異相》卷 50「肩狹面皺」，宋、元、明本「肩狹」作
「脣哆」，宮本作「脣呧」。《可洪音義》卷 8《觀佛三昧海經音義》：「脣呧：
《經律異相》作『扡』，同。丁也反。脣下垂皃也。」《可洪音義》卷 23《經
律異相音義》：「肩扡：上音脣，下音他。《觀佛三昧海經》作『脣呧』也。或
作扡，曳也。呧，丁也反，垂皃。」可洪所見《經律異相》作「扡」，當是

〔註 78〕張涌泉《漢語俗字叢考》，中華書局 2000 年版，第 1015 頁。
〔註 79〕楊寶忠《疑難字續考》，中華書局 2011 年版，第 255 頁。
〔註 80〕S.4301、S.5557、BD8059 都作「蟒」字。
〔註 81〕P.4597、S.4662、S.5457、S.6631V、BD8230、BD8374、上圖 140 作「腹行」。
〔註 82〕任半塘《敦煌歌辭總編》，上海古籍出版社 1987 年版，第 797 頁。

「扡」形譌。「呲」、「吔」當是俗「扡」字，本作「拕」，俗作「拖」，用作嘴唇下垂的專字，故加口旁。

宋本等作「哆」，與「扡」是音轉字。《慧琳音義》卷 79：「脣哆：多娜反，垂也。」P.3906《碎金》：「口哆脣：丁我反。」P.2011 王仁昫《刊謬補缺切韻》：「哆，脣垂。」《廣韻》：「哆，下唇垂皃。」《集韻》：「哆，緩脣也。」S.132《大方廣華嚴十惡品經》卷 1：「下唇蹇哆。」字亦作頦，《太子須大拏經》卷 1：「面皺脣哆，語言謇吃。」《玄應音義》卷 5：「脣頦：丁可反。《廣雅》：『頦，醜貌也。』經文作哆，充爾、醜亞二反，非今用也。」《慧琳音義》卷 33 從之。玄應、慧琳引《廣雅》說之，非是。《六度集經》卷 2：「面皺脣頦（丁可反），言語蹇吃。」「頦」即「哆」，下垂義。字亦作跢，《四童子三昧經》卷 1：「宛轉于地，舉身戰慄，手足垂跢，受大苦惱。」《玄應音義》卷 7：「垂頦：丁可反。《廣雅》：『頦，醜貌也。』經文從足作跢，都賀反。跢，倒也。跢非此用。」玄應引《廣雅》說之，亦非是。跢亦垂也。字亦作侈，《可洪音義》卷 23：「脣侈：丁可反，《六度集》作頦也。」《經律異相》卷 31：「身體了戾，面皺唇侈。」宋本等「侈」作「哆」。字亦作拸，《新修絫音引證群籍玉篇》：「拸，脣下垂皃。」P.3716V 趙洽《醜婦賦》：「結束則前褰後跢，披掩則藏頭出唇。」S.5752 同。伏俊璉曰：「褰，揭衣。《玉篇》：『跢，倒也。』前褰跢後，謂裝束時提起前面的，後面的就掉了下去。」〔註 83〕我舊說云：「跢疑讀為移，實為迻。句言扯了前面的，移動了後面的。」〔註 84〕張小豔曰：「『褰』謂揭衣。『跢』當為『嚲』的音借字，指垂嚲……謂下垂。」〔註 85〕張說於古音無礙。《慧琳音義》卷 24：「垂嚲：《考聲》云：『嚲亦垂貌也。』經文從足作跢。」慧琳即以「嚲」易「跢」。但「嚲」是「軃」俗字，指重而下垂，不合文義。我今謂此「褰跢」即上舉 S.132「蹇哆」。蹇、褰，皺縮之義，字亦騫、攓、搴、縒，舊說訓揭衣均未得。《史記·司馬相如傳》《子虛賦》《集解》引《漢書音義》：「褰，縮也。」《廣雅》：「縒，縮也。」哆，口不正也，亦作侈、移、頦、吔，亦省作多，音轉作迆、施。口不正曰哆，行不正曰迆，其義一也。口不正則下垂，此引申之義。跢亦垂也。「結束則前褰後跢」謂醜婦穿衣，衣服前面皺縮，後面下垂。

〔註 83〕伏俊璉《敦煌賦校注》，甘肅人民出版社 1994 年版，第 320 頁。

〔註 84〕蕭旭《敦煌賦校補》，收入《群書校補》，廣陵書社 2011 年版，第 838 頁。

〔註 85〕張小豔《敦煌賦字詞校釋》，《出土文獻綜合研究集刊》第 11 輯，2020 年版，第 173 頁。

十二、「齃」字訂正

《玉篇》：「齧齃，上盧葛切，下胡葛切，齧物聲。」《集韻》：「齃，齧齃，齧物聲。」胡吉宣曰：「『齧』與『齧』同，『齃』與『齃』同。齃，齧骨聲。」〔註86〕

按：胡氏說「齃與齃同」非是，餘說皆是也。「齃」當從葛作「齃」，是「齃」俗訛字〔註87〕。「齧齃」雙聲連語。蔣斧印本《唐韻殘卷》：「齃，齧聲，或作齕。」《集韻》：「齃，嚼聲，或作齃。」《正字通》：「齃，俗『齃』字。舊註訓同『齃』。改音甲，非。」張說非是。

十三、「溯」字探源

《玉篇》：「溯，匹芮切。」《集韻》：「潎，《說文》：『於水中擊絮也。』或作溯。」胡吉宣曰：「元刊本云：『水漬聲也。』《集韻》以為『潎』之或體。潎，波浪兒。」〔註88〕

按：《玉篇》「溯」有音無義，元刊本補釋作「水漬聲也」，未詳所據。《集韻》認為「溯」同「潎」，「溯」字所從之「畀」，與「卑」音同〔註89〕。古音敝、卑相通〔註90〕，故「潎」異體字或從畀也。又古音票、卑亦相通，「螵蛸」或作「蜱蛸」，是其例也。水中擊絮之「潎」亦音轉作「漂」，《說文》：「潎，於水中擊絮也。」《莊子·逍遙遊》《釋文》引「潎」作「敝」，《御覽》卷826引「潎」作「漂」。《廣雅》：「漂，潎也。」此乃聲訓，王念孫曰：「漂、潎一聲之轉。漂之言摽，潎之言擊，皆謂擊也。」〔註91〕王說是矣，《說文》：「擊，一曰擊也。」又「摽，擊也。」故水中擊絮之專字從水作「潎」或「漂」，此「漂」與「漂浮」之「漂」是同形異字。

〔註86〕胡吉宣《玉篇校釋》，上海古籍出版社1989年版，第1098～1099頁。
〔註87〕「齃」俗字每訛作「葛」，例證甚多，不煩舉證。
〔註88〕胡吉宣《玉篇校釋》，上海古籍出版社1989年版，第1098～1099頁。
〔註89〕《逸周書·祭公》「付畀於四方」，清華竹簡《祭公之顧命》「畀」作「畀」。《新序·義勇》「田卑」，《說苑·立節》作「田基」，「基」或作「墍」，與「畀」均從丌（丌）得聲（《說文》說「畀」從丌甶聲，非是）。《御覽》卷883引《風俗通》「禪錢一萬」，《太平廣記》卷317引「禪」作「畀」。《漢書·鄒陽傳》「封之於有卑」，顏師古注引服虔曰：「卑，音畀予之畀也。」是其音同之例。
〔註90〕參見張儒、劉毓慶《漢字通用聲素研究》，山西古籍出版社2002年版，第3823頁。
〔註91〕王念孫《廣雅疏證》，收入徐復主編《廣雅詁林》，江蘇古籍出版社1992年版，第394頁。

十四、「夻」字探源

P.2011 王仁昫《刊謬補缺切韻》：「夻，自大。」《玉篇》、《集韻》並云：「夻，夸夻，自大。」《集韻》：「夸，夸夻，自大。」胡吉宣曰：「『夸夻，自大』者，《切韻》同，《廣韻》無『夻』字，《爾雅·釋詁》：『奓，勝也。』郭注：『誇奢，得勝也。』『誇奢』與『夸夻』同，疊韻連語，憍奢自誇大也。」〔註92〕

按：胡說未盡。《漢書·韓信傳》「齊夸詐多變，反覆之國」，《史記·淮陰侯列傳》「夸詐」作「偽詐」。古音為、于一聲之轉，「夸」從于得聲，與「偽」亦是聲轉。夸，大也，大言虛妄之專字作誇、詫、諤，《說文》：「諤，妄言也。誇，諤或從夸。」字亦作訏，《說文》：「訏，詭譌也。」「夸夻」即「夸詐」，「夻」乃涉「夸」而改易義符的俗字。桂馥曰：「自大曰誇夻。」〔註93〕是其語尚存於清代方言。今吳人有「南蠻北侉」語，稱山東人曰「侉子」，即指齊俗夸詐好大言耳，字改從人旁作「侉」者，轉作名詞故也。《漢語大字典》：「侉，口音不正。特指口音與本地口音不同。」〔註94〕許少峰《近代漢語大詞典》：「侉，語音不正，特指外地人的聲氣。」〔註95〕白維國主編《近代漢語詞典》：「侉，口音與本地不同。」〔註96〕諸說大同小異，皆未知「侉」字語源。

十五、《玉篇》「捘，扤也」校正

《玉篇》：「捘，扤也。」《集韻》各本皆同，《五音集韻》「扤」作「折」。胡吉宣曰：「《廣韻》：『捘，內也。』內者，納也。下『扤，從上挼。』挼取亦納也。」〔註97〕

按：胡說全誤。考《集韻》上文云：「扴，捽也。」「捘」同「扴」，增旁俗字耳。「捽」形誤作「扤」，復誤作「折」，方成珪、趙振鐸失校〔註98〕。

〔註92〕胡吉宣《玉篇校釋》，上海古籍出版社 1989 年版，第 4037 頁。

〔註93〕桂馥《札樸》卷 9《鄉言正字·雜言》，中華書局 1992 年版，第 391 頁。嘉慶刻本作「夸夻」。

〔註94〕《漢語大字典》第 1 卷，四川辭書出版社、湖北辭書出版社 1986 年版，第 146 頁。

〔註95〕許少峰《近代漢語大詞典》，中華書局 2008 年版，第 1068 頁。

〔註96〕白維國主編《近代漢語詞典》，上海教育出版社 2015 年版，第 1125 頁。

〔註97〕胡吉宣《玉篇校釋》，上海古籍出版社 1989 年版，第 1314 頁。

〔註98〕方成珪《集韻考正》卷 7，收入《續修四庫全書》第 253 冊，上海古籍出版社 2002 年版，第 287 頁。趙振鐸《集韻校本》卷 7（下冊），上海辭書出版社 2012 年版，第 666 頁。

「抐，捽也」是聲訓。《史記・司馬相如列傳》《子虛賦》「割鮮染輪」，《集解》：「染，擩也。」《索隱》：「『染』或為『淬』，與下文『胹割輪淬』意同也。」桂馥曰：「《賦》又云『胹割輪烊』，韋昭曰：『烊謂割鮮烊輪也。』郭璞曰：『烊，染也。』馥謂染輪，田獵血祭之禮。《春官・大祝》辨九祭，『六曰擩祭』，注云：『擩讀為虞芮之芮。』馥謂『芮』、『烊』聲近，烊輪即擩祭。《說文》：『擩，染也。』《史記・荊軻傳》『使工以藥烊之』，《索隱》曰：『烊，染也。』《宋書》、《南史》以『蠕蠕』為『芮芮』。胡注《通鑒》『芮芮即蠕蠕，魏呼柔然為蠕蠕，南人語轉為芮芮。』」〔註99〕桂說是也，「烊」即「擩」聲轉字，擩讀芮音。

　　此文前十一條刊於河北大學《近代漢字研究》第 2 輯，2020 年版，第 184 ～199 頁。

〔註99〕桂馥《札樸》卷 3，中華書局 1992 年版，第 129 頁。胡三省注《通鑒》見卷 125，原文作「芮芮即蠕蠕，南人語轉耳」。

元曲詞語補釋

一、綽削

（1）《劉知遠諸宮調》一〔仙呂調〕：「門安綽削免差徭。」

（2）《盛世新聲》〔大石六國朝・風吹羊角〕：「門無綽削，洞無鎖鑰。」

（3）《黃粱夢》三〔玉翼蟬煞〕：「門無綽楔，洞無鎖鑰。」

徐嘉瑞說：「綽削，標識。」〔註1〕

龍潛庵說：「綽楔，用於旌表孝義的牌坊……亦作『綽削』、『榊楔』……亦作『棹楔』。」〔註2〕

王學奇等說：「古時樹立在官員家門前以表示身份或旌表的牌子，謂之『綽楔』；或倒作『楔綽』。《元曲選》音釋：『楔音屑。』又作削（xuē），音近義同。《新五代史・李自倫傳》云：『其量地之宜，高其外門，門安綽楔。左右建臺高一丈二尺，廣狹方正稱焉。』」〔註3〕

按：徐嘉瑞說非是，王季思批評說：「『削』、『楔』一音，『綽削』即『綽楔』也，而著者解為標識。」〔註4〕《說郛》卷85引釋適之《金壺字考》：「棹楔，楔音屑。門旁兩木表宅樹坊。」「楔音屑」是也，「攕揳」、「攕楔」、「儑偠」轉語作「攕撧」、「蒇屑」、「篋屑」、「滅屑」〔註5〕，是其比也。故「楔」俗字

〔註1〕徐嘉瑞《金元戲曲方言考》，商務印書館1948年版，第42頁。

〔註2〕龍潛庵《宋元語言詞典》，上海辭書出版社1985年版，第868頁。

〔註3〕王學奇、王靜竹《元曲釋詞》，花木蘭文化出版社2016年版，第227頁。

〔註4〕王季思《評徐嘉瑞著〈金元戲曲方言考〉》，收入《王季思全集》第2卷，河北教育出版社2005年版，第234頁。

〔註5〕參見蕭旭《「抹殺」考》，收入《群書校補（續）》，花木蘭文化出版社2014年

又易其聲符作「楣」、「撊」，高麗本《慧苑音義》卷2：「揳：先結反，案《說文》作『撊』。」獅谷本「揳」作「楔」。《玄應音義》卷7：「因楣：又作楔，同，先結反。」字亦省作「屑」，《金光明經文句》卷1：「斯乃非欲之欲，以欲止欲，如以屑出屑，將聲止聲。」《金光明經文句記》卷2：「論以屑者，字應作楣，又作楔，同。」《金瓶梅詞話》第19回：「正面丈五高，心紅漆綽屑。」《雍熙樂府》卷15《淨瓶兒》：「門無綽屑，洞無鎖鑰。」字正作「屑」。「削」是「屑」雙聲轉語，《清平山堂話本・簡帖和尚》：「皇甫殿直搭得拳頭沒縫，去頂門上屑那廝一摝。」又《花燈轎蓮女成佛記》：「被蓮女搶上前去，和尚頭上削兩箇栗暴。」亦是其例。王氏所引《新五代史・李自倫傳》「綽楔」，《舊五代史》卷78作「掉揳」，《冊府元龜》卷61作「棹楔」〔註6〕。也作「卓楔」，明胡我琨《錢通》卷32：「《書》所謂彰善闡惡，表厥里宅，今之坊牌、卓楔、排門、粉壁是也。」「卓」是本字，猶言直立、豎立。門兩旁木柱曰楔。門兩旁用以旌表的直立木柱稱作「卓楔」。

二、單儸

（1）《青衫淚》三、白：「那單儸吃酒去了，不在船上。」

（2）《太平樂府》卷9高安道散套〔哨遍・嗓淡行院〕：「跎跌的單腳實村紂，呼喝的擔儸每叫吼，瞌粘的綠老更昏花，把棚的莽壯真牛。」

（3）《太平樂府》卷6喬夢符散套〔行香子・題情〕：「不是我將伊調販，早攛斷那儸儃，任從他外人價。」

王學奇等說：「元劇中扮演小孩的叫做儸兒，故『儸』字可作人稱。單儸，用為貶詞，即蠢傢伙、笨蛋、惡棍、流氓的意思；與『呆儯』、『杓儸』意近。『單儸』蓋『呆儯』之音轉。《太平樂府》作『擔儸』，又倒作『儸儃』，音義並同。胡忌注『擔儸』為挑担的人（見《宋金雜劇考》），誤。」〔註7〕

按：「儸儃」是「黢黮」轉語，倒言作「單儸」、「擔儸」。錢大昕曰：「《玉篇》：『黢黮，大黑也。』今人以為不曉事之稱。」〔註8〕「黢黮」是黑闇不

版，第2460～2461頁。

〔註6〕宋刊《冊府元龜》缺此卷，此據四庫本作「棹楔」，明刻本作「掉揳」，國家圖書館藏明新刊監本（明藍格抄本）作「棹揳」。明刻本《冊府元龜》，中華書局1960年影印，第687頁。周勛初《冊府元龜》（校訂本）失校，鳳凰出版社2006年版，第653頁。

〔註7〕王學奇、王靜竹《元曲釋詞》，花木蘭文化出版社2016年版，第292頁。

〔註8〕錢大昕《恒言錄》卷2，收入《叢書集成初編》第1219冊，中華書局1985年

明義，因此引申作不曉事之義。不曉事之義的「潕」專字作「諫」，《方言》卷 10：「諫，不知也，沅澧之閒凡相問而不知答曰諫。」郭璞注：「諫，音癡眩，江東曰咨，此亦知（痴——癡）聲之轉也。」「單傢」解作「蠢傢夥、笨蛋」近是，解作「惡棍、流氓」則是臆說。俗音轉作「癡呆」。「傢兒」即「諫兒」，猶俗言傻小子。

三、方頭不律

1. 元曲中有「方頭不律」、「方頭不劣」、「不劣方頭」、「不律頭」，如：

（1）《金鳳釵》二〔普天樂〕白：「我恰賣了二百文錢，見一箇方頭不律的人，欺負一箇年老的。」

（2）《冤家債主》三〔上小樓〕：「俺孩兒也不曾訛言謊語，又不曾方頭不律。」

（3）《緋衣夢》三〔紫花兒序〕白：「俺這裏有箇裴炎，好生方頭不劣。」

（4）《陳州糶米》二〔脫布衫〕：「我從來不劣方頭。」

（5）《楚金仙月夜杜鵑啼》〔後庭花〕：「休學那不律頭，咱家中使數有，咱家中使數有。」

（6）《元人小令集》失名失題二十首第十四：「突柱門不律頭天生劣，不肯輸半點兒虧折。」

2. 張相說：「方頭不劣，為倔強不馴之義。『不劣』亦作『不律』，亦倒之而為『不劣方頭』，亦省之而為『不律頭』。」〔註9〕

王學奇等說：「方頭不律，一作『方頭不劣』，倒作『不劣方頭』，省作『不律頭』；指為人正直，不圓通，楞頭楞腦，今俗語謂之楞頭蔥。元·陶宗儀《輟耕錄》卷 17『俗謂不通事宜者為方頭』，是也。明·郎瑛《七修類稿》卷 27『方頭』條：『今人言不通時宜而無顧忌者曰方頭。舊見《輟耕錄》引陸魯望（即唐人陸龜蒙）詩曰：「方頭不會王門事，塵土空緇白紵衣。」今陸魯望《苦雨》之詩又曰：「有頭強方心強直，撐住頹風不量力。」觀二詩，方頭亦為好稱。若以為惡語，是末世之論也。』不律，語尾助辭，無義。」〔註10〕蔣宗福從此說〔註11〕。

影印，第 64 頁。

〔註9〕張相《詩詞曲語辭匯釋》卷 6，中華書局 1979 年版，第 862 頁。

〔註10〕王學奇、王靜竹《元曲釋詞》，花木蘭文化出版社 2016 年版，第 419～420 頁。

〔註11〕蔣宗福《四川方言詞語考釋》，巴蜀書社 2002 年版，第 182 頁。蔣氏所據乃

　　《漢語大詞典》云：「〔不律〕不馴順；不守法。《朱子語類》卷 130：『東坡如此做人，到少間便都排廢了許多許多端人正士，卻一齊引許多不律底人來，如秦黃雖是向上，也只是不律。』參見『不劣方頭』。」又「〔不劣方頭〕倔強不馴。不劣，不馴順。方頭，指為人不圓通。參見『不律頭』。」又「〔不律頭〕指不馴順、不守法的人。」又「〔方頭不劣〕倔強不馴。引申為強暴……亦作『方頭不律』。」〔註12〕

　　3. 宋趙德麟《侯鯖錄》卷 8：「今人謂拙直者名方頭。」明田汝成《西湖遊覽志餘》卷 25《委巷叢談》：「言人不通時宜者曰方頭。」明顧起元《說略》卷 14：「不通達為方頭。」均引唐人陸龜蒙詩「方頭不會王門事」為證。王學奇引諸說謂「方頭」指為人正直、不圓通、楞頭楞腦，均是。「方頭」即今言「楞頭」（楞即方也），形容為人不知變通。《御覽》卷 773 引袁子正書曰：「申屠剛諫光武，以頭軔輪，馬不得前。子正云：『光武近出，未有得失而頭軔輪，此方頭也。』」此「方頭」所出。唐李觀《上杭州房使君書》：「觀白衣之王臣也，育於天人間二十年矣。膽薄不敢以幹大人，頭方不足以扇知己，以此而食，誠愧之哉！」亦用此典。

　　4. 王學奇說「不律」語助無義，非是。「不律」語助說無據，且即使是語助，「方頭不律」也不能倒作「不律頭」。《漢語大詞典》所引《朱子語類》「不律」固是不守法之義，但「不律頭」、「不劣方頭」之「不律」卻不是此義。「不律」是描寫「頭」、「方頭」，不得解作不馴順、不守法。

　　5.「律」是梳理頭髮之義，此是先秦古義，後世一直留存。「方頭不律」指頭方又不梳理頭髮，形容其人拙直癡頑。

　　《荀子·禮論》：「不沐則濡櫛三律而止，不浴則濡巾三式而止。」楊倞注：「律，理髮也。今秦俗猶以枇髮為栗。濡，濕也。『式』與『拭』同。」「律」的梳理之義，當讀為率、達〔註13〕，《白虎通義·五行》：「律之言率，所以率氣令生也。」《御覽》卷 16 引《春秋元命苞》：「律之為言率也，所以率氣令達也。」又引宋均注：「率，猶導也。」《後漢書·律曆志》劉昭注引

　　　　顧學頡、王學奇《元曲釋詞（一）》，中國社會科學出版社 1983 年版，第 558～559 頁。

〔註12〕《漢語大詞典》（縮印本），漢語大詞典出版社 1997 年版，第 182、4047 頁。

〔註13〕此下所論，參見蕭旭《荀子校補》，花木蘭文化出版社 2016 年版，第 424～425 頁。

蔡邕《月令章句》：「律，率也，聲之管也……律者，清濁之率法也。」〔註14〕《廣雅》：「律，率也。」此皆聲訓之例。《說文》：「達，先道也。」「道」同「導」，經傳皆借「率」或「帥」為「達」。「律髮」即「率髮」，導髮疏導使順，即所謂梳理也。又考《釋名·釋首飾》：「導，所以導櫟鬢髮，使入巾幘之裏也。」〔註15〕此即「導髮」之說。

率音轉作刷，《左傳·桓公二年》：「藻率鞞鞛。」孔疏：「服虔以率為刷巾……服言《禮》有『刷巾』。」〔註16〕《史記·周本紀》《集解》引徐廣曰：「率，音刷。」《說文》：「嗪，小歠（飲）也。」《文選·魏都賦》：「刷馬江洲。」劉淵林注：「刷，小嘗也。司馬相如《梨賦》曰：『唰嗽其漿。』」《集韻》：「唰，小嘗也。」「刷（唰）」即「嗪」。此「率」、「刷」音轉之證，《釋名·釋首飾》：「刷，帥也，帥髮長短皆令上從也。亦言瑟也，刷髮令上瑟然也。」《書鈔》卷136引二「帥」作「率」。此「率髮」、「刷髮」之說。丁山改二「帥」作「飾」，未達音訓之旨〔註17〕。「刷」或作「刵」，《說文》：「刵，拭也。」刷拭、刮摩義，引申則為整理義。道藏本《韓子·內儲說下》：「是以人主久語，而左右鬻懷刷。」《文選·養生論》：「勁刷理鬢。」李善注引《通俗文》：「所以理髮謂之刷也。」〔註18〕是理髮之具亦稱為刷，名、動相因也。俗字亦作唰、噄，《玉篇》：「唰，鳥治毛衣也。」《廣韻》：「噄，鳥理毛也。」《龍龕手鑑》：「唰，音刷，鳥理毛也。」鳥理毛為唰，人理髮為刷，其義一也。鳥理毛以口為之，故加口旁作唰。

俗字亦作捼，《玉篇》、《集韻》並云：「捼，捋也。」《玄應音義》卷4：「捼身：捼，謂揩捼也。」又卷25：「阿奴律陀：亦作捼。此云隨順義，人名也。」捼即揩擦捋順義。

俗字亦作捒，《廣韻》、《集韻》並云：「捒，以手理物。」《正字通》：「捒，音栗，以手理物，從栗無義。」張氏謂「從栗無義」，未達音轉之旨也。

「捋」訓捋理，亦「率」音借，《周禮·考工記》鄭玄注引鄭司農曰：「鋝，

〔註14〕《御覽》卷16引略同。
〔註15〕徐復曰：「『櫟』本作『擽』，與『掠』通。」《隋書·禮儀志》引上「櫟」作「擽」，《御覽》卷688引二「櫟」作「掠」。徐復《〈釋名〉補疏中篇》，收入《徐復語言文字學晚稿》，江蘇教育出版社2007年版，第35頁。
〔註16〕《說文》亦云：「刷，刮也，《禮》有『刷巾』。」「有」原譌「布」，據《古今韻會舉要》卷27引改，段氏已訂正。
〔註17〕丁山說轉引自任繼昉《釋名匯校》，齊魯書社2006年版，第246頁。
〔註18〕《御覽》卷714引同。

讀為刷。」《玉篇》：「箻，同『等』。」又「鉾，同『銌』。」《集韻》：「銌，或作率。」又「唪、崪、呼，或從率、從乎。」又「等、箻，或從律。」又「銌、鉾，古從率。」皆是其證。

四、行唐

（1）《生金閣》二〔紫花兒序〕：「小丫鬟忙來呼喚，道衙內共我商量，豈敢行唐，大走向庭前去問當。」

（2）《紫雲庭》四〔川撥棹〕：「休得行唐，火速疾忙，見咱個舊日個恩官使長，與咱多多的準備重賞。」

王學奇等說：「行唐，音同夯當，轉為『哈答』。疑為『荒唐』二字之音轉。有行為不謹、隨便、不經意、怠慢、徬徨等義。」〔註19〕

按：王學奇等說「『行唐』轉為『哈答』。疑為『荒唐』二字之音轉」云云，恐非。黃香《九宮賦》：「叱巷溏而觸螟蜓，挾礜礪而扑雷公。」「巷溏」形容行為狂蕩粗野。草名「橫唐」、「行唐」（俱見《神農本草經》卷3、P.3714《新修本草》乙本殘卷），竹皮名「符籅」（《方言》卷5）、「佯籅」（《廣雅》），魚名「魟鱛」（《廣雅》），皆一聲之轉語，取義相近。

五、瀽

《竇娥冤》三〔叨叨令〕白：「有瀽不了的漿水飯，瀽半碗兒與我吃。」

徐嘉瑞說：「瀽，倒也。」〔註20〕

王學奇等說：「瀽，潑、倒之意。」〔註21〕

按：王說是也，但未指明其本字。《字彙》：「瀽，瀽水。」本字當是「搌」〔註22〕，《說文》：「搌，相援也。」是以手援舉而傾覆翻倒義。字亦作搚、搌，又省作建。《史記·高祖本紀》：「（秦）地埶便利，其以下兵於諸侯，譬猶居高屋之上建瓴水也。」《集解》引如淳曰：「瓴，盛水瓶也。居高屋之上而翻瓴水，言其向下之勢易也。建音蹇。」唐栖復《法華經玄贊要集》卷10：「譬如居高屋之上建缾水也。如瓴盛水居高屋之上，翻其水。」《集韻》：「建，

〔註19〕王學奇、王靜竹《元曲釋詞》，花木蘭文化出版社2016年版，第538頁。

〔註20〕徐嘉瑞《金元戲曲方言考》，商務印書館1948年版，第50頁。

〔註21〕王學奇、王靜竹《元曲釋詞》，花木蘭文化出版社2016年版，第639頁。

〔註22〕此下所論，參見蕭旭《〈史記〉校札》，《中國語學研究·開篇》第33卷，2014年12月日本好文出版，第30～32頁；又收入蕭旭《群書校補（續）》，花木蘭文化出版社2014年版，第1989～1991頁。

覆也。引《漢書》云：『居高屋之上建瓴水。』或作摡。」《班馬字類》卷 3：「建，音謇，翻也。」《六書故》卷 15：「建水，猶頃（傾）水也。」字亦作㨎，《法華經玄贊要集》卷 10：「㨎者，舉也，亦是翻瀉之義。」

六、禁害

《西廂記》四本一折〔上馬嬌〕：「不良會把人禁害，咍，怎不回過臉兒來？」

王學奇等說：「禁害，猶噤害，謂口不言而心害之也。晉・潘岳《馬汧督誄序》曰：『若乃下吏之肆其噤害，則皆妬之徒也。』李善注：『口不言心害之，為噤害也。』」〔註 23〕

按：王氏說「禁害」即「噤害」是也，但引李善注非確解。「禁害」早期文獻見《舊唐書・酷吏傳》：「吉溫性禁害，果於推劾。」「噤害」也作「齡害」，聲轉則作「齡齘」、「噤齘」、「齧齘」、「噤听」、「禁齘」，本指牙齒相磨，引申為發怒義，亦為恚怒聲；復引申之則為妬恨〔註 24〕。《釋名・釋疾病》：「疥，齘也，癢搔之，齒齡齘也。」P.2011 王仁昫《刊謬補缺切韻》、蔣斧本《唐韻殘卷》並云：「齘，齡齘，切齒怒。」

七、料綽、略綽

《趙禮讓肥》二〔倘秀才〕：「我見他料綽口，凹凸著面貌，眼嵌鼻齇撓著臉腦。」

陸澹安說：「料綽口，即『略綽口』。」〔註 25〕

龍潛庵說：「略綽，粗大，闊大……亦作『料綽』。」〔註 26〕

王學奇等說：「料綽口，就是嘴巴下部外伸；俗名綽箕嘴，是很難看的一種形象。《金瓶梅》第 96 回：『生的阿兜眼，料綽口，三鬚鬍子。』一作『略綽口』，《清平山堂話本・簡帖和尚》：『那官人生得濃眉毛，大眼睛，蹶鼻子，略綽口。』皆其例。」〔註 27〕

〔註 23〕王學奇、王靜竹《元曲釋詞》，花木蘭文化出版社 2016 年版，第 676 頁。
〔註 24〕參見蕭旭《〈慧琳音義〉「諴諽」正詁》，《中國語學研究・開篇》第 35 卷，2017 年 5 月日本好文出版，第 289～296 頁。
〔註 25〕陸澹安《小說詞語匯釋》，上海古籍出版社 1979 年版，第 436 頁。
〔註 26〕龍潛庵《宋元語言詞典》，上海辭書出版社 1985 年版，第 811 頁。
〔註 27〕王學奇、王靜竹《元曲釋詞》，花木蘭文化出版社 2016 年版，第 790 頁。

按：用例可以提前，P.3468《兒郎偉》：「咬蛇之鬼，唇口略綽。」更早的字形作「略逴」，《方言》卷2：「自關而西，秦晉之閒凡蹇者或謂之逴，體而偏長短亦謂之逴。」又卷6：「逴、騒，蹇也，吳楚偏蹇曰騒，齊楚晉曰逴。」郭璞注並云：「行略逴也。」裴務齊《正字本刊謬補缺切韻》：「逴，略逴，行皃。」口不正曰「料綽」、「略綽」，行不正曰「略逴」，其義一也。

八、忙劫劫

（1）《元人小令集》失名《失題》：「忙劫劫蜂翅穿花。」

（2）《元人小令集》趙善慶〔山坡羊·燕〕：「語喃喃，忙怯怯，春風堂上尋王謝。」《類聚名賢樂府群玉》卷1、《全元散曲》作「忙劫劫」。

王學奇等說：「忙劫劫，又作『忙怯怯』，即忙的意思。劫劫、怯怯音近通用，作助詞，無義。《京本通俗小說·碾玉觀音上》『胡蝶飛來忙劫劫』，亦其一例。」〔註28〕

按：王學奇等說「劫劫」、「怯怯」助詞無義，非是。「怯」當從劫省聲〔註29〕，「劫劫」是「汲汲」借音字，急迫貌。宋曹組《撲蝴蝶》：「朝朝日日，忙忙劫劫地。待得一晌閑時，又卻三春過了，何如對花沈醉？」「忙忙劫劫」即《論衡·書解》「汲汲忙忙」。

九、抹額

《三奪槊》二〔哭皇天〕：「來日你若那鐵頭紅抹額，烏油甲皂羅袍，敢教你就鞍心裏驚倒。」

王學奇等說：「抹額，亦作抹頭，為束額之巾。抹者，附著之意，猶胸巾之稱抹胸。《新唐書·婁師德傳》：『後募猛士討吐番，乃自奮，戴紅抹額來應詔。』《清平山堂話本·西湖三塔記》：『皂羅袍打嵌團花，紅抹額肖（銷）金蚩虎。』可見唐、宋已有此服飾。」〔註30〕

按：王氏說唐、宋已有此服飾，失考；又說「抹者，附著之意」，亦不確切。「抹額」亦作「袜額」、「袜額」，《中華古今注》卷上「軍容袜額」條：「昔禹王集諸侯於塗山之夕，忽大風雷震，雲中甲馬及九十（『九十』當作『卒』）

〔註28〕王學奇、王靜竹《元曲釋詞》，花木蘭文化出版社2016年版，第845頁。
〔註29〕《說文》：「厺，從厶，劫省聲。」又「鉣，從金，劫省聲，讀若劫。」《集韻》：「鉣、鉏：或從劫。」又「蚗、蚨：石蚗，蟲名，足如龜，或省。」是其比。
〔註30〕王學奇、王靜竹《元曲釋詞》，花木蘭文化出版社2016年版，第887頁。

一千餘人中有服金甲及鐵甲，不被甲者以紅絹袜其首額。禹王問之，對曰：『此袜額，蓋武士之首服。』皆佩刀以為衛從。」《說郛》卷 12 引「袜」作「抹」。《慧琳音義》卷 94：「袜額：上蠻八反。《考聲》云：『袜，束也。』《字鏡》又從巾作帓，義與袜同。《韻詮》亦從巾作帓。傳文作袹，音麥，非乖，今不取。下硬革反，字書正額字。傳作額，俗字也。」傳文作「袹」字不誤，慧琳說非是。音轉又作「陌額」、「帕額」，《史記・絳侯周勃世家》「冒絮」，《集解》引應劭曰：「陌額絮也。」《廣韻》：「帕，帕額，首飾也。」《文選・西京賦》「乃使中黃之士、育獲之儔，朱鬕髽髻，植髮如竿」，薛綜注：「絳帕額（P.2528『額』作『頟』），露頭髻，植髮如竿，以擊猛獸，能服之也。」李周翰注：「朱鬕，絳袜額也。」《集韻》：「鬕，袜（袜）額也。」是「帕額」即「袜額」，一聲之轉也。「鬕」亦是「帕」、「袜」之聲轉。漢代人稱作「帞頭」、「陌頭」，《方言》卷 4：「絡頭，帞頭也……南楚江湘之間曰帞頭。」郭璞注：「帞音貊。」《史記・絳侯周勃世家》《索隱》引「帞頭」作「陌額」。《釋名・釋首飾》：「綃頭，或謂之陌頭。言其從後橫陌而前也。」字亦作「袹頭」、「貊頭」、「絔頭」，《禮記・問喪》鄭玄注：「今時始喪者，邪巾貊頭，笄纚之存象也。」《釋文》本作「袹頭」，云：「袹頭：本或作貊。」亦作「絔頭」，《宋書・五行志》：「以氈為絔頭。」《御覽》卷 708 引《搜神記》作「陌頭」。亦作「帕頭」，《通典》卷 85：「大唐之制，男子斂髮，布巾帕頭。」又作「抹頭」，《搜神記》卷 7：「從軍者皆絳抹頭，以彰火德之祥。」據《釋名》，「陌」取「橫越」為義。《廣韻》：「趋，趋越。」《集韻》：「趋，越也。」又「跡，行過也。」〔註31〕慧琳引《考聲》「袜，束也」，亦非是。

又考《釋名・釋衣服》：「帕腹，橫帕其腹也。」王先謙曰：「《晉書・齊王冏傳》：『時謠曰：「著布袹腹，為齊持服。」』梁王筠詩：『褊襠雙心共一襪，袹腹兩邊作八襊。』合成國此釋，猶可揣其遺制。」〔註32〕「橫帕」即「橫陌」，亦橫越之義。「帕腹」、「袹腹」者，橫帕其腹，言橫著越過其腹部也。後世稱作「袜腹」或「袜肚」，《南史・周迪傳》：「冬則短身布袍，夏則紫紗袜腹。」S.6050《常住什物點檢曆》：「小紅錦袜肚壹，紫絹裏。」《廣韻》：「袜，袜肚。」與「陌頭」取義正同，言橫著越過其頭部之物也。女子之「抹

〔註31〕此上所論，參見蕭旭《「蝗蟲」名義考》，收入《群書校補（續）》，花木蘭文化出版社 2014 年版，第 2187～2190 頁。
〔註32〕畢沅、王先謙《釋名疏證補》，中華書局 2008 年版，第 172 頁。

胸」，言橫著越過其胸部之物也。

十、騗馬

《合汗衫》二〔越調鬥鵪鶉〕：「穩拍拍乘舟騗馬。」

王學奇等說：「『騗馬』或省作『騗』。《集韻》云：『䮲，躍而乘馬也，或書作騗。』宋・程大昌《演繁露》云：『嘗見藥肆鬻腳藥者，榜曰騗馬丹。歸檢字書，其音為匹轉，且曰「雝（引者按：當作『躍』）而上馬」。已又見唐人武懿宗，將兵遇敵而遁。人為之語曰：「長弓度短箭，蜀馬臨階騗。」言蜀馬既已短小，而又臨階為高，乃能躍上，始悟騗之為義。』唐・杜佑《通典》曰：『武舉，制土木馬於里閭間，教人習騗。』據此知唐代已有此語。宋朝馬戲，也叫騗馬，詳《東京夢華錄》，亦取其在馬上翻騰跳躍的意思。現在此語仍流行於民間。一隻腳登在馬鐙上，另一隻腳跨上馬鞍；這種翻跨上馬的動作叫做騗。《任風子》二〔滾繡毬〕：『我騗上牆，騰的跳過去。』以跨馬動作，引申為跨牆，為騗之引申義。」〔註33〕

按：「䮲」與「騗」是字形左右互易的異體字。躍而乘馬曰騗，非始於唐，後漢已有此語。後漢安世高譯《佛說㮈女祇域因緣經》：「作一木馬，高七尺餘，日日學習騗上，初學適得上馬。」吳支謙譯《賴吒和羅經》卷1：「氣力射戲，上象騗馬，行步趍走。」《玄應音義》卷13「䮲上」條、卷22「䮲騎」條並引何承天《纂文》：「䮲，謂躍上馬也。」」又卷7「騗象」條引《文字集略》、卷19「䮲馬」條引《字略》同。《慧琳音義》卷15「䮲騎」條引《考聲》：「䮲，躍以上馬也。」又卷35「䮲上馬」條引《考聲》：「䮲，躍身上馬。」

騗（䮲）之言媥也、翩也，《說文》：「媥，輕貌。」P.2011 王仁昫《刊謬補缺切韻》：「媥，身輕便皃。」「騗（䮲）」是輕身躍上馬的分別字。字亦作偏，《可洪音義》卷14：「偏馬：上疋見反，正作䮲。」又卷4：「騗象：上普扇反，躍上馬也，正作䮲、偏二形。」

十一、齊臻臻

《梧桐雨》三〔慶東原〕：「齊臻臻鴈行班排，密匝匝魚鱗似亞。」

王學奇等說：「齊臻臻，狀整齊之詞，猶現代口語『整整齊齊』之意。或作『齊嶄嶄』。按『臻臻（zhēn）』、『嶄嶄（zhǎn）』，都是形容『齊』的狀語，

〔註33〕王學奇、王靜竹《元曲釋詞》，花木蘭文化出版社 2016 年版，第 973 頁。

音近意同。」〔註34〕

按：王說是也，但未探本。亦作「齊榛榛」、「齊蓁蓁」，元趙孟頫《題耕織圖》：「伐葦作薄曲，束縛齊榛榛。」明馮惟敏《醉花陰·清明南郊戲友人作》：「豔陽天氣，花朝過了又寒食，齊蓁蓁成群逐隊，恰更似萬紫千紅散綠堤。」「嶄嶄」也作「斬斬」，韓愈《曹成王碑》：「持官持身，內外斬斬。」《書敘指南》卷10：「頌人嚴整曰『內外斬斬』。」「臻臻」、「榛榛」、「蓁蓁」、「斬斬」、「嶄嶄」都是「偡偡」轉語。裴務齊《正字本刊謬補缺切韻》：「偡，偡然，齊整。」P.2011王仁昫《刊謬補缺切韻》：「偡，偡然，齊整物。」《玉篇》：「偡，偡偡，齊整也。」《集韻》：「偡，齊進謂之偡。一曰：偡偡，齊整也。」桂馥曰：「長短相等曰偡齊，偡聲如斬。」〔註35〕

十二、曲律、曲呂

（1）《遇上皇》二、白：「曲律竿頭懸草稕，綠楊影裏撥琵琶。」

（2）《太平樂府》卷8喬夢符散套〔一枝花·雜情〕：「本待做曲呂木頭車兒隨性打，元來是滑出律水晶毬子怎生拿？」

王學奇等說：「曲律，一作『曲呂』，或作『屈律』（如《新編五代梁史平話》卷上：『石人言道：「三七二十一，由字不出頭；腳踏八方地，果頭三屈律。」』），皆形容彎曲、曲折之詞。重言之，則曰『乞留曲律』、『乞留曲呂』、『乞量曲律』、『溪流曲律』。《長生殿·情悔》又作『乞留屈碌』，如云：『只索把急張拘諸的袍袖來拂，乞留屈碌腰帶來束。』皆一音之轉。」〔註36〕

按：王說是也，但尚可補充。P.2133 V《金剛般若波羅蜜經講經文》：「眼暗耳聾看即是，要（腰）身曲呂又如何？」S.2615V《大部禁方》：「口似血盆牙曲錄。」S.610《啟顏錄》：「又令謔駱駝，謔曰：『駱駝，項曲綠，蹄波他，負物多。』」《太平廣記》卷255引《啟顏錄》：「傍邊有曲錄鐵。」《汾陽無德禪師語錄》卷3：「我有一條曲親杖，節鬭螺紋山勢樣。」均是一音之轉。更早的字形作「曲僂」，《莊子·大宗師》：「曲僂發背，上有五管。」馬王堆帛書《衰》：「蛇身僂豊（曲）。」「僂曲」即「曲僂」之倒文。轉語又作「痀僂」、「軀僂」、「痀瘻」、「軀瘻」、「傴僂」、「傴腰」〔註37〕。「曲律」、「曲

〔註34〕王學奇、王靜竹《元曲釋詞》，花木蘭文化出版社2016年版，第1012頁。

〔註35〕桂馥《札樸》卷9《鄉言正字·雜言》，中華書局1992年版，第391頁。

〔註36〕王學奇、王靜竹《元曲釋詞》，花木蘭文化出版社2016年版，第1062頁。

〔註37〕參見蕭旭《「果贏」轉語補記》，收入《群書校補（續）》，花木蘭文化出版社

呂」、「曲錄」是先秦語詞「曲僂」在中古的音轉記音形式。

十三、刷選

（1）《漢宮秋》楔子：「卿說的是，就加卿為選擇使，齎領詔書一通，徧行天下刷選。」

（2）《漢宮秋》楔子〔仙呂賞花時〕：「寡人待刷室女選宮娃。」

王學奇等說：「刷選，謂搜尋、挑選。刷，清也，見《爾雅·釋詁》。按：即謂清除、淘汰也。選，擇也，見《說文》。倒作『選刷』，義同，如清·洪昇《長生殿·彈詞》：『想當初慶皇帝太平天下，訪麗色把蛾眉選刷。』」〔註38〕

按：刷訓清，是清掃、刮刷義，引申為除去，王說非是。「刷」、「率」同音，與「選」、「算」也是聲轉，生母、心母准雙聲，月、元對轉疊韻，計算也，引申為選擇義。「刷選」同義複詞。《史記·周本紀》「其罰百率」，《集解》引徐廣曰：「率即鍰也，音刷。」《索隱》：「舊本『率』亦作『選』。」《漢書·蕭望之傳》「有金選之品」，顏師古注引應劭曰：「選，音刷。」「刷選」是王力所稱的「駢詞」〔註39〕。

十四、窣、籔

（1）《董西廂》卷1〔般涉調·牆頭花〕：「裙兒窣地，一搦腰肢裏。」

（2）《張生煮海》一〔油葫蘆〕：「袖兒動，指十葱，裙兒籔，鞋半弓。」

王學奇等說：「窣，用作動詞，讀陰平，亦作『籔』（sù），同音通用，在元曲中是拂的意思。宋·孫光憲〔思帝鄉〕詞：『六幅羅裙，窣地微行曳碧波。』《清平山堂話本·霅川蕭琛貶霸王》：『琛上廳堦，見竹簾窣地，香煙繚繞。』皆其例。」〔註40〕

按：王氏上溯至宋代用例，未盡。Ф101《維摩碎金》：「含風白髮，窣地長衫。」唐岑參《衛節度赤驃馬歌》：「請君轉出看君騎，尾長窣地如紅絲。」唐杜荀鶴《贈元上人》：「垂露竹粘蟬落殼，窣雲松載鶴棲巢。」字亦作捽、卹，與「窣」同音蘇骨切，猶言摩拂。《集韻》：「卹，卹勿，摩也，或作捽。」《禮記·曲禮》：「國中以策彗卹勿，驅塵不出軌。」鄭玄注：「卹勿，搔摩也。」

2014 年版，第 2290～2295 頁。
〔註38〕王學奇、王靜竹《元曲釋詞》，花木蘭文化出版社 2016 年版，第 1221 頁。
〔註39〕王力《漢語史稿》，中華書局 2004 年版，第 58～59 頁。
〔註40〕王學奇、王靜竹《元曲釋詞》，花木蘭文化出版社 2016 年版，第 1243 頁。

窜地，猶言摩地。窜雲，猶言摩雲、摩天。

十五、奚奴

《太平樂府》卷 1 高栻小令〔殿前歡・題小山蘇隄漁唱〕：「小奚奴，錦囊無日不西湖。」

王學奇等說：「奚奴，舊時謂僕役；複義詞，奚、奴，均古代奴隸之稱。《周禮・天官・冢宰》：『酒人……奚三百人。』鄭玄注：『古者從坐男女沒入縣官為奴，其少才知以為奚，今之侍史官婢，或曰奚官女。』……據上述，知『奚奴』之稱，由來已久。」〔註41〕

按：王說是也，但未探本。本字作「㜎」，《說文》：「㜎，女隸也。」《繫傳》：「《周禮》曰：『㜎八人。』借奚字。」P.2015《大唐刊謬補闕切韻》：「㜎，女奴。」

2020 年 10 月 5 日～10 月 7 日初稿。

〔註41〕王學奇、王靜竹《元曲釋詞》，花木蘭文化出版社 2016 年版，第 1378～1379頁。

書　評

王天海《荀子校釋》評論

　　《荀子》20 卷 32 篇，戰國末期荀況著。荀子是曠世大儒，《荀子》是儒家最重要的著作之一。自唐代楊倞注《荀子》始，歷代整理校注《荀子》者甚眾。

　　今人王天海氏著《荀子校釋》，經某名家推薦，上海古籍出版社把《校釋》列於《中華要籍集釋叢書》，於 2005 年 12 月出版。

　　廖名春據王天海在 2002～2005 年發表的六篇《荀子》論文，稱讚王氏「學風規範，視野開闊，考辨精細而富有創見」〔註1〕，其時《校釋》剛剛出版，廖氏可能尚未見到其書，也未覆檢王氏立說實多剽襲而來，其說未允。

　　《校釋》出版後，曹景年稱譽王天海的《校釋》為「校釋的集大成之作……足可以取《荀子集解》而代之」〔註2〕。張啟成譽之云「王天海的《荀子校釋》，是繼晚清王先謙《荀子集解》之後對《荀子》校勘注釋的又一集大成之作……校釋者治學嚴謹，博學多識，有很強的辨析能力與創新能力。他既善於廣泛地吸取前賢的學術成果，又善於力排眾議，有理有據地提出自己的新見，時時閃爍出能思善辨智慧的光芒」〔註3〕。近年王天海又自詡《校釋》「越

〔註1〕廖名春《20 世紀後期大陸的荀子文獻整理研究》，原刊於臺灣《漢學研究集刊》第 3 期《荀子》研究專號，2006 年版；又刊於《邯鄲學院學報》2007 年第 4 期，第 27 頁。據作者補記，此文是提交 2006 年 2 月在臺灣召開的國際學術會議論文。

〔註2〕曹景年《〈荀子校釋〉疑義舉例》，《畢節學院學報》2008 年第 1 期，第 94、97 頁。

〔註3〕張啟成《〈荀子校釋〉之我見》，《貴州民族學院學報》2006 年第 6 期，第 203 頁；此文又易題作《〈荀子校釋〉的創新之處》，《貴州教育學院學報》2007 年第 1 期，第 53 頁。一篇頌文，一字不易，不知有何必要重複發表？此文所舉

來越受到學界重視，被廣大荀學研究者置為案頭必備的參考書」〔註4〕。

王天海《校釋》一書晚出，引錄了幾部不易見到的日本學者的意見，此其所長也。但也有遺漏，比如王氏就不知道服部元雅的《荀子雜錄》〔註5〕。另外，豬飼彥博《荀子增注補遺》附於久保愛《荀子增注》之後，對於豬飼彥博的說法，《校釋》只是偶爾引用，大部分都遺漏了。

王天海《校釋》一書缺點明顯，主要表現在以下幾個方面：

一、王氏引錄前人成果，按己意取捨，採擇不當，往往把前人正確的意見放棄，所謂「以不俗為俗，以不狂為狂」也〔註6〕；王氏又通篇好言「諸說未得」，指責天下學者。這類情況不勝枚舉，我曾在拙著《荀子校補》中隨文舉正〔註7〕，這裏聊舉數例：①《勸學篇》：「蘭槐之根是為芷，其漸之滫，君子不近，庶人不服。」梁啟雄曰：「服，佩也。」楊柳橋曰：「服，執也。」王天海曰：「梁、楊皆非也。此『服』字只能訓為服用、飲用之義。」〔註8〕梁說是，《晏子春秋・內篇襍上》正作「佩」，「服」即「佩」借字，《晏子》用本字，此梁說確證。孫星衍曰：「佩，《荀子》作『服』，『佩』與『服』聲義皆相近。」吳則虞曰：「《淮南子・人間訓》：『申菽杜茞，美人之所懷服也。』《補史記・三王世家》字亦作『服』，服亦佩也。」〔註9〕二家說王天海皆未參考，未能貫通群書。②《修身篇》：「以不善先人者謂之諂，以不善和人者謂之諛。」楊倞註：「諂之言陷也，謂以佞言陷之。」王念孫曰：「楊說『諂』字不確。諂之言導也。導人以不善也，故曰『以不善先人者謂之諂』。而《莊子・漁父篇》亦曰『希意道言謂之諂』。《不苟篇》：『非諂諛也。』《賈子・先醒篇》：『君好諂諛而惡至言。』《韓詩外傳》並作『道諛』。諂與導，聲之轉。」李中生曰：「諂，當從楊注。以不善導人，即以佞言使人墮落，所以稱為『諂（陷）』。」王天海曰：「諂，佞也。楊注非，諸說亦未洽也。」〔註10〕楊倞、王念孫皆說「諂」字語源，楊氏認為是「陷」，王氏認為是「導」。《莊子》「希

王氏「閃爍光芒」的例證多不當，吾於拙著《荀子校補》各條分別辨之。

〔註4〕 王天海《〈荀子集解〉點校本校勘檢討（上）》，《邯鄲學院學報》2013 年第 4 期，第 17 頁。

〔註5〕 服部元雅《荀子雜錄》，早稻田大學藏寫本。

〔註6〕 「以不俗為俗」出《荀子・非十二子》，「以不狂為狂」出《宋書・袁粲列傳》。

〔註7〕 蕭旭《荀子校補》，花木蘭文化出版社 2016 年 3 月出版。

〔註8〕 王天海《荀子校釋》，上海古籍出版社 2005 年版，第 13 頁。

〔註9〕 二說並見吳則虞《晏子春秋集釋》，中華書局 1962 年版，第 351 頁。

〔註10〕 王天海《荀子校釋》，上海古籍出版社 2005 年版，第 53 頁。

意道言謂之詔」，「道言」即「導言」，《長短經・定名》引正作「導言」。成玄
英疏：「希望前人意氣而導達其言，斯詔也。」《荀子》「先人」即「導人」，
是「詔」的語源是「導」，王念孫說塙不可移。「詔」訓佞是常詁，王念孫不
容不知，王天海不達厥誼，而遽曰「諸說未洽」，亦已疏矣。③《修身篇》：
「智慮漸深。」王念孫曰：「漸，讀為潛，《外傳》正作『潛』。《漢書・谷永
傳》：『忘湛漸之義。』漢《太尉劉寬碑》：『演策沈漸。』漸並與潛通。」王
先謙、孫詒讓、裴學海、龍宇純皆從王說〔註11〕。王天海曰：「漸深，猶言詐
深。《書・呂刑》：『民興胥漸。』孫星衍疏：『漸，猶詐也。』《不苟篇》：『知
則攫盜而漸。』《正論篇》曰：『上幽險則下漸詐矣。』亦『漸詐』並言。諸
說皆未得也。」〔註12〕王天海說全誤，而竟顏曰諸說皆未得。王念孫非不知
「漸」有詐義，《呂刑》、《不苟》、《正論》三篇之「漸」，王引之即訓為「詐
欺」（王引之所舉不止此三例）〔註13〕。此義本由王引之發明，孫星衍疏指明
是引用的王引之說，亦列舉了《不苟》、《正論》二例，而王天海不引王引之
說，似乎《不苟》、《正論》二篇之「漸」訓詐，是他王天海的發明。張啟成
不察，竟舉此例作書評頌之曰「一語中的」、「思慮周密」、「引證得當，遠勝
他注」、「見識確實在諸說之上」〔註14〕。諸家謂此例「漸讀為潛」者，《外
傳》卷 2 作「智慮潛深」，此其確證，漢人近古，其說自當重視。《說文》：
「潛，一曰藏也。」《爾雅》：「潛，深也。」謂藏之深也。「漸（潛）深」即
「深藏」。後漢張衡《思玄賦》：「經重陰乎寂寞兮，慜墳羊之潛深。」李善本
《文選》作「深潛」。④《修身篇》：「勇膽猛戾，則輔之以道順。」楊倞註：
「膽，有膽氣。戾，忿惡也。此性多不順，故以道順輔之也。」王天海曰：
「膽、敢同韻，一聲之轉。楊註非，諸說亦未得。」〔註15〕「勇膽」不誤，
楊註是也。鄧憂鳴曰：「勇氣生於膽，故曰勇膽。」〔註16〕其說亦是也，「勇

〔註11〕 王先謙《荀子集解》，中華書局 1988 年版，第 25 頁。孫詒讓《荀子校勘記上》，
收入《籀廎遺著輯存》，中華書局 2010 年版，第 498 頁。裴學海《評高郵王
氏四種》，《河北大學學報》1962 年第 2 期，第 44 頁。龍宇純《荀子集解補
正》，收入《荀子論集》，學生書局 1987 年版，第 128 頁。

〔註12〕 王天海《荀子校釋》，上海古籍出版社 2005 年版，第 56 頁。

〔註13〕 王引之《經義述聞》卷 3，江蘇古籍出版社 1985 年版，第 82 頁。

〔註14〕 張啟成《〈荀子校釋〉之我見》，《貴州民族學院學報》2006 年第 6 期，第 203
頁。張氏又易題名作《略論〈荀子校釋〉的創新之處》，《貴州教育學院學報》
2007 年第 1 期，第 54 頁。

〔註15〕 王天海《荀子校釋》，上海古籍出版社 2005 年版，第 56 頁。

〔註16〕 鄧憂鳴《荀子札記》，《國專月刊》第 2 卷第 2 期，1935 年版，第 63 頁。

膽」謂有勇有膽，《人物志・九徵》：「勇膽之精，煜然以彊。」〔註17〕亦用此詞。膽虛為怯，膽實為勇，故「勇膽」連文也。《莊子・盜跖》云「勇悍果敢」，義亦近。⑤《修身篇》：「怠慢僄棄，則炤之以禍災。」楊倞註：「僄，輕也，謂自輕其身也。《方言》：『楚謂相輕薄為僄。』炤之以禍災，謂以禍災照燭之，使知懼也。炤，與『照』同。」物双松曰：「僄棄，當作『傈棄』。《龍龕手鑑》：『傈，嬾解貌也。』《外傳》作『摽棄』，摽訓落，亦通。」朝川鼎曰：「先君曰：『僄棄，疑當作僄疾。』」劉師培曰：「僄棄，即暴棄。《孟子》謂『言非禮義，謂之自暴；吾身不能居仁由義，謂之自棄』，『自暴自棄』與此『僄棄』同。」朱起鳳曰：「《外傳》作『摽棄』。今俗呼拋棄，義即本此。僄與摽同音通用。」王天海曰：「朱說是，楊注及他說皆非。《外傳》『炤』作『慰』，『慰』與『畏』通。」〔註18〕朱起鳳說是也，但王天海不能會通，以劉師培說為誤，可謂「知二五而不知一十」也〔註19〕。聞一多說同劉師培〔註20〕。鄭知同曰：「拋棄字古則作抱。錢氏大昕云：『《史記・三代世表》「抱之山中」，抱音普茅切，拋蓋抱之譌，從尤從力，於義無取。』其說是也。古亦通作勡，《後漢・賈復傳》『復與鄧禹並勡甲兵，敦儒術』可證（章懷注引《廣雅》：『勡，削也。』謂除甲兵。不知勡即拋字）。亦有以摽訓棄者，《韓詩外傳》卷2云『怠慢摽棄』是也（《荀子》作『僄棄』。作『僄』亦通借。楊倞望文生義，以『輕僄』解之，與『棄』文意不屬。）」〔註21〕趙懷玉曰：「摽棄，猶今人言拋棄。」〔註22〕章太炎曰：「『僄』即『暴』，此即《孟子》所謂『自暴自棄』也。又案：自棄猶自輕賤也。」〔註23〕黃侃曰：「暴棄亦作僄棄，當作受。」〔註24〕諸說皆與朱起鳳說相會，「摽」本字，「拋」俗字，「抱」、「暴」則借字。王天海讀慰為畏，並非創見。趙少咸曰：「『慰』恐作『畏』。《莊子・盜跖》：『貪財而取慰。』《釋文》：『慰，本作畏。』畏，恐懼之也。慰、畏同音。」〔註25〕

〔註17〕《長短經・知人》引「煜」作「曄」。
〔註18〕王天海《荀子校釋》，上海古籍出版社2005年版，第58頁。
〔註19〕「知二五而不知十」出《史記・越王勾踐世家》。
〔註20〕聞一多說轉引自許維遹《韓詩外傳集釋》卷2，中華書局1980年版，第75頁。
〔註21〕鄭珍《說文新附考》卷6，收入《續修四庫全書》第223冊，上海古籍出版社2002年版，第328頁。
〔註22〕趙懷玉校本《韓詩外傳》卷2，收入《龍溪精舍叢書》，本卷第16頁。
〔註23〕章太炎《膏蘭室札記》卷2，收入《章太炎全集（1）》，上海人民出版社1982年版，第150頁。
〔註24〕黃侃《字通》，收入《說文箋識》，中華書局2006年版，第145頁。
〔註25〕趙少咸說轉引自趙幼文《〈韓詩外傳〉識小》，《金陵學報》第8卷第1、2期

賴炎元說全同〔註26〕，當即襲自趙說。趙善詒曰：「『慰』乃『畏』之叚，與《荀子》『炤』同義。」〔註27〕二趙說是。趙少咸說非王天海所能知，王天海說當竊自趙善詒《補正》。⑥《修身篇》：「行而俯項，非擊戾也。」楊倞註：「擊戾，謂頃（項）曲戾不能仰者也。擊戾，猶言了戾也。」盧文弨曰：「《方言》卷3郭注云：『相了戾也。』正與此同。『了戾』乃屈曲之意。」王念孫曰：「《淮南・主術篇》曰：『文武備具，動靜中儀，舉動廢置，曲得其宜，無所擊戾，無不畢宜。』然則擊戾者，謂有所抵觸也。楊說失之。」俞樾曰：「擊戾者，拂戾也。」物双松曰：「擊，當作繫。」帆足萬里曰：「擊，為人所折。曲，戾也。」久保愛曰：「注『了戾』字出於《方言》，郭注：『猶言屈曲也。』世德堂本作『乖戾』者，不解其義而私改之者也。元本作『子戾』者，誤加一點者也。今據宋本、韓本改之。」久氏襲盧文弨說，又誤以「屈曲也」為郭注。楊柳橋曰：「擊，當讀為憗。《說文》：『憗，惽也。戾，曲也。』《通俗文》：『疲極曰憗。』『憗』即『惽』字。憗戾，謂疲極而曲背也。」王天海曰：「擊戾，猶繫罪、繫囚也。擊、繫通借。戾，罪也。楊注未得，諸說亦未會此意也。」〔註28〕王天海說支離破碎，非是。苟如其說，然則王念孫所舉的《淮南子》「無所擊戾」又何解？又怎麼能「揆之本文而協，驗之他卷而通」？王念孫、俞樾得其義，孫詒讓從王念孫說〔註29〕，朱謀㙔亦曰：「擊戾，違忤也。」〔註30〕但朱、王、俞尚未明其語源，其說未盡，還當補證。《淮南子・泰族篇》：「天地之間，無所繫戾。」「擊戾」即「繫戾」，一聲之轉。此詞他書僅見於《淮南子》，疑是古楚語。荀子廢老蘭陵，其著作中當亦有楚語也。「繫戾」是「夐㚇」音轉。據《說文》，「夐」、「㚇」本義皆為頭傾斜不正貌，同義連文。「夐㚇」引申指乖迕於人。字亦作「𡕉㚇」，蔣斧印本

合刊，1938 年版，第 109 頁。

〔註26〕賴炎元《韓詩外傳校勘記》，（香港）《聯合書院學報》第 1 期，1962 年版，第 29 頁。賴氏《校勘記》第 34 頁讀發為廢，又校「亡生」作「忘先」，第 47 頁校「愚民」作「寓人」，第 57 頁讀彼為佊，讀恨為很，皆竊自趙說。第 37 頁謂「固禮猶厚禮」，以駁趙懷玉改作「因禮」不當；其實趙懷玉說是，賴氏竊其文而不能辨其誤也。不備舉。

〔註27〕趙善詒《韓詩外傳補正》，商務印書館 1938 年版，第 68 頁。

〔註28〕王天海《荀子校釋》，上海古籍出版社 2005 年版，第 66 頁。

〔註29〕孫詒讓《荀子校勘記上》，收入《籀廎遺著輯存》，中華書局 2010 年版，第 504 頁。

〔註30〕朱謀㙔《駢雅》卷 1，收入《叢書集成新編》第 38 冊，新文豐出版公司 1985 年版，第 336 頁。

《唐韻殘卷》：「戾臭，多節（節）目。」又作「契綟」，《太平廣記》卷 255 引《啟顏錄》：「毛賊翻為墨槽，傍邊有曲錄鐵，翻為契綟禿。」倒言則作「臭戾」，敦煌寫卷 P.2717《碎金》：「臭戾：音列挈。」「戾」、「列（臭）」古音通轉。《廣韻》：「戾，臭戾，多節目也。」「多節目」謂木理不順，亦引申指好多事而乖迕於人。倒言亦作「戾契」，《增韻》：「契，戾契，不平正貌。戾音列。」洪頤煊曰：「韋昭曰：『古文隔為挈。』挈戾即隔背，高注非。」馬宗霍說略同〔註31〕。「隔」、「臭」、「契」音亦相轉，洪說是也。尚節之曰：「以文理言，『挈戾』應為殘疾。『挈』字義頗難通，注及謝校，都不之及。考下《王制篇》借挈為覬，覬、挈音近故通用。茲仍斷為同音相借之字。注言『猶了戾』，了與挈音不類，非也。若元刊之子字，音結，與挈音同。子，《說文》『無右臂』形。而孑（孑）字音厥，《說文》『無左臂』形。而戾字音列，與孑音近。子孑皆殘廢之疾。疑『挈戾』即『子孑』，音近通用，元刊不訛也。」〔註32〕尚節之謂元刊作「子戾」與「挈戾」音近，其說是也，馬宗霍亦謂楊注「猶言了戾」非是；但尚節之解作「子孑」，以為是無左右臂的殘廢之疾，則未是。陳・江總《梁故度支尚書陸君誄》：「念君桑梓零落凋枯，傷君井邑子戾崎嶇。」亦有「子戾」一詞。五代・歐陽炯《題景煥畫應天寺壁天王歌》：「遍身蛇虺亂縱橫，遶頷髑髏乾子裂。」「子裂」即「子戾」，亦即「臭戾」、「契綟」。⑦《非相篇》：「古者桀紂長巨姣美，天下之傑也；筋力越勁，百人之敵也。」楊倞注：「姣，好也。越，過人也。勁，勇也。」王念孫曰：「越者，輕也。字本作娍，《說文》：『娍，輕也。』……《說文》：『趹，輕足也。』義亦與『越』同。」孫詒讓、王先謙從王說〔註33〕。物双松曰：「越，俗語『愈』也。」久保愛曰：「越勁，其強勁超越於眾也。」于省吾曰：「《廣雅》：『越，疾也。』謂敏疾也。」梁啟雄從于說。王天海曰：「越勁，超越常人之勁力，猶強勁。」〔註34〕王念孫、于省吾說是也，王引之說同〔註35〕，王先謙、孫詒讓從王念孫說〔註36〕。王天海失於採擇。但「娍」是輕薄、輕侮義

〔註31〕洪頤煊《讀書叢錄》卷 16，收入《續修四庫全書》第 1157 冊，上海古籍出版社 2002 年版，第 699 頁。馬宗霍《淮南舊注參正》，齊魯書社 1984 年版，第 222 頁，下引同。

〔註32〕尚節之《荀子古訓考》，北京《雅言》1941 年第 5 期，第 28 頁。

〔註33〕孫詒讓《荀子校勘記上》，收入《籀廎遺著輯存》，中華書局 2010 年版，第 512 頁。

〔註34〕王天海《荀子校釋》，上海古籍出版社 2005 年版，第 170 頁。

〔註35〕王引之《經義述聞》卷 16，江蘇古籍出版社 1985 年版，第 389 頁。

〔註36〕王先謙《荀子集解》，中華書局 1988 年版，第 75 頁。孫詒讓《荀子校勘記上》，

（《廣雅》：「娍、狎、傷、侮、懱、忽，輕也。」諸字義同），非本字，王念孫說稍疏。當以「跊」為本字，《廣雅》：「跊，疾也。」⑧《校釋》第625頁引劉師培說，謂「『貢』疑『貰』譌，『貰』與『赦』同」，王氏不知劉氏後來已自訂其說，改作「『貢』字係『置』字之譌」，蔣禮鴻說同〔註37〕，皆不知引徵，此又其疏也。

　　二、王氏失引有清以來許多學者的成果。以《校釋》出版前三年即2002年為限，就目力所及，列舉其要者如下：①《荀子》專書或專篇研究成果：惠棟《荀子微言》〔註38〕，顧廣圻《荀子校記》、《荀子》校本〔註39〕，江有誥《荀子韻讀》〔註40〕，惠士奇、惠棟、沈大成校明刻六子全書本《荀子》〔註41〕，顧洵苹《荀子異同》，陳碩甫《荀子異同》，陳觀樓《荀子正誤》，戴望《荀子校勘記》〔註42〕，劉光蕡《〈荀子・議兵篇〉節評》〔註43〕，方光《〈荀子・非十二子篇〉釋》〔註44〕，許瀚《〈荀子・成相篇〉句例說》、《〈賦篇〉衍文》〔註45〕，鍾泰《〈荀注訂補〉補》〔註46〕，劉文典《讀荀子偶識》〔註47〕，楊樹達《鍾泰〈荀注訂補〉》〔註48〕，邵瑞彭《荀子小箋》〔註49〕，

　　　　收入《籀廎遺著輯存》，中華書局2010年版，第512頁。

〔註37〕劉師培《荀子補釋》，收入《劉申叔遺書》，第960頁。蔣禮鴻《讀荀子集解》，收入《蔣禮鴻集》卷3，浙江教育出版社2001年版，第284頁。

〔註38〕惠棟《荀子微言》，收入《續修四庫全書》第932冊，上海古籍出版社2002年版，第463～483頁。

〔註39〕顧廣圻《荀子校記》，收入蔣光煦《斠補隅錄》，收入《叢書集成初編》第113冊，第233～250頁。顧廣圻《荀子》校本，王念孫《荀子雜志補遺附錄》，收入《讀書雜志》卷12，中國書店1985年版。

〔註40〕江有誥《荀子韻讀》，《江氏音學十書・先秦韻讀》，收入《續修四庫全書》第248冊，第206～211頁。

〔註41〕惠士奇、惠棟、沈大成校明刻六子全書本《荀子》，藏上海圖書館。

〔註42〕戴望《荀子校勘記》，藏浙江大學圖書館。

〔註43〕劉光蕡《〈荀子・議兵篇〉節評》，收入《煙霞草堂遺書》，民國十二年刻本。

〔註44〕方光《〈荀子・非十二子篇〉釋》，民國十七年排印本。

〔註45〕許瀚《〈荀子・成相篇〉句例說》、《〈賦篇〉衍文》，收入《攀古小廬全集（上）》，齊魯書社1985年版，第144～146頁。

〔註46〕鍾泰《〈荀注訂補〉補》（蔣禮鴻輯錄），收入《蔣禮鴻集》卷6，浙江教育出版社2001年版，第454～461頁。

〔註47〕劉文典《讀荀子偶識》，收入《群書斠補》，《劉文典全集（3）》，安徽大學出版社、雲南大學出版社1999年版，第640～650頁。

〔註48〕楊樹達《鍾泰〈荀注訂補〉》，《清華學報》第11卷第1期，1937年版，第219～239頁。

〔註49〕邵瑞彭《荀子小箋》，《唯是》第3期，1920年版，第22～29頁。

馮振《荀子講記》〔註 50〕，余戴海《荀子字義疏證》、《荀子字義疏證（續）》、《荀子詩說》〔註 51〕，張蔭麟《〈荀子·解蔽篇〉補釋》〔註 52〕，鄧憂鳴《荀子札記》、《荀子札記（續）》〔註 53〕，劉盼遂《〈荀子·正名篇〉札記》、《荀子校箋》〔註 54〕，沈瓞民（祖緜）《讀荀臆斷》〔註 55〕，沈延國《讀書雜錄·荀子》〔註 56〕，蔣禮鴻《讀〈荀子集解〉》、《荀子餘義（上）》〔註 57〕，章書簡《荀子札記》〔註 58〕，尚節之《荀子古訓考》、《荀子古訓考續》〔註 59〕，朱師轍《〈荀子·成相篇〉韻讀補釋》〔註 60〕，徐仁甫《荀子辨正》、《跋對雨樓本〈荀子考異〉》〔註 61〕，方竑《讀〈荀子·解蔽篇〉札記》〔註 62〕，周大璞《荀子札記》〔註 63〕，胡懷琛《王念孫〈讀書雜志〉正誤·荀子》〔註 64〕，

〔註 50〕馮振《荀子講記》，無錫《國光》第 1 期，1929 年版，第 33～44 頁。馮振《荀子講記（續）》，《大夏季刊》第 1 卷第 2 期，1929 年版，第 165～174 頁。

〔註 51〕余戴海《荀子字義疏證》、《荀子字義疏證（續）》，《實學》第 1、3 期，1926 年版，第 22～27、35～40 頁。二文未完，續篇吾未見。余戴海《荀子詩說》，《實學》第 2 期，1926 年版，第 45～50 頁。

〔註 52〕張蔭麟《〈荀子·解蔽篇〉補釋》，《清華週刊》十五週年紀念增刊，1926 年版。

〔註 53〕鄧憂鳴《荀子札記》，《國專月刊》第 2 卷第 2 期，1935 年版，第 60～64 頁。鄧憂鳴《荀子札記（續）》，《國專月刊》第 2 卷第 5 期，1936 年版，第 49～52 頁。

〔註 54〕劉盼遂《〈荀子·正名篇〉札記》，《清華週刊》第 25 卷第 10 期，1926 年版，第 603～605 頁；又收入《劉盼遂文集》，北京師範大學出版社 2002 年版，第 336～338 頁。《劉盼遂先生未曾刊佈的〈荀子校箋〉手稿》，收入《劉盼遂文集》，第 1～9 頁。

〔註 55〕沈瓞民《讀荀臆斷》，《制言》第 58 期，1939 年版。

〔註 56〕沈延國《讀書雜錄·荀子》，《制言》第 16 期，1936 年版。

〔註 57〕蔣禮鴻《讀荀子集解》，收入《蔣禮鴻集》卷 3，浙江教育出版社 2001 年版，第 275～291 頁。蔣禮鴻《荀子餘義（上）》，《中國文學會集刊》第 3 期，1936 年版，第 61～88 頁；此文《蔣禮鴻集》失收，下篇未見。

〔註 58〕章書簡《荀子札記》，安慶《學風》第 7 卷第 2 期，1937 年版，第 1～8 頁。

〔註 59〕尚節之《荀子古訓考》，北京《雅言》1941 年第 5～7 期。

〔註 60〕朱師轍《〈荀子·成相篇〉韻讀補釋》，《中山大學學報》1957 年第 3 期，第 42～47 頁。

〔註 61〕徐仁甫《荀子辨正》，收入《諸子辨正》，成都出版社 1993 年版，第 119～159 頁。徐仁甫《跋對雨樓本〈荀子考異〉》，《志學》第 13 期，1944 年版，第 14～15 頁。

〔註 62〕方竑《讀〈荀子·解蔽篇〉札記》，重慶《中國文學》第 1 卷第 5 期，1945 年版，第 11～31 頁。

〔註 63〕周大璞《荀子札記》，《清議》第 1 卷第 9 期，1948 年版，第 25～28 頁。

〔註 64〕胡懷琛《王念孫〈讀書雜志〉正誤·荀子》，收入《叢書集成續編》第 24 冊，臺灣新文豐出版公司 1988 年印行，第 667～668 頁。

高亨《讀荀箋記》〔註65〕，趙海金《荀子校補》、《荀子校釋》、《荀子校釋（上篇）〈荀子集解〉補正》、《荀子補遺（之一）》〔註66〕，王叔岷《荀子斠理》〔註67〕，阮廷焯《荀子斠證》、《校書堂札迻・荀子》〔註68〕，郭在貽《荀子札記》〔註69〕，韋政通《〈荀子・天論篇〉試釋》、《〈荀子・解蔽篇〉試釋》、《〈荀子・性惡篇〉試釋》〔註70〕，張亨《讀〈荀子〉札記》、《荀子假借字譜》〔註71〕，黃淑灌《〈荀子・非十二子篇〉辨證》、《〈荀子・非十二子篇〉詮論》〔註72〕，韋日春《〈荀子・天論篇〉纂注》〔註73〕，毛子水《荀子訓解補正》〔註74〕，饒彬《荀子疑義集釋——〈勸學篇〉第一》、《荀子疑義輯釋》、《〈荀子・非相篇〉研究》〔註75〕，劉文起《荀子正補》〔註76〕，金德建《荀子零箋續》、《荀子零箋再續》〔註77〕，伍非百《〈荀子・正名〉解》〔註78〕，王顯

〔註65〕高亨《讀荀箋記》，《東北叢刊》第 17 期，1931 年版，本文 1～12 頁。

〔註66〕趙海金《荀子校補》，《大陸雜志》第 21 卷第 3 期，1960 年版。趙海金《荀子校釋》，《大陸雜志》第 23 卷第 3 期，1961 年版。趙海金《荀子校釋（上篇）〈荀子集解〉補正》，《國科會報告》，1962 年。趙海金《荀子補遺（之一）》，《大陸雜志》第 24 卷第 7 期，1962 年版。

〔註67〕王叔岷《荀子斠理》，收入《諸子斠證》，臺灣世界書局 1963 年版，第 177～259 頁。

〔註68〕阮廷卓《荀子斠證》，1959 年自印本。阮廷焯《校書堂札迻・荀子》，香港《聯合書院學報》第 6 期，1967 年版，第 130～131 頁。

〔註69〕郭在貽《荀子札記》，收入《郭在貽文集》卷 3，中華書局 2002 年版，第 7～10 頁。

〔註70〕韋政通《〈荀子・天論篇〉試釋》、《〈荀子・解蔽篇〉試釋》、《〈荀子・性惡篇〉試釋》，（香港）《人生》第 20 卷第 2 期、第 20 卷第 9～10 期、第 21 卷第 11 期，1960～1961 年版。

〔註71〕張亨《讀〈荀子〉札記》，《大陸雜志》第 22 卷第 8、9 期，1961 年版。張亨《荀子假借字譜》，《臺灣大學中文研究所》1959 年版。

〔註72〕黃淑灌《〈荀子・非十二子篇〉辨證》，（臺灣）《師範大學國文研究所》，1966 年版。黃淑灌《〈荀子・非十二子篇〉詮論》，（臺灣）《師大國文研究所集刊》第 11 期上，1967 年版。

〔註73〕韋日春《〈荀子・天論篇〉纂注》，（臺灣）《中華學苑》1972 年第 9 期。

〔註74〕毛子水《荀子訓解補正》，臺灣華正書局 1980 年版。

〔註75〕饒彬《荀子疑義集釋——〈勸學篇〉第一》，（臺灣）《文風》第 20 期，1971 年版。饒彬《荀子疑義輯釋》，臺灣蘭臺書局 1977 年版。饒彬《〈荀子・非相篇〉研究》，《國文學報》第 5 期，1976 年版。

〔註76〕劉文起《荀子正補》，臺灣師範大學國文研究所 1980 年博士學位論文。

〔註77〕金德建《荀子零箋續》、《荀子零箋再續》，並收入《先秦諸子雜考》，中州書畫社 1982 年版，第 176～211 頁。

〔註78〕伍非百《〈荀子・正名〉解》，收入《中國古名家言》，中國社會科學出版社 1983

《〈荀子·成相〉校注》〔註79〕，廖名春《荀子新探》〔註80〕。②有清以降的學術筆記中也有涉及《荀子》者，王氏《校釋》亦未能注意：洪頤煊《讀書叢錄》卷15〔註81〕，姚範《援鶉堂筆記》卷50〔註82〕，徐時棟《煙嶼樓讀書志》卷14〔註83〕，蔣超伯《南滸楛語》卷7《讀荀子》〔註84〕，姚鼐《惜抱軒筆記》卷7〔註85〕，朱亦棟《群書札記》卷9〔註86〕，牟廷相《雪泥書屋雜志》卷2〔註87〕，文廷式《純常子枝語》卷15〔註88〕，王汝璧《芸籠偶存》卷2〔註89〕，章太炎《膏蘭室札記》卷2、3〔註90〕，馬敘倫《讀書續記》卷2〔註91〕。

　　三、王氏不通小學，隔於古音，疏於訓詁，憑空增添無數的錯誤說法，又喜臆改古書，所出新見常常牽強附會，匪夷所思；凡逢作者自出手筆，便多荒陋可笑。其所說音轉通假，除常見通假字外，甚無可取。我曾在拙著《荀子校補》中隨文舉正，這裏聊舉數例：①《不苟篇》：「其誰能以己之潐潐，受人之掝掝者哉？」楊倞注：「潐潐，明察之貌。潐，盡〔也〕，謂窮盡明於事。『掝』當為『惑』。掝掝，昏也。《楚詞》曰：『安能以身之察察，受物之昏昏者乎？』」郝懿行曰：「《外傳》卷1作『莫能以己之皭皭，容人之混汙

<hr>

年版，第713～753頁。

〔註79〕王顯《〈荀子·成相〉校注》，《古籍研究》總第4期，1987年第2期。

〔註80〕廖名春《荀子新探》，臺灣文津出版社1994年版。

〔註81〕洪頤煊《讀書叢錄》卷15，收入《續修四庫全書》第1157冊，第687～691頁。

〔註82〕姚範《援鶉堂筆記》卷50，收入《續修四庫全書》第1149冊，第171頁。

〔註83〕徐時棟《煙嶼樓讀書志》卷14，收入《續修四庫全書》第1162冊，第570～574頁。

〔註84〕蔣超伯《讀荀子》，收入《南滸楛語》卷7，《續修四庫全書》第1161冊，第355～358頁。

〔註85〕姚鼐《惜抱軒筆記》卷7《子部·荀子》，收入《叢書集成三編》第5冊，臺灣新文豐出版公司1985年版，第670頁；又收入《續修四庫全書》第1152冊，第199頁。

〔註86〕朱亦棟《群書札記》卷9，收入《續修四庫全書》第1155冊，第122～123頁。

〔註87〕牟廷相《雪泥書屋雜志》卷2、4，收入《續修四庫全書》第1156冊，第488、490、493、494、521頁。

〔註88〕文廷式《純常子枝語》卷15，收入《續修四庫全書》第1165冊，第203～208頁。

〔註89〕王汝璧《芸籠偶存》卷2，收入《續修四庫全書》第1462冊，第79～80頁。

〔註90〕章太炎《膏蘭室札記》卷2、3，收入《章太炎全集（1）》，上海人民出版社1982年版，第149～150、227、241、296頁。

〔註91〕馬敘倫《讀書續記》卷2，中國書店1985年版，本卷第52～53頁。

然』〔註92〕。『嚼』與『湬』古音同，『混汙』與『摵摵』音又相轉，此皆假借字耳。《楚詞》作『察察』、『汶汶』，當是也。」久保愛曰：「湬湬，舊作『僬僬』，觀訓盡，則誤也。」豬飼彥博曰：「湬，當作『燋』，明貌。」王先謙曰：「焦、爵雙聲，故『嚼嚼』亦為『湬湬』也。『摵』當為『惑』，楊說是也。字書無『摵』字，蓋『惑』亦作『惐』，遂轉寫為『摵』耳。」高亨曰：「湬湬者，潔白也。摵摵者，汙黑也。湬，借為嚼，郝、王說是也。摵，借為黬。《說文》：『黬，羔裘之縫。』黬既從黑，則必有黑義。黑者必汙，故黬亦兼有汙義。」王天海曰：「湬湬，明察貌。摵摵，疑『惐惐』之訛。『湬湬』可讀作『皎皎』，即潔白之貌。『摵摵』可讀作『黑黑』，即汙黑之貌。如此則勝于楊注也。」〔註93〕「湬湬」讀為「嚼嚼」，郝懿行、王先謙說是也。「摵摵」亦作「惑惑」、「域域」、「棫棫」，古字作「或或」。朱駿聲曰：「惑，字亦作惐，誤作摵。」〔註94〕「汶汶」讀為「昏昏」、「惛惛」，省作「文文」，亦作「忞忞」〔註95〕。王天海妄說通借云「摵可讀作黑」，而竟自許「勝於楊注」。高亨讀摵為黬，非是。②《不苟篇》：「夫富貴者，則類傲之；夫貧賤者，則求柔之。」楊倞注：「富貴之類，不論是非，皆傲之也。見貧賤者，皆柔屈就之也。」孫詒讓曰：「類，與『戾』通。類、傲二字平列，與『求柔』文正相對。」俞樾曰：「求，猶務也。」于鬯曰：「『類』當作『頪』，又為『頖』之借字，書傳又用『藐』字居多。」物雙松曰：「求柔之，務求柔安之也。」久保愛引古屋鬲曰：「類，率也。」朝川鼎曰：「先君曰：『類疑當作頖。頖，貌古字。貌傲者，貌恭之反。』」熊公哲曰：「類，猶例也。」楊柳橋曰：「類，皆也。求，終也。終，竟也。竟，周徧也。是『求』有周徧之義。」王天海曰：「求，盡也，全也。楊注已訓類、求為皆，而說者不察，故多歧說也。」〔註96〕「求」無「皆」義，楊柳橋轉展說之，非是。求訓等，是匹配義，不得轉訓同，冢說亦非。楊注但說句義，非訓類、求為皆。王天海之察，如不察耳。孫詒讓說是，梁啟雄從其說〔註97〕。鄧戞鳴曰：「蓋『類』

〔註92〕王天海竟以「然」屬下句首，而不一檢《外傳》原文。
〔註93〕王天海《荀子校釋》，上海古籍出版社2005年版，第101頁。
〔註94〕朱駿聲《說文通訓定聲》，武漢市古籍書店1983年版，第222頁。
〔註95〕參見蕭旭《〈敦煌變文〉校補（一）》，收入《群書校補》，廣陵書社2011年版，第1174頁。又參見蕭旭《孔子家語校補》，收入《群書校補（續）》，花木蘭文化出版社2014年版，第394頁。
〔註96〕王天海《荀子校釋》，上海古籍出版社2005年版，第114頁。
〔註97〕梁啟雄《荀子簡釋》，中華書局1983年版，第32頁。

當與『纇』字意同。纇，戾也。」〔註98〕鄧說亦是。求，讀為優。「優柔」與「戾傲」文正相對。③《榮辱篇》：「所謂以狐父之戈鑗牛矢也。」楊倞注：「鑗，刺也。古良劍謂之屬鏤，亦取其刺也。或讀鑗為斫。」郝懿行曰：「鑗訓刺，亦未聞。」劉師培曰：「鑗，當訓斫。」徐復曰：「楊注本作『或讀為鑗斫』，所以注『鑗』字讀音。鑗訓刺，當為『擉』字之假借。」王天海曰：「鑗，同『劚』。《釋名》：『鑗，誅也，主以誅鉏根株也。』《玉篇》：『鑗，鉬也。』《集韻》：『劚，《說文》：『斫也。』或從金。』《正字通》：『鑗，同「劚」。』民國元年修《定海縣誌》：『今謂以小鉬拾狗糞曰鑗。』此皆可證『鑗』當為『鋤』一類農具，引申為鋤拾之動作。又作剷除用。楊注訓鑗為刺，非也。」〔註99〕王天海所說，自《定海縣誌》以上，皆鈔自《漢語大字典》而不作說明〔註100〕。王天海說「以戈鋤牛屎」，殊為不辭。狐父之戈自當言擊刺，不當訓鋤拾，楊注不誤。徐復讀鑗為擉，是也，然未探本。擉之言觸也，觸及，引申之則為擊刺。字亦作斀、斸，《集韻》：「斀，擊也。」又「斸，擊也。」鑗、劚為鋤名，亦取義於斫擊。④《非相篇》：「昔者衛靈公有臣曰公孫呂，身長七尺，面長三尺。」王天海曰：「面長三尺，乃言背長三尺。《正字通》：『面，背也。』《漢書·項籍傳》：『馬童面之。』顏注：『面，謂背之。』《後漢書·光武帝紀》李賢注：『面，偝也。』」〔註101〕王天海訓面為背至陋。「面」訓背（偝）者，是動詞背向、反向義，本字作偭，《說文》：「偭，鄉（向）也。」《廣雅》：「偭，偝也。」王氏所引三證，皆此義，而非名詞胸背之背。⑤《非相篇》：「傅說之狀，身如植鰭。」王天海曰：「諸說皆牽強也。今謂『鰭』或『鱗』字之誤也。《說文》、《爾雅》、《廣雅》並無『鰭』字，《左傳》、《詩經》、《論語》、《孟子》皆無『鰭』字，故疑『鱗』字之訛。植鱗，植被魚甲。」〔註102〕王天海妄說妄改，毫無根據。方以智曰：「傅說如植鰭，言乾瘦也。」〔註103〕方說是也。植，豎立。身如植鰭，言傅說之背脊如魚植立之鰭骨薄瘠。「鰭」字見於《禮記·少儀》、司馬相如《上林賦》。

〔註98〕鄧憂鳴《荀子札記（續）》，《國專月刊》第 2 卷第 5 期，1936 年版，第 51 頁。
〔註99〕王天海《荀子校釋》，上海古籍出版社 2005 年版，第 126 頁。
〔註100〕《漢語大字典》（縮印本），湖北辭書出版社、四川辭書出版社 1992 年版，第 1780 頁。
〔註101〕王天海《荀子校釋》，上海古籍出版社 2005 年版，第 163 頁。
〔註102〕王天海《荀子校釋》，上海古籍出版社 2005 年版，第 167 頁。
〔註103〕方以智《通雅》卷 18，收入《方以智全書》第 1 冊，上海古籍出版社 1988 年版，第 623 頁。

古書或作「鬐」字，《儀禮・士喪禮》：「載魚，左首進鬐。」鄭玄注：「鬐，脊也。」《莊子・外物》：「（大魚）揚而奮鬐。」字亦省作耆，《文選・七發》：「薄耆之炙，鮮鯉之膾。」李善注：「薄切獸耆之肉而以為炙也。耆，今人謂之耆頭。」馬脊上鬣為鬐，魚脊上骨為鰭，獸脊上肉為耆，其義一也。「鰭」即「鬐」分別字。王天海拘於字形，不能因聲求義，會通群書，而好逞臆妄改古書，甚不足取。⑥《非十二子篇》：「其冠進。」楊倞注：「進，謂冠在前也。」王天海曰：「進，通『緊』。」王天海妄說音轉，必不足信。本書《儒效篇》：「逢衣淺帶，解果其冠。」「解果」是狀其冠高貌，此「進」字謂其冠向前而高出，與下文「其冠絻（俛）」指其冠向前而低俯對文。楊說不誤。

　　四、王氏引錄別人意見，常有錯字，鈔書不認真。這類錯誤不勝枚舉，我曾在拙著《荀子校補》中隨文舉正。這裏舉《校補》中未列的數例：①《校釋》第 254 頁引鍾泰說：「『道』與『謠』同。」鍾氏原文「謠」作「諔」，「道」、「諔」音之轉耳，「諔諛」或音轉作「道諛」，是其例也。②《校釋》第 477 頁引王先謙說，引《易略例》「大闇謂之蔀」，王天海把「大」誤鈔作「夫」，則不知所云。③《校釋》第 552 頁引久保愛說「痤，妨害之意」，「意」誤作「害」。④《校釋》第 554 頁引梁啟雄說，「漫」誤作「慢」，「流蕩」誤作「流淫」。⑤《校釋》第 674 頁引郝懿行說，引《少儀》「埽席前曰拚」，「前」誤作「見」。⑥《校釋》第 675 頁「扞」誤作「干」；又引《意林》「不救流矢」，「救」誤作「見」。⑦《校釋》第 690 頁引俞樾說，引《說文》「茍，自急敕也」，「茍（jì，從羊省）」誤作「苟（gǒu，從艸）」，俞氏又云「經傳通作亟」，王天海不思「苟（gǒu）」無自急敕之訓，亦無通「亟」之理，二字音義全別（此承中華書局 1988 年出版的《荀子集解》點校本第 312 頁之誤，董治安《荀子彙校彙注》第 551 頁引亦誤）。⑧《校釋》第 791 頁引《士喪禮》鄭注「軸，輁軸也，輁狀如牀」，「狀」誤作「牀」。⑨《校釋》第 811 頁引鄭玄注「盡於此不可過」，「盡」誤作「益」；引孔穎達疏「形見也」，當點作「形，見也」。

　　五、王氏常常讀不懂古書，而致標點錯誤。這類錯誤也不勝枚舉，我曾在拙著《荀子校補》中隨文舉正。這裏舉《校補》中未列的三個顯例：①《校釋》第 1049 頁正文「如之何憂禮之長也」，王氏竟以「如之」二字為句。②《校釋》第 167 頁引劉師培說：「《御覽》卷 740 引《荀卿子》『周公僂背希麟』，《續一切經音義》卷 6 引《荀子》『周公背傴』。」王氏居然不知「希麟」

是《續一切經音義》的作者而誤屬上句；《希麟音義》並非僻書，即使不之知
而強作《校釋》，但只要檢查一下《御覽》原文，也能發現《御覽》沒有「希
麟」二字，且董治安《彙校彙注》不誤，王氏讀書不細歟？③《校釋》第 1043
頁引物双松說：《路史》曰：『禹師於大成摯，暨墨如子高，學於西王悝。』」
王氏於「暨墨」及「子高」旁各標人名專線，則是以「暨墨」為人名，王氏
居然不知「暨」是連詞（猶及也、與也），「大成摯」與「墨如子高」二個人
名並列，都是禹的老師。《潛夫論·讚學》：「禹師墨如。」《路史》卷 24：「禹
師墨如，或云墨台。」此其確證。當點作：「禹師於大成摯暨墨如子高。」又
上文引「《世紀》尹壽為許由友」八字是《路史》羅苹注語，王氏標於羅氏注
語引號外，亦疏甚矣。

　　上面所舉五端，猶其小者，吾通讀其書，發現《校釋》一書的致命傷是其
書所謂的新見、創見，多係鈔撮前人舊說而隱沒其名，在學術上無所發明。陰
襲前人舊作整合成書，這等手法，焉能盡欺天下之學人？

　　《校釋》第 504 頁指出盧文弨襲用王應麟《困學紀聞》說，又指摘李滌生
《荀子集釋》「迻述他人之說而不指明出處，亦是其病」〔註104〕。必須指出，
王天海徵引文獻雖不完備，但其書自居創獲之見，實則攘竊他人之說而不言出
處者甚多，我曾在拙著《荀子校補》所涉及的條目中分別指出，《校補》未及
的條目，茲舉十證如下，以示所言不諴：①以短篇《仲尼篇》的《校釋》為例，
《校釋》第 244 頁說「安，語詞，乃也」，是剽竊楊樹達的說法〔註105〕；第 246
頁說「廣，厚也」云云，是剽竊龍宇純的說法〔註106〕；第 249 頁說「徒、獨
雙聲」云云，是剽竊包遵信的說法〔註107〕；第 251 頁說「理，猶順也」，是剽
竊楊柳橋的說法〔註108〕。二楊及龍、包的論著，王天海都引用過，於此等處
不指明出處，以按語作為自己的創見，非竊而何？王天海於八年後又對《仲尼
篇》作修訂，以論文單獨發表，上舉四例，他仍然作為自己的說法〔註109〕，

〔註104〕 王天海《荀子校釋前言》，第 8 頁；又見王天海《〈荀子〉校勘注釋源流考》，
　　　　《貴州民族學院學報》2005 年第 5 期，第 101 頁。
〔註105〕 楊樹達《詞詮》，中華書局 1954 年版，第 459 頁。
〔註106〕 龍宇純《讀荀卿子三記》，收入《荀子論集》，學生書局 1987 年版，第 246 頁。
〔註107〕 包遵信《讀〈荀子〉札記（上）》，《文史》第 5 輯，1978 年出版，第 208 頁。
〔註108〕 楊柳橋《荀子詁譯》，齊魯書社 1985 年版，第 144 頁。
〔註109〕 王天海、宋漢瑞《〈荀子·仲尼篇〉校釋訂補》，《邯鄲學院學報》2013 年第
　　　　3 期，第 10、11、12、13 頁。

看來是「自樂而不改」了。②《校釋》第 483 頁注（36）（37）、第 521 頁注（19）的校語，是剽竊劉師培的說法〔註110〕。③《校釋》第 502 頁「及猶追也」，第 1039 頁注（12）疑楊注「器用」是「用器」誤倒，是剽竊龍宇純的說法〔註111〕。④《校釋》第 640 頁云「粥，通『鬻』」，是剽竊梁啟雄、董治安的說法〔註112〕。⑤《校釋》第 806 頁云「動，通『慟』」，是剽竊劉如瑛的說法〔註113〕。⑥《校釋》第 830 頁注（13）云「『是』疑因『足』字而衍」，是剽竊劉師培的說法〔註114〕。⑦《校釋》第 894 頁舉《天論篇》駁楊注「天官」包含「心」說，是剽竊劉念親的說法〔註115〕。⑧《校釋》第 909 頁注（16）云「楊注『麗同』下似脫『儷』字」，是剽竊盧文弨的說法〔註116〕。⑨《校釋》第 930 頁說「粥，通『育』，養也」，是剽竊于省吾的說法〔註117〕。⑩《校釋》第 961 頁注（5）駁王念孫據《御覽》改「苦」為「共」之失，是剽竊駱瑞鶴的說法〔註118〕。

　　除上舉十證外，更舉一顯證，《校釋》第 244 頁云：「天海按：《意林》卷 1 引《管子》、《新語・無為篇》、《說苑・尊賢篇》、《論衡・書虛篇》等，皆言

〔註110〕劉師培《荀子斠補》，收入《劉申叔遺書》，江蘇古籍出版社 1997 年版，第 917 頁。

〔註111〕龍宇純《讀荀卿子三記》，收入《荀子論集》，第 262、319 頁。

〔註112〕梁啟雄《荀子簡釋》，中華書局 1983 年版，第 204 頁。董治安、鄭傑文《荀子彙校彙注》，收入《齊文化叢書（2）》，齊魯書社 1997 年版，第 501 頁。梁氏原文說「粥是鬻字之誤省」，王氏稍易其辭。

〔註113〕劉如瑛《荀子箋校商補》，收入《諸子箋校商補》，山東教育出版社 1995 年版，第 23 頁。

〔註114〕劉師培《荀子斠補》，收入《劉申叔遺書》，第 925 頁。

〔註115〕劉念親《〈荀子・正名篇〉詁釋》，《華國月刊》第 1 卷第 11 期，1924 年版，第 3 頁。王天海此篇別處注釋引過劉念親說，可證他是知道劉氏此文的。

〔註116〕盧文弨、謝墉《荀子》校本，收入《諸子百家叢書》，上海古籍出版社影印浙江書局本 1989 年版，第 134 頁。盧氏原文曰：「注『麗與儷同』，舊本脫『與儷』二字，今補。」王氏改作「麗同儷」耳。嚴元照云：「先生（引者按：指盧文弨）所校書，自付梓者，《逸周書》、《白虎通》等是也；它人出貲者，則不自署名。若《荀子》則嘉善謝，《呂覽》則鎮洋畢，《韓詩外傳》則武進趙，唯以書之流播為樂，不務以劉向、楊雄自詡也。」嚴元照曾向盧抱經問學，當知此事之原委，則謝墉校語實出自盧文弨之手也。嚴元照《又書盧抱經先生札記後》，收入《悔菴學文》卷 8，陸心源輯《湖州叢書》本。

〔註117〕于省吾《荀子新證》卷 3，收入《雙劍誃諸子新證》，中華書局 2009 年版，第 533 頁。

〔註118〕駱瑞鶴《荀子補正》，武漢大學出版社 1997 年版，第 166～167 頁。

及桓公淫其姑姊妹之事。」所引四書史實，皆鈔自魯實先說〔註119〕，《管子》見今《小匡篇》，魯實先未能檢得出處，從《意林》轉引，王天海也轉引，只是補出了《意林》見卷1，算有一點進步。

至可笑者，王天海指摘李滌生不指明出處，而自己卻又剽竊李滌生說，《校釋》第385頁說「備，滿也」云云，即是剽竊李氏的說法〔註120〕。更有甚者，王天海連王念孫的說法，也大膽地竊為己有，聊舉數例：①《王制篇》「詐故」一詞，王先謙指出參見《王霸篇》，在《王霸篇》的《集解》中引了王念孫的說法，王念孫的說法出自王引之《經義述聞》卷13〔註121〕，而在《荀子雜志》中沒有出現，《校釋》第417頁移花接木，引用其中一部分材料作為自己的按語。②《勸學篇》：「鍥而舍之，朽木不折；鍥而不舍，金石可鏤。」王念孫曰：「作『知』者原本，作『折』者後人依《荀子》改之也。《晉書·虞溥傳》：『剟而舍之，朽木不知。』所引即《大戴禮》文。『知』與『折』古字通。」〔註122〕王天海曰：「《晉書·虞溥傳》云云，亦本此文。」〔註123〕王天海不引王念孫說，而竊作己說。③《榮辱篇》：「陶誕突盜。」王天海曰：「突盜，欺詐掠奪。突，欺詐也。《廣雅》：『突，欺也。』王念孫《疏證》：『謂詐欺也。』楊注未得，他說皆未切。」〔註124〕考《廣雅》：「遁、詐、偽、突，欺也。」王念孫曰：「突者，《荀子·榮辱篇》云云。陶誕突盜，皆謂詐欺也。《賈子·時變篇》云：『欺突伯父。』」〔註125〕王念孫已把此篇的「突」訓作欺詐，王天海引王氏《疏證》，只引「謂詐欺也」四字，似乎此篇的「突」訓欺詐，是出於他的發明，而不忘批評天下人「他說皆未切」，欺天下人皆未讀《廣雅疏證》乎？④《校釋》第591～592頁引郝懿行說「險當為儉」，王

〔註119〕 魯實先《荀子札記》，《責善》半月刊，第1卷第23期，1941年版，第14頁。王天海是知道魯氏此文的，見《校釋》第1275頁附錄《〈荀子校釋〉引用及參攷文獻列目》第103種，可以排除暗合的可能性。

〔註120〕 李滌生《荀子集釋》，學生書局1979年版，第183頁。

〔註121〕 王先謙《荀子集解》，第227頁。王引之《經義述聞》卷13，江蘇古籍出版社1985年版，第303頁。

〔註122〕 王念孫說轉引自王引之《經義述聞》卷12，江蘇古籍出版社1985年版，第295頁。

〔註123〕 王天海《荀子校釋》，上海古籍出版社2005年版，第19頁。

〔註124〕 王天海《荀子校釋》，上海古籍出版社2005年版，第136頁。

〔註125〕 王念孫《廣雅疏證》，收入徐復主編《廣雅詁林》，江蘇古籍出版社1992年版，第184頁。

天海謂「郝說是，他說非」，而不引王念孫證成郝氏的說法〔註126〕，王天海的做法實是陰竊王念孫說而陽沒其名者也。

　　自盧文弨、王念孫而下，王天海無人不竊。吾讀古書三十年，也可不謂少矣，所見如此公然鈔襲者，亦已希矣！前幾年作敦煌變文校補，發現西南一個名滿天下的教授雖然徧鈔當代學者的成果，但也沒有敢鈔清代樸學家的說法，其視王天海又不如遠甚矣！洪亮吉詩云：「著書空費萬黃金，剽竊根源尚可尋。《呂覽》、《淮南》盡如此，兩家賓客太欺心。」〔註127〕梁啟超指出「正統派之學風」的特色之一是「凡採用舊說，必明引之，剿說，認為大不德」〔註128〕。前人目學者剽竊為大不德和欺心，深惡痛疾之矣！錢鍾書曰：「一切義理、考據，發為文章，莫不判有德、無德。寡聞匱陋而架空為高，成見恐破而詭辯護前，阿世譁眾而曲學違心，均文之不德、敗德；巧偷豪奪、粗作大賣、弄虛造偽之類，更鄶下無譏爾。黑格爾教生徒屢曰：『治學必先有真理之勇氣。』每歎茲言，堪箋文德。窮理盡事，引繩披根，逢怒不恤，改過勿憚，庶可語於真理之勇、文章之德已。」〔註129〕我相信，錢鍾書先生如見到王天海的《校釋》，必亦斥作「不德、敗德」，王氏其不善自為地乎？！黃侃先生說：「學問之道有五：一曰不欺人；一曰不知者不道；一曰不背所本（恪守師承，力求聞見）；一曰負責後世；一曰不竊。」〔註130〕於此五端，王天海都沒有做到。章太炎先生曾對黃侃說：「人輕著書，妄也；子重著書，吝也。妄，不智；吝，不仁。」〔註131〕吾於今又見一妄著書者矣！

　　徐復先生去世前一年給王天海《校釋》作《序》，稱此書「體大思精，鉅細無遺」，又云：「余閱其部分篇目，覺其體例妥善，勝義稠疊，允為荀學功臣，欽遲無已。」這是前輩學者厚道，是鼓勵的話，《校釋》一書絕非蘭陵功臣。徐復先生的弟子王繼如教授說：「徐老為許多後進者寫了序言，多事表

〔註126〕王念孫《荀子雜志》，收入《讀書雜志》卷11，中國書店1985年版，本卷第43頁。

〔註127〕洪亮吉《更生齋詩》卷8《讀史》，收入《續修四庫全書》第1468冊，上海古籍出版社2002年版，第197頁。

〔註128〕梁啟超《清代學術概論》，上海古籍出版社1998年版，第47頁。

〔註129〕錢鍾書《管錐編》，中華書局1986年版，第1506頁。

〔註130〕李慶富《蘄春黃先生雅言札記》，《制言》第41期，1937年版，本文第3頁。徐復《金陵大學憶舊》「不欺人」作「不欺我」，蓋誤記；收入《徐復語言文字學晚稿》，江蘇教育出版社2007年版，第465頁。

〔註131〕徐復《金陵大學憶舊》，第467頁。

彰，有的恐怕拔高了。這樣做是有其心曲的，因為研究古漢語是極其艱苦的工作，研究的人相當少，所得的待遇相當微薄，不得不多加鼓勵和獎掖……從言談中，我得知其心曲蓋如是。可見助人為樂也有其委曲呢。」〔註132〕我能體諒徐復先生晚年的心曲。荀子說：「以仁心說，以學心聽，以公心辨。」〔註133〕徐先生以仁心說之，吾則以公心辨之也。

吾通讀《校釋》一書，並盡可能參考所能見到的《荀》學論著，知其書妄也。《荀子》說「有之不如無之」〔註134〕，其此之謂乎！某名家推薦《校釋》列於《中華要籍集釋叢書》，可謂無識，實是糟蹋中華要籍之舉耳！《荀子校釋》不足取代《荀子集解》，二者完全不在同一層次。

本文修訂稿曾承龐光華教授審讀，謹致謝忱！

此文刊《學燈》第 2 輯，上海古籍出版社 2017 年出版，第 315～327 頁。

〔註132〕王繼如《心存三樂，學求通精──追思徐老》，紀念徐復先生誕辰一百週年學術研討會論文，2012 年南京師範大學，收入《古文獻研究集刊》第 7 輯，鳳凰出版社 2013 年版，第 35 頁。

〔註133〕《荀子・正名》。

〔註134〕《荀子・王霸》。

張覺《韓非子校疏》評論

　　《韓非子》20 卷 55 篇，舊題周・韓非撰，是先秦法家學說的集大成之作。

　　有清以還，學人整理研究《韓非子》者甚眾。今人張覺 1992 年出版《韓非子全譯》（貴

　　　　州人民出版社）。近年，張覺又著《韓非子校疏》，上海古籍出版社列於《中華要籍集釋叢書》，於 2010 年 3 月出版。一年後，知識產權出版社 2011 年又出版張氏《韓非子校疏析論》。經覆檢，2011 版中的「校疏」部分與 2010 版一書相同。《校疏》的疏語大多承襲《全譯》，十八年間，無大改進，其如太倉之粟，陳陳相因。

　　鑒於上海古籍出版社《中華要籍集釋叢書》的巨大影響，本文對《校疏》一書作評論。

　　一、《校疏》引錄了幾部不易見到的日本學者的意見，此其所長也。但也有遺漏，比如：芥煥彥章《校定韓非子》（延享三年，1746），片山格、朝州震《眉批乾道本韓非子》（弘化二年，1845），青山延壽《批校寬政刊趙本韓非子》（明治二十五，1893），池田四郎次郎《頭注韓非子定本》（大明堂書店 1931 年印行），依田利用《韓非子校注》〔註 1〕，岡本保孝《韓非子疏證》，宮內鹿

〔註 1〕　東北師範大學圖書館藏依田利用（1782～1851）《韓非子校注》，日本古典研究
　　　　會昭和五十五年（1980）影印本。其上有竹添光鴻（1842～1917）批語一千餘
　　　　條。關於依田利用《韓非子校注》的價值，趙成傑作《竹添光鴻批校本〈韓非
　　　　子校注〉評述》，發表於韓國《東亞文獻研究》第 10 期，2012 年 12 月出版，
　　　　第 115～125 頁。趙君此文當年發表前曾請我看過，時趙君在東北師範大學讀
　　　　碩士。後又見浙江傳媒學院宋神怡《〈韓非子校注〉考論》（《淮海工學院學報》
　　　　2014 年第 2 期，第 49～52 頁），二文材料、觀點一致，結構略有調整，不知

川《韓非子講義》，戶崎允明《讀韓非子補》，以上幾種張氏未曾參考徵引。

二、張氏失引有清以來許多學者的成果：①清人批校本：王念孫、黃丕烈、王允升、戈襄皆批校過明萬曆十年趙用賢《管韓合刻》本，王友光、唐岳皆批校過明萬曆間吳勉學刊《二十子全書》本，朱駿聲批校過明萬曆間黃之案刊《二十子》本，吳廣需批校過日本藏明刻本。

②《韓非子》專書或專篇研究成果，以《校疏》出版前十年即 2000 年為限，列舉其未能參考的重要論著如下：江有誥《韓非子韻讀》〔註 2〕，朱錫庚《韓非子校正》，陳澧《韓非子箋注》，王蘧常《韓非子要詮》〔註 3〕，李笠《〈韓非子集解〉校補》〔註 4〕，杜章符《韓非子札記》〔註 5〕，羅焌《韓子校注》〔註 6〕，蔣禮鴻《讀〈韓非子集解〉》、《讀〈韓非子集解〉之餘》、《讀〈韓非子〉小記》〔註 7〕，何善周《〈韓非子·說難篇〉約注》〔註 8〕，陳恩成《〈韓非子校釋〉讀後隨筆》〔註 9〕，王叔岷《韓非子斠證》、《說郛本〈韓非子〉斠記》〔註 10〕，周法高《〈韓非子·初見秦篇〉札記一則》〔註 11〕，龍宇純《〈韓非子集解〉補正（上、下）》〔註 12〕，趙海金《讀韓非子札記》、《韓非子覈詁》、

何故？

〔註 2〕 江有誥《韓非子韻讀》，《江氏音學十書·先秦韻讀》，收入《續修四庫全書》第 248 冊，上海古籍出版社 2002 年版，第 212～215 頁。

〔註 3〕 王蘧常《韓非子要詮》，民國二十五年排印本。

〔註 4〕 李笠《〈韓非子集解〉校補》，《廈大集美國專學生會季刊》第 1 期，1929 年版，第 1～4 頁。此文未完，至《十過篇第十》止，續篇吾未見。

〔註 5〕 杜章符《韓非子札記》，《華西學報》第 6、7 期合刊，1937 年版。

〔註 6〕 羅焌《韓子校注》，湖北詩詞叢書部 2000 年 5 月編印；又收入羅焌《經子叢考》，華東師範大學 2009 年版，第 52～163 頁。

〔註 7〕 蔣禮鴻《讀〈韓非子集解〉》、《讀〈韓非子集解〉之餘》，收入《蔣禮鴻集》第 4、3 卷，浙江教育出版社 2001 年版，第 169～204、第 292～332 頁。蔣禮鴻《讀〈韓非子〉小記》，《國師季刊》1940 年第 7～8 期合刊、第 9 期、第 10 期，前三期分別見第 108～110、71～74、87～92 頁，至《外儲說左上》止，尚有一篇吾未見，不知頁碼。《小記》一文《蔣禮鴻集》失收。今觀二文，互有異同，前者當是後者修訂本。

〔註 8〕 何善周《〈韓非子·說難篇〉約注》，《國文月刊》第 14 期，1942 年版，第 25～29 頁。

〔註 9〕 陳恩成《〈韓非子校釋〉讀後隨筆》，《政論週刊》第 178 期，1958 年版。

〔註 10〕 王叔岷《韓非子斠證》、《說郛本〈韓非子〉斠記》，收入《諸子斠證》，世界書局 1963 年版（中華書局 2007 年重印），第 261～325 頁。

〔註 11〕 周法高《〈韓非子·初見秦篇〉札記一則》，《大陸雜志》第 10 卷第 4 期，1955 年版，第 32 頁。

〔註 12〕 龍宇純《〈韓非子集解〉補正（上、下）》，《大陸雜志》第 13 卷第 2、3 期，

《韓非子叢詁（續）》〔註13〕，嚴靈峯《韓非子讀記》〔註14〕，王婉芳《〈韓非子〉通假文字音義商榷》〔註15〕，王初慶《讀〈韓非子〉雜記二則》、《〈韓非子·八經〉校箋（上、中）》〔註16〕，徐仁甫《韓非子辨正》〔註17〕，王懷成《〈韓非子〉之字詞解釋》〔註18〕，劉如瑛《韓非子箋校商補》〔註19〕，陳勁榛《〈史記·韓非傳〉所引〈韓子〉篇名之異文、異解及其相關問題》〔註20〕。

③有清以降的學術筆記中也有涉及《韓非子》者，張氏《校疏》未能注意者有：張文虎《舒藝室隨筆》〔註21〕，文廷式《純常子枝語》〔註22〕，蔣超伯《南漘楛語》〔註23〕，牟庭相《雪泥書屋雜志》〔註24〕，金其源《讀書管見》

1956 年版，第 40～45、91～97 頁。

〔註13〕趙海金《讀韓非子札記》、《續篇》、《續之一》、《續之二》、《續完》、《補遺》，原載《大陸雜志》第 29 卷第 12 期、第 31 卷第 8 期、第 32 卷第 1～3 期、第 32 卷第 7 期，收入《大陸雜志語文叢書》第 2 輯第 3 冊《校詁札記》，大陸雜志社編輯委員會編輯 1970 年版，第 406～435 頁。趙海金《韓非子叢詁》、《韓非子叢詁（續）》，《成功大學學報》1973 年第 8 期、1975 年第 10 期，第 97～136 頁、第 83～124 頁。《叢詁》至《說林下》止，《叢詁（續）》吾未見，不知頁碼。

〔註14〕嚴靈峯《韓非子讀記》，1977 年《諸子讀記》排印本。

〔註15〕王婉芳《〈韓非子〉通假文字音義商榷》，輔仁大學中國文學研究所 1985 年碩士論文。

〔註16〕王初慶《讀〈韓非子〉雜記二則》，《輔仁國文學報》第 4 集，1988 年版，第 103～120 頁。王初慶《〈韓非子·八經〉校箋（上）》，《輔仁國文學報》第 6 集，1990 年版，第 19～21 頁。王初慶《〈韓非子·八經〉校箋（中）》，《輔仁國文學報》第 12 集，1990 年版，第 1～10 頁。下篇吾未見。

〔註17〕徐仁甫《韓非子辨正》，收入《諸子辨正》，成都出版社 1993 年版，第 299～387 頁。

〔註18〕王懷成《〈韓非子〉之字詞解釋》，《黃埔學報》第 26 期，1993 年版，第 143～149 頁。

〔註19〕劉如瑛《韓非子箋校商補》，收入《諸子箋校商補》，山東教育出版社 1995 年版，第 197～243 頁。

〔註20〕陳勁榛《〈史記·韓非傳〉所引〈韓子〉篇名之異文、異解及其相關問題》，《中國文化大學中文學報》第 4 期，1998 年版，第 13～34 頁。

〔註21〕張文虎《舒藝室隨筆》卷 6，收入《續修四庫全書》第 1164 冊，上海古籍出版社 2002 年版，第 399～400 頁。

〔註22〕文廷式《純常子枝語》卷 16，收入《續修四庫全書》第 1165 冊，第 224～227 頁。

〔註23〕蔣超伯《南漘楛語》卷 8《讀韓非子》，收入《續修四庫全書》第 1161 冊，第 370～372 頁。

〔註24〕牟庭相《雪泥書屋雜志》卷 1、3、4，收入《續修四庫全書》第 1165 冊，上海古籍出版社 2002 年版，第 471～472、509、521 頁。

〔註25〕，阮廷焯《校書堂札迻》〔註26〕，陳直《讀子日札》〔註27〕。

三、書名《校疏》，張氏於異本異文校勘用力甚勤，此亦其所長也。《疏》則大多是僅僅簡單的列舉了別人的一些說法，根本沒有用力，或者沒有能力用力。書名《校疏》，名實不副。

張氏僅僅著意於刻本之異體字、俗譌字，沒有辨析異同判定正譌；又於人名、地名、國名、族名、官職名、歷史事件，則不嫌其煩，多所徵引，以示廣博，而於真正的疑難之處，則又放過；文字訓詁水準很是一般，實在是少有發明，其所出新見不逮陳奇猷氏《新校注》遠甚。

張氏於前人注語，往往未能讀懂，而又勇於自立新說。如：①《校疏》第313頁注「偏借其權勢」云：「偏，佐也，指君主身旁的輔佐大臣。」便是大錯。松皋圓曰：「偏借，言其專也。」〔註28〕《校注》：「偏，旁。」〔註29〕這些舊說都是對的。②《用人》：「故明主厲廉恥，招仁義。」陳奇猷、王煥鑣讀厲為勵，訓獎勵；尹桐陽解「厲」作「勉」，皆是也。張覺曰：「厲，尹桐陽解為『勉』，陳奇猷、《校注》等解為『勵』，恐不當。『厲』與『招』相對，當與『招』同義，應解為『舉』。《呂氏春秋·恃君》：『而厲人主之節也。』高注：『厲，高也。』《荀子·議兵篇》：『威厲而不試。』楊注：『厲，謂抗舉。』《廣雅》：『高、厲，上也。』王念孫《疏證》舉《淮南子·修務訓》『故君子厲節亢高以絕世俗』為例，皆可證此文『厲』字之義。」〔註30〕張氏不顧文義之不切，而妄立新說。「厲」無招舉義，張氏所舉例，「厲」皆高亢義。且「招」不訓舉，當讀為劭，亦厲（勵）也，勉也，此則諸家所未及。③《有度》：「屬（厲）官威民，退淫殆，止詐偽，莫如刑。」山仲質曰：「《論語》云：『鄭聲淫，佞人殆。』」《論語》見《衛靈公》，孔安國、皇侃解「殆」為「危殆」，於此文不切。張覺謂陳奇猷、《校注》等從高亨說讀殆為怠不當，

〔註25〕金其源《讀書管見·韓非子》，（上海）商務印書館1957年初版，第387～388頁。

〔註26〕阮廷焯《校書堂札迻·韓非子》，香港《聯合書院學報》第6期，1967年出版，第131～132頁。

〔註27〕陳直《讀子日札·韓非子》，收入《摹廬叢著七種》，齊魯書社1981年版，第68～82頁；又中華書局2008年版，第276～288頁。

〔註28〕松皋圓《定本韓非子纂聞》，昭和8年崇文院出版，收入《叢書集成續編》第40冊，新文豐出版公司1988年印行，第127頁。

〔註29〕南京大學《韓非子校注》，江蘇人民出版社1982年版，第160頁。

〔註30〕張覺《韓非子校疏》，第548頁。

《韓子》當是承用《論語》〔註31〕。高亨說是也。《周禮・天官・宮正》:「去其淫怠與其奇衺之民。」鄭玄注:「淫,放濫也。怠,解(懈)慢也。」「退淫殆」即「去其淫怠」也。《國語・齊語》:「無或淫怠而不聽治者!」亦其例。王念孫校《荀子・富國》「勤屬」曰:「『屬』或為『厲』。作『厲』者是也。厲,勉也。《治要》作『勤勵』。勵即厲之俗書,則本作『厲』明矣(《韓子・有度篇》『厲官威民』,《詭使篇》『上之所以立廉恥者,所以厲下也』,今本『厲』字並誤作『屬』)。」〔註32〕張覺曰:「『厲』通『勵』,勸勉,激勵。」張氏不引王說,竊作己說。

　　張覺指斥陳奇猷「不明古音」、「不明文理」、「穿鑿附會」、「不明古字通假」〔註33〕,自詡「時有發明」〔註34〕,而「立志創不朽之典」〔註35〕。張氏但知鈔撮日人著作,而於新出土的文獻以及學界的新成果,未能知聞。如:①《校疏》第 1148 頁取孫詒讓說,謂「有方」是「酋矛」之誤,張氏不知漢簡有多處記載了古兵器「有方」,其形制雖不可考,而其字決非誤文則可知也。陳直、裘錫圭、連劭名都提到流沙墜簡、居延漢簡有「有方」的記載〔註36〕,周家臺 30 號秦墓簡牘《病方及其他》亦有「燔劍若有方之端」的記載〔註37〕。這些秦漢竹簡,孫詒讓未曾得見,其疑有誤字,固不足怪也,而張氏作《校疏》時,流沙墜簡、居延漢簡已經出土半個世紀以上,周家臺秦簡也出土 10 多年,竟然不知不聞,還沿襲孫氏誤說,其不能與時俱進亦明矣。②《外儲說左下》:「墾草仞邑。」舊注:「仞,入也。」太田方曰:「仞,牣也,滿也。《管子》、《史記》並作『入』,舊說因訓入也。《戰國策》:

〔註31〕張覺《韓非子校疏》,第 108 頁。下同。

〔註32〕王念孫《荀子雜志》,收入《讀書雜志》卷 11,中國書店 1985 年版,本卷第 16 頁。

〔註33〕張覺《韓非子校疏》第 125 頁注(8)、第 133 頁注(2)、第 191 頁注(6)。

〔註34〕張覺《現代〈韓非子〉研究述評》,《傳統中國研究集刊》第 9、10 合輯,上海人民出版社 2012 年版,第 661 頁。

〔註35〕張覺《韓非子校疏・後記》,第 1079 頁。

〔註36〕陳直《讀子日札・韓非子》,中華書局 2008 年版,第 286 頁。裘錫圭《考古發現的秦漢文字資料對於校讀古籍的重要性》,《中國社會科學》1980 年第 5 期,第 19 頁;收入《古代文史研究新探》,江蘇古籍出版社 1992 年版,第 26 頁;又收入《裘錫圭學術文集》卷 4,復旦大學出版社 2012 年版,第 365~366 頁。連劭名《居延漢簡中的「有方」》,《考古》1987 年第 11 期,第 1009~1010 頁。

〔註37〕《關沮秦漢墓簡牘》,中華書局 2001 年版,第 129 頁。

『墾草剏邑。』注：『剏，造也。』義亦通。剏音創。」〔註38〕張覺曰：「既然《戰國策》有『墾草剏邑』之語，從戰國時代的語言習慣來說，此文之『仭』當為『剏』之形誤，『剏』同『創』。把『仭』解為『入』或看作為『牣』的通假字，雖然也通，恐不當。」〔註39〕張氏未知新出土的文獻，其說採擇不當，且謂「仭為剏形誤」亦是竊自俞樾、許維遹、郭沫若說〔註40〕。太田方「仭，牣也，滿也」之說是也，王念孫曰：「仭，充滿也。」〔註41〕楊樹達亦讀仭為牣〔註42〕。睡虎地秦簡《為吏之道》「仭」作「人」，銀雀山漢簡《王法》作「仁」，《管子·小匡》、《史記·蔡澤傳》作「入」，《戰國策·秦策三》、《新序·雜事四》作「剏」，《呂氏春秋·勿躬》作「大」。裘錫圭謂「剏」乃「仭」之誤，「入」、「大」為「人」之誤，「仭」、「人」、「仁」並讀為牣〔註43〕。裘說皆是也，張氏未知其說。

有點難度的訓詁音韻問題，張氏亦「不明古字通假」，多亂說一通，下面聊舉十例，以見張氏之疏失：①《揚權》：「動之溶之，無為而改之。」俞樾讀溶為搈，羅焌說同〔註44〕，王先慎、陶鴻慶、劉文典皆從俞說〔註45〕，是也。《廣雅》：「搈，動也。」王念孫曰：「《說文》：『搈，動搈也。』《楚辭·九章》云：『悲秋風之動容兮。』《韓子·揚榷篇》云：『動之溶之。』溶、搈、

〔註38〕太田方《韓非子翼毳》，中西書局 2014 年版，第 488 頁。

〔註39〕張覺《韓非子校疏·後記》，上海古籍出版社 2010 年版，第 804～805 頁。

〔註40〕參見俞樾《韓非子平議》，收入《諸子平議》卷 21，上海書店 1988 年版，第 427～428 頁。又參見郭沫若、聞一多、許維遹《管子集校》，科學出版社 1956 年版，第 372 頁。

〔註41〕王念孫有《韓非子》批校本，現藏中國國家圖書館，其說轉引自張錦少《王念孫〈韓非子〉校本研究》，收入《王念孫古籍校本研究》，上海古籍出版社 2014 年版，第 322 頁。

〔註42〕楊樹達《積微居讀書記·韓非子（續）》，《北平北海圖書館月刊》第 2 卷第 2 號，1929 年出版，第 124 頁。

〔註43〕裘錫圭《考古發現的秦漢文字資料對於校讀古籍的重要性》，原刊於《中國社會科學》1980 年第 5 期，第 22～23 頁；收入《裘錫圭學術文集》卷 4，復旦大學出版社 2012 年版，第 370～371 頁。

〔註44〕俞樾《韓非子平議》，收入《諸子平議》卷 21，上海書店 1988 年版，第 414 頁。羅焌《韓子校注》，收入《經子叢考》，華東師範大學 2009 年版，第 73 頁。

〔註45〕王先慎《韓非子集解》，中華書局 1998 年版，第 47 頁。陶鴻慶《讀韓非子札記》，收入《讀諸子札記》，浙江人民出版社 1998 年版，第 342 頁。劉文典《韓非子簡端記》，收入《三餘札記》卷 2，《劉文典全集（3）》，北京師範大學出版社、安徽大學出版社 2013 年版，第 412 頁。

容並通。」〔註46〕此即俞說、羅說所本。張覺謂俞說不當，「動溶」即「動泄」，「溶」是從容閒暇之意〔註47〕。王念孫、俞樾等說是也，張氏不能判斷，所出新說毫無根據，於文義亦不通。「動溶」不是「動泄」，且《韓子》上文「根幹不革，則動泄不失矣」，動泄指陰陽之氣發動而泄出。《通典》卷78引《五經通義》：「以冬至陽氣萌生，陰陽交精，始成萬物，氣微在下，不可動泄。王者承天理物，故率先天下靜而不擾也。」是其證也。張覺曰：「《方言》卷10：『戲泄，歇也，楚謂之戲泄、奄息也，楚揚謂之泄。』『動泄』即『動歇』，等於說『動靜』、『舉止』。」〔註48〕《方言》當點作：「戲、泄，歇也，楚謂之戲、泄。奄，息也，楚、揚謂之泄。」張氏亂點一通。《廣韻》：「戲，歇也。」又「泄，歇也，又作洩。」《後漢書·班固傳》《東都賦》：「士怒未泄。」李賢注引《方言》：「泄，歇也。」《文選·赭白馬賦》：「踠跡迴唐，畜怒未洩。」李善注引《方言》：「洩，歇也。」又引《東都賦》作「士怒未洩」。《文選·七啟》：「於是為歡未渫，白日西頹。」李善注引《方言》：「渫，歇也。」又引《東都賦》作「士怒未渫」。「渫」、「洩」、「泄」字同，可知《方言》當點作「戲、泄，歇也」，是指「戲」、「泄」二字都訓作歇。又考《說文》：「歇，一曰氣越泄。」泄、歇互訓，「歇」指氣體泄出。張氏不知，居然理解成「靜止」之義，其小學水準，從可知矣。②《十過》：「師曠曰：『此所謂清商也。』」張覺曰：「『清』當與『變』區別而言，是純正的意思。」〔註49〕張氏臆說無據。「清」謂絃急而其聲清厲、悲涼。《方言》卷12：「清，急也。」又「激，清也。」「清」之言清厲，故為疾激貌〔註50〕。《文選·南都賦》李善注引《淮南子》許慎注：「清角，絃急，其聲清也。」（引者按：見《淮南子·俶真篇》）聲清則絃急，水清則流急，其義一也。③《喻老》：「倒杖而策銳貫頤（頤）。」《御覽》卷368引作「錣貫頤」，《淮南子·道應篇》作「錣上貫頤」。張覺曰：「『銳』即鋒芒，此指錣。」〔註51〕其說雖是，然未達聲音

〔註46〕王念孫《廣雅疏證》，收入徐復主編《廣雅詁林》，江蘇古籍出版社1992年版，第97頁。

〔註47〕張覺《韓非子校疏》，上海古籍出版社2010年版，第138～139頁。

〔註48〕張覺《韓非子校疏》，上海古籍出版社2010年版，第138頁。

〔註49〕張覺《韓非子校疏》，上海古籍出版社2010年版，第184頁。

〔註50〕參見蕭旭《〈玉篇〉「洌，清洌」疏證》，《傳統中國研究集刊》第9、10合輯，上海人民出版社2012年3月出版，第272～275頁。

〔註51〕張覺《韓非子校疏》，上海古籍出版社2010年版，第442頁。

通借之指，未達一間。銳、鈗，並讀為筊，楊樹達校此文即曰：「此『銳』字假為『筊』。《說文》：『筊，羊車騎箠也，箸箴其耑，長半分。』字又作錣，故《淮南》作『錣』。筊、銳、錣古音並同，故得通用。」〔註52〕楊說是也。《集韻》：「筊，或作錣。」段玉裁曰：「筊，《淮南·道應訓》字作『錣』，高曰：『策，馬箠，端有鐵以刺馬謂之錣。』『錣』與『筊』音義皆同。」〔註53〕俗字亦作鈉、鋊，《玉篇》：「鋊，銳鋊。」《集韻》：「錣，策耑有鐵，或作鋊。」《廣韻》：「鈉，銳鈉。」字亦作剢，《說文》：「楈，箠也，一曰剢也。」「剢」當作「錣」〔註54〕，《說文》二訓，只是一義，「剢」指馬箠（即馬策）頭端的鐵針。「楈」是「箠」音轉，擊也，用為名詞，故馬箠謂之楈也。④《說林上》：「而越人被髮。」張覺曰：「被，通『披』，分散。被髮：散髮，指不紮髮髻。」〔註55〕張說非也，古籍無「越人被髮」的記載，《說苑·反質》作「剪髮」，《莊子·逍遙遊》：「越人斷髮文身。」與本書說的是同一事。「被」當作「祝」，斷也，與「剪」義同〔註56〕。《金樓子·立言下》亦誤作「被髮」。⑤《說林下》：「鳥有翢翢者，重首而屈尾，將欲飲於河則必顛，乃銜其羽而飲之。」張覺曰：「尹桐陽曰：『翢，倒也。翢者，以其頭重，飲河而易致身倒耳。』覺按：古代『周』讀若『雕』，與『倒』讀音相近。『翢翢』這一鳥名蓋取義於其容易顛倒。」〔註57〕其說非也。《文選·詠懷詩》：「周周尚銜羽。」李善注引此文作「周周」。李善注蓋改字以從正文，非《韓子》原文即作「周周」也。顧廣圻曰：「『翢』、『周』同字。《集韻》又云『翢，弱羽者』，即此。」〔註58〕《御覽》卷928引《莊子》：「周周銜羽以濟河。」屈尾，猶言短尾。尾短，其身體不稱，則頭重，故云「重首而屈尾」。鳥名「翢翢（周周）」者，從羽周聲，當取義於短尾。周聲、刀聲古音相轉，無緣之衣（即短衣）謂之禂，短尾之犬謂之猺、猲，無緣之斗謂之刁，短尾之鳥謂之翢（翢、周），其

〔註52〕 楊樹達《積微居讀書記·韓非子（續）》，《北平北海圖書館月刊》第2卷第2號，1929年出版，第119頁。

〔註53〕 段玉裁《說文解字注》，上海古籍出版社1981年版，第196頁。

〔註54〕 參見桂馥說，王筠從之。桂馥《說文解字義證》，王筠《說文解字句讀》，收入丁福保《說文解字詁林》，中華書局1988年版，第6117～6118頁。

〔註55〕 張覺《韓非子校疏》，上海古籍出版社2010年版，第478頁。

〔註56〕 參見蕭旭《淮南子校補》，花木蘭文化出版社2014年版，第20～21頁。

〔註57〕 張覺《韓非子校疏》，上海古籍出版社2010年版，第489頁。

〔註58〕 顧廣圻《韓非子識誤》卷中，收入《諸子百家叢書》，上海古籍出版社影印浙江書局本1989年版，第178頁。

義一也。小車謂之輗，小船謂之舠、舩、船、刀，小魚謂之鯛、鮋，小兒留髮謂之鬐、髫，亦皆取短義。⑥《大體》：「不吹毛而求小疵，不洗垢而察難知。」張覺曰：「比喻深入地去瞭解深奧隱微的事理，近於現在所說的『打破砂鍋問到底』。」〔註59〕張氏全未得《韓子》之指。《韓子》二句是說不可刻意去挑剔小毛病，絕不是深入了解的意思。《後漢書·趙壹傳》《刺世疾邪賦》：「所好則鑽皮出其毛羽，所惡則洗垢求其瘢痕。」《劉子·傷讒》：「是以洗垢求痕，吹毛覓瑕。」《新唐書·魏徵傳》：「好則鑽皮出羽，惡則洗垢索瘢。」《寒山詩》：「銓曹被拗折，洗垢覓瘡瘢。」皆本於《韓子》，其誼相同。⑦《外儲說右下》：「延陵卓子乘蒼龍挑文之乘。」下文「挑文」作「翟文」。張覺曰：「兩處文字不同，不必同解。此文之『挑』可看作『桃』的通假字，下節之『翟』可依其本義解之。」〔註60〕此句兩處文字明明僅「挑」、「翟」二字相異，張氏未達通借，偏要斷為二橛，其說非也。《御覽》卷746引作「桃文」。桃、挑，讀為盜，指盜色，亦即竊色，言顏色相雜，即淺色者也。桃音轉作翟，增旁字作繇，指不青不黃的淺綠色。「桃文之乘」指黃白相雜的毛色的馬，亦即斑駁色之馬，專字作「駣」〔註61〕。⑧《難二》：「賓胥無善削縫。」削縫，《新序·雜事四》同，天明刊本《治要》卷42引《新序》作「削齊」；古鈔本《治要》引作「削齊」，「齊」字旁注「縫」。阜陽漢簡《春秋事語》作「削齊」。高亨曰：「削亦縫也。」王煥鑣說同〔註62〕，其說皆本於王引之。《荀子·臣道》：「事暴君者，有補削，無橋拂。」王引之曰：「削者縫也。《韓子·難篇》曰：『管仲善制割，賓胥無善削縫，隰朋善純緣。』《呂氏春秋·行論篇》曰：『莊王方削袂。』《燕策》曰：『身自削甲札，妻自組甲絣。』蓋古者謂縫為削，而後世小學書皆無此訓，失其傳久矣。」〔註63〕楊樹達曰：「長沙謂縫衣如峭之平聲，云『補補峭峭』，久疑不知當作何字。近讀《荀子》，王引之云云。按：王氏發明削有縫義，石破天驚，精當無比。余因悟『補峭』

〔註59〕張覺《韓非子校疏》，上海古籍出版社2010年版，第561頁。
〔註60〕張覺《韓非子校疏》，上海古籍出版社2010年版，第928頁。
〔註61〕參見蕭旭「桃華馬」名義考》，《中國文字研究》第22輯，2015年12月出版，第187～191頁。
〔註62〕高亨《韓非子新箋》，收入《諸子新箋》，《高亨著作集林》第6卷，清華大學出版社2004年版，第222頁。王煥鑣《韓非子選》，上海人民出版社1974年版，第156頁。
〔註63〕王引之說見王念孫《荀子雜志》，收入《讀書雜志》卷11，中國書店1985年版，本卷第39頁。

當作『補削』字，蓋古音讀削如峭。」〔註64〕姜亮夫指出「楊說極允」，又云：「削，音如『巧』陰平。昭人謂縫衣履邊緣細斜平比曰削。」〔註65〕蔣禮鴻亦援王說〔註66〕。王引之說是也，而猶未盡。「削」謂繫連，指縫合。字亦作縩，《廣雅》：「縩、緎、紩，索也。」曹憲縩音朔。是「縩」、「緎」與「紩」同義，謂繩索，以繩索繫連之亦謂之縩、緎、紩。《說文》：「紩，縫也。」《玉篇殘卷》：「縩，山卓反。《埤蒼》：『縩，緎也。』」字亦作絜，《玉篇》：「絜，封也。」謂縫合之。字亦作綃，王念孫曰：「『綃』與『縩』同義，《文選·海賦》：『維長綃，掛帆席。』張銑注云：『綃，連帆繩也。』義與『縩』亦相近。」〔註67〕字亦作縘，《集韻》、《類篇》並云：「縩，緎也，或書作縘。」張覺曰：「《漢書·司馬相如傳》『揚袘戌削』注引張揖曰：『削，衣刻除貌。』此文『削』指修剪衣服。王引之、高亨說恐不當。」〔註68〕張覺所說，所謂以不狂為狂也。至引《漢書》張揖注，亦是不解其義，亂引一通。彼文「戌削」訓衣刻除貌（今本脫「戌」字），「削」是削殺、降殺之義。《文選》李善注引張揖注作「戌削，裁制貌也」。⑨《八經》：「脫易不自神曰彈威，其患賊夫酖毒之亂起。」張覺引《周禮·考工記》「凡兵，句兵欲無彈」鄭司農注「彈，謂掉也」，解為「丟掉」〔註69〕。張氏沒有讀懂鄭注，以今義釋古義。鄭司農說的「掉」，就是《左傳》「尾大不掉」的「掉」，搖動之義。惠士奇曰：「僤者，動也。先鄭讀僤為彈掉之彈，亦取動意，當依《說文》作『僤』。」〔註70〕王先謙曰：「『彈』疑『彈』，形近而誤。脫易不自神，則威竭盡於外。」〔註71〕王氏得其誼，但二字古通，不必視為誤字。⑩《顯學》：「夫嬰兒不剔首則腹痛。」

〔註64〕楊樹達《積微居小學金石論叢》卷4《長沙方言續考》，上海古籍出版社2007年版，第277頁。

〔註65〕姜亮夫《昭通方言疏證》，收入《姜亮夫全集》卷16，雲南人民出版社2002年版，第326頁。

〔註66〕蔣禮鴻《讀〈韓非子集解〉之餘》，收入《蔣禮鴻集》第3卷，浙江教育出版社2001年版，第315頁。

〔註67〕王念孫《廣雅疏證》，收入徐復主編《廣雅詁林》，江蘇古籍出版社1992年版，第599頁。

〔註68〕張覺《韓非子校疏》，上海古籍出版社2010年版，第967頁。

〔註69〕張覺《韓非子校疏》第1174頁但引鄭注，無申說；他的《韓非子全譯》第1008頁解為「丟掉」。

〔註70〕惠士奇《禮說》卷14，收入《叢書集成三編》第24冊，新文豐出版公司1997年版，第461頁。

〔註71〕王先謙說轉引自王先慎《韓非子集解》，中華書局1998年版，第435頁。

張覺從王先慎說改「腹」作「復」，又云：「剔，剔除，指割除病灶。」〔註72〕
其說皆誤。松皋圓曰：「『剔』、『髭』同，剃髮也。《楚辭》：『接輿髡首兮。』
注：『髡，剔也。』《周禮》鄭注：『雉讀如髭小兒頭之髭。』」〔註73〕陳直讀
剔為髭〔註74〕。剔，讀為髭，亦省作髭，字亦作髭，俗字作剃。剔首，猶言
剃頭髮，今吳俗猶稱「理髮」作「剃頭」。《說文》：「髭，髭髮也。」髭、髭
一音之轉。段玉裁曰：「《大玄・增》次八：『兼貝以役，往益來髭。』《釋文》
云：『髭，以刀出髮也。』《司馬遷傳》：『髡毛髮嬰金鐵受辱。』《文選》作『剔
毛髮』。韓非曰：『嬰兒不剔首則腹痛。』《莊子・馬蹄》：『燒之剔之。』剔皆
髭之省也。」〔註75〕《說文》：「髭，髭髮也。大人曰髡，小兒曰髭，盡及身
毛曰髭。」段玉裁曰：「髭，俗作剃。《周禮・雉氏》注曰：『雉讀如髭小兒頭
之髭。』韓非曰：『嬰兒不剔首則腹痛。』剔亦髭也。蓋自古小兒髭髮。」王
筠亦引鄭注及《韓子》以證《說文》之誼，又云：「剔亦髭之省也。」〔註76〕
張氏曾不讀段注乎？

　　四、張覺曾著文指出陳奇猷「欺世盜名」、「走便宜的路」，剽竊陳啟天和
他本人的說法，斥之曰「有背治學之正道」〔註77〕；張氏《校疏》第967頁又
指斥高亨剽竊王引之說（即上文所引「削亦縫也」之說）。張氏所言固皆是事
實，我讀高亨著作多種，覺得高氏學風嚴謹，於清人成果，皆引用之，此條或
者偶然失記出處耳。陳啟天（1893～1984）1925年加入中國青年黨，1930年
創辦《鏟共》半月刊，組織「反共救民會」，1949年4月隨國民黨去臺灣，1950
年創辦《新中國評論》，鼓吹「反共復國」，1969年夏當選為中國青年黨主席，
1971年3月任「光復大陸設計研究委員會」副主任委員，是個反共老手。陳
奇猷《韓非子集釋》、《韓非子集釋補》由中華書局上海編輯所分別於1958年、

〔註72〕張覺《韓非子校疏》，上海古籍出版社2010年版，第1257頁。
〔註73〕松皋圓《定本韓非子纂聞》，第285頁。
〔註74〕陳直《讀子日札・韓非子》，中華書局2008年版，第287頁。
〔註75〕段玉裁《說文解字注》，上海古籍出版社1981年版，第428頁。
〔註76〕段玉裁《說文解字注》，上海古籍出版社1981年版，第429頁。王筠《說文
　　　　解字句讀》，中華書局1988年版，第339頁。
〔註77〕張覺《校疏》第130頁注（11）、第907頁注（5）；張覺《陳奇猷〈韓非子新
　　　　校注〉偽校偽注初揭》，《中國文化研究》2005年春之卷，第131～141頁；張
　　　　覺《現代〈韓非子〉研究述評》，《傳統中國研究集刊》第9、10合輯，上海人
　　　　民出版社2012年版，第657～660頁。張氏揭發陳氏的內容，二文所用材料
　　　　大同，不知有何必要重複發表？

1961 年出版，在當時歷史形勢下，陳奇猷為在政治上保護自己，必定不能在著作中出現「陳啟天」的名字（2015 年夏我在復旦大學參加學術會議，曾聽李銳說過這個觀點）。陳啟天的《韓非子校釋》，創見不多，學識也只尋常，陳奇猷如欲剽竊學者的研究成果，為何獨獨剽竊陳啟天一個人的說法？王繼如教授跟我說過一件事：程千帆 1979 年到南京大學工作，來南京師範大學給我們講校讎學，舉了《聊齋志異》的例子，我們覺得很好，後來我查了書，原來是胡適《論學近著》中的例子，但這不能說程千帆講課剽竊胡適，只能說是當時情況下，還不能提胡適。這應當與陳奇猷的情況相仿佛。陳奇猷晚年修訂《集釋》，上海古籍出版社 2000 年出版《韓非子新校注》，其中還沒有標示陳啟天的說法，可能是陳奇猷晚年精力不濟，不能逐條檢核而付之闕如的緣故。所以，我認為說陳奇猷剽竊陳啟天，這個說法並不成立。陳奇猷留下的這個缺憾，竟然給了張覺攻擊的藉口，令人唏噓不已。至於張覺說陳奇猷剽竊過他本人的說法，陳氏已逝，這只是張氏的一面之辭，因為陳、張曾合作出版過《韓非子導讀》（巴蜀書社 1990 年版），我不知誰氏襲誰。

張覺于申證前說或駁正誤說，每以「覺按」標示，似出於創見。而覆按前人著作，張覺著書，亦多所鈔撮。最有趣者，張覺指斥陳奇猷剽竊陳啟天說，高亨剽竊王引之說，我卻發現張覺本人剽竊高亨、陳啟天、陳奇猷說，證據如下：①《解老》：「諸夫飾智故以至於傷國者。」《校疏》第 406 頁：「覺按：《淮南子·原道訓》：『不設智故。』高注：『智故，巧飾也。』又《覽冥訓》：『道德上通而智故消滅也。』高注：『智故，巧詐。』」高亨曰：「智故，智巧也。（高氏舉例甚多，此略）」〔註78〕張氏改換了例句，而觀點不變，此是張氏剽竊高亨說。②《校疏》第 76 頁「覺按：『習』通『襲』」，這是張氏剽竊陳啟天的說法（還有例子，另詳下文）〔註79〕。③《說林下》：「物之幾者，非所靡也。」《校疏》第 503 頁：「《爾雅》：『幾，危也。』」《解老》：「而萬害有原。」《校疏》第 399 頁：「『原』是『源』的古字。」《難三》：「死君後（復）生，臣不愧而後為貞。」舊注：「不皆死，然後為貞。」《校疏》第 993 頁：「注『不皆』當作『不愧』。」這三例是張氏剽竊陳奇猷的說法〔註80〕，

〔註78〕高亨《韓非子新箋》，收入《諸子新箋》，齊魯書社 1980 年版，第 213～214頁。

〔註79〕陳啟天《增訂韓非子校釋》，臺灣商務印書館 1994 年版，第 689 頁。

〔註80〕陳奇猷《韓非子集釋》，中華書局 1958 年版，第 374、464、849 頁。

而不知陳氏改「皆」作「愧」非是〔註81〕。

　　此外，張覺剽竊舊說甚多，列舉數證如下：①《解老》：「上德不德，言其神不淫於外也。神不淫於外，則身全。」《校疏》第351頁：「《廣雅》曰：『淫，游也。』」《文選・長門賦》：「神悅悅而外淫。」李善注：「《韓子》曰：『神不淫放，則身全。』《廣雅》曰：『淫，游也。』」此是張氏竊取李善說。②《十過》：「楚王因發車騎陳之下路。」《校疏》第208頁：「下路，《戰國縱橫家書》作『夏路』，『下』與『夏』音同相通。」此說竊自帛書整理者〔註82〕。③《難一》：「桓公不能領臣主之理而禮刑戮之人。」《校疏》第951頁：「《禮記・樂記》：『領父子君臣之節。』注：『領，猶理治也。』」這是剽竊太田方的說法〔註83〕。④《校疏》第114頁讀「擁」為「壅」，第275頁謂「不義，不適宜」，第663頁「跪，足也」，第740頁讀「捲」為「桊」，這都是剽竊松皋圓的說法〔註84〕。⑤《大體》：「心不地則物不畢載。」《校疏》第565頁：「畢，七本均作『必』，此依《治要》卷40引文改。」《內儲說上》：「袴之與嚬笑相去遠矣。」《校疏》第615頁：「相去，此依《御覽》卷392引文補。」這二例增字改字都是剽竊王先慎的說法〔註85〕。⑥《校疏》第99頁引《左傳》孔疏解「委質」，以駁陳啟天說；第116頁謂「貞，當也」，以駁舊說；第118頁謂「外」字不當刪，第512頁謂「『從』字當解為『逐』、『追擊』」，這都是剽竊王煥鑣的說法〔註86〕。⑦《校疏》第176頁謂「利，貪也」，這是剽竊梁啟雄的說法〔註87〕。⑧《校疏》第666頁引《爾雅》「已，此也」解「已」作「此」，這是剽竊陶鴻慶的說法〔註88〕。⑨《校疏》第179頁謂「中射」官名取義於善射，這是剽竊孫詒讓的說法〔註89〕；而張君卻不知于省吾

〔註81〕王念孫改「皆」作「背」，是也。王念孫有《韓非子》批校本，現藏中國國家圖書館，其說轉引自張錦少《王念孫〈韓非子〉校本研究》，收入《王念孫古籍校本研究》，上海古籍出版社2014年版，第305頁。
〔註82〕《馬王堆漢墓帛書〔叁〕》，文物出版社1983年版，第76頁。
〔註83〕太田方《韓非子翼毳》，中西書局2014年版，第572頁。
〔註84〕松皋圓《定本韓非子纂聞》，第92、121、183、197頁。
〔註85〕王先慎《韓非子集解》，中華書局1998年版，第210、232頁。
〔註86〕王煥鑣《韓非子選》，上海人民出版社1974年版，第87、95、96、252頁。
〔註87〕梁啟雄《韓子淺解》，中華書局2009年第2版，第67頁。此書第1版中華書局1960年出版，吾未見，不知頁碼。梁啟雄於1965年去世，不可能有修訂。
〔註88〕陶鴻慶《讀〈韓非子〉札記》，收入《讀諸子札記》，中華書局1959年版，第369頁。
〔註89〕孫詒讓《韓非子札迻》，收入《札迻》卷7，中華書局1989年版，第206～216頁。

曾引用過吳北江（闓生）的意見駁斥過孫詒讓說〔註 90〕。

　　有的地方，張覺略作增補改換材料，但剽竊之跡仍然明顯，例如：①《外儲說右上》：「四者加焉不變，則其除之。」《校疏》第 830 頁：「其，命令副詞，猶『當』，參見《詞詮》。」《校注》：「其，當。」〔註 91〕《心度》：「能越力於地者富，能起力於敵者強。」《校疏》第 1293 頁：「《淮南子·俶真訓》高注：『越，揚也。』」《校注》：「越，發揚，發揮。」〔註 92〕此二例乃竊取《校注》說。②《內儲說下》：「因患申生於君而殺之。」《校疏》第 675 頁：「覺按：《廣雅》：『患，惡也。』」陳啟天引《廣韻》「患，惡也」〔註 93〕，張氏玩弄小伎倆，僅改書證《廣韻》作《廣雅》耳。《外儲說右上》：「已自謂以為世之賢士而不為主用。」《校疏》第 842 頁：「《爾雅》：『已，此也。』」陳啟天曰：「已自謂云云，猶言此自謂云云也。」〔註 94〕張氏只是補引了書證，觀點仍是竊自陳啟天。③《八經》：「任吏責臣，主母不放。」《校疏》第 1172 頁：「『放』當解為『淫放』、『放蕩』。」松皋圓解淫為淫放〔註 95〕。《解老》：「是黑牛也而白題。」《校疏》第 363 頁：「《說文》：『題，額也。』『額』字條徐鉉注：『今俗作額。』」松皋圓曰：「題，額也。」〔註 96〕張氏改俗字作正字。《解老》：「嬰眾人之心。」《校疏》第 363 頁：「覺按：『嬰』通『攖』，它的用法與《莊子·在宥》『昔者黃帝始以仁義攖人之心』的『攖』相同。」松皋圓曰：「『嬰』、『攖』同，《莊子》：『汝慎勿攖人心。』」〔註 97〕張氏改換了例句，而觀點不變，仍是剽竊松皋圓說。④《內儲說下》：「范蠡、大夫種曰：『不可。昔天以越與吳，吳不受，今天反夫差，亦天禍也。』」《校疏》第 659 頁：「此文『反』指報復。」物双松曰：「反，報也。」〔註 98〕此是張氏剽竊

〔註 90〕于省吾《韓非子新證》，收入《雙劍誃諸子新證》，上海書店 1999 年版，第 365 頁。吳北江說見《〈韓非子〉疑義考》，《雅言》1941 年第 1 卷，第 16 頁。吳闓生《〈韓非子〉疑義考》，北平《正風》第 3 卷第 9 期（1936 年），吾未見此文，不知是否相同。

〔註 91〕南京大學《韓非子校注》，江蘇人民出版社 1982 年版，第 437 頁。

〔註 92〕南京大學《韓非子校注》，江蘇人民出版社 1982 年版，第 715 頁。

〔註 93〕陳啟天《增訂韓非子校釋》，臺灣商務印書館 1994 年版，第 454 頁。

〔註 94〕陳啟天《增訂韓非子校釋》，臺灣商務印書館 1994 年版，第 566 頁。

〔註 95〕松皋圓《定本韓非子纂聞》，第 269 頁。

〔註 96〕松皋圓《定本韓非子纂聞》，第 135 頁。

〔註 97〕松皋圓《定本韓非子纂聞》，第 135 頁。

〔註 98〕物双松說轉引自松皋圓《定本韓非子纂聞》，第 183 頁。

物說。⑤《功名》：「故立尺材於高山之上，則臨十仞之谿，材非長也，位高也。」《校疏》第 557 頁：「《荀子‧勸學篇》：『西方有木焉，名曰射干，莖長四寸，生於高山之上，而臨百仞之淵，木莖非能長也，所立者然也。』韓非此文源於師說。」此是張氏剽竊山仲質說〔註 99〕。⑥《難勢》：「夫擇賢而專任勢，足以為治乎，則吾未得見也。」張覺曰：「擇，通『釋』。《墨子‧節葬下》：『操而不擇。』《墨子‧經說上》：『取此擇彼。』皆以『擇』為『釋』之例。前人不明古人用字之例而改將此『擇』字改為『釋』，不當。」〔註 100〕所舉《墨子》二例，畢沅《墨子校注》、孫詒讓《墨子閒詁》早指出「擇讀為釋」〔註 101〕，王念孫亦指出「操而不擇」之擇讀為釋〔註 102〕，而張氏不引畢、孫、王說，欺天下學人都未曾讀過王念孫、孫詒讓之書乎？⑦《問田》：「令陽成義渠，明將也，而措於毛伯。」陳啟天據顧廣圻、王先慎、太田方說，校「毛」作「屯」〔註 103〕，張覺只引顧、王說，不引太田方說，而把太田方所引的二條證據《商子》、《古今注》以「覺按」列出〔註 104〕，竊書至有如此者乎！⑧《外儲說左上》：「故人曰：『諾，今返而御。』」陳奇猷曰：「御，謂進食也。食、御二字古本同音。」洪誠《訓詁雜議》指出陳氏「這個說法很奇怪」〔註 105〕，張覺也指出陳說「顯屬謬誤」，論證相同〔註 106〕。張君1977 年考入南京大學，南大洪誠先生的著作想必應當是讀過的，但卻沒有引用洪說，何耶？洪誠此文總共只舉了三例說明陳奇猷的疏失，而張覺就襲取其中一例，竟隱沒他本校著名教授的名字，這不正是他自己說的「有背治學之正道」嗎？我只是舉例性質，沒有全面普查張覺剽竊的所有用例。做學問跟做人一樣，應當老老實實，張氏應當把自己剽竊別人的地方全部改過，才不枉一個學人的本色。

〔註 99〕 山仲質說轉引自松皋圓《定本韓非子纂聞》，第 167 頁。
〔註 100〕 張覺《韓非子校疏》，上海古籍出版社 2010 年版，第 1045 頁。
〔註 101〕 參見孫詒讓《墨子閒詁》，中華書局 2001 年版，第 187、354 頁。
〔註 102〕 王念孫《淮南子雜志》，收入《讀書雜志》卷 15，中國書店 1985 年版，本卷第 42 頁。
〔註 103〕 陳啟天《增訂韓非子校釋》，臺灣商務印書館 1994 年版，第 309 頁。
〔註 104〕 張覺《韓非子校疏》，上海古籍出版社 2010 年版，第 1060 頁。太田方說見《韓非子翼毳》，中西書局 2014 年版，第 632 頁。
〔註 105〕 洪誠《訓詁雜議》，《中國語文》1979 年第 5 期，第 363 頁；又收入《洪誠文集‧雛誦廬論文集》，江蘇古籍出版社 2000 年版，第 165 頁。
〔註 106〕 張覺《韓非子校疏》，上海古籍出版社 2010 年版，第 762 頁。

　　張覺把自己的《校疏》標榜為「一部研究《韓非子》的集大成之作」，把陳啟天的《校釋》和陳奇猷的《新校注》貶詆為「代表了二十世紀《韓非子》基礎研究的水準」〔註107〕，自欺欺人耳。張覺在評論王先慎《集解》、陳奇猷《新校注》時又說「錯誤百出……非屬弄虛作假、欺世盜名之舉，必屬學無根底而不知校讎為何物者也」〔註108〕，張氏稍知校讎而已，是否學有根底，不須作評判。而按照他自己製定的標準，《校疏》顯然就是「弄虛作假、欺世盜名」，夫子自道也歟？

　　要之，張氏《校疏》彙校異本異文，用力甚勤，又引錄了幾部日本學者的著作，對於沒有條件看到《韓子》的各種版本及日本學者著作的讀者來說，還是有所幫助的。但《校疏》對《韓子》的注釋疏證，吾未見有多大發明，在學術上還相差很遠。而他的陰襲前人成說的治學作風，則吾不敢苟同。當今學界風氣不正，這一點尤有必要揭舉。

　　附記：匿名審稿人指出，河北大學張超2015年碩士學位論文《張覺〈韓非子校疏〉研究》將張覺書中注釋的訛誤劃分為17種類型，可以參看。本文修訂稿承龐光華教授審正，謹致謝忱！

　　此文刊《學燈》第2輯，上海古籍出版社2017年出版，第328～339頁。

〔註107〕張覺《韓非子校疏·前言》，上海古籍出版社2010年版，第43、45頁。
〔註108〕張覺《韓非子校疏·前言》，上海古籍出版社2010年版，第40頁。